普通高等教育"十一五"国家级规划教材

高等职业教育物业管理专业规划教材

物 业 管 理 法 规

主 编 王跃国
副主编 杨述厚
参 编 刘海渤 施 华
主 审 姚树莲

机 械 工 业 出 版 社

本书是根据高等职业教育物业管理专业的特点和要求，本着高等职业教育理论知识够用，注重实操技能的原则，在总结我国近几年物业管理司法实践的基础上编写的。全书共分10章，内容包括：物业管理法规概论、物业权属法律制度、物业服务企业法律制度、业主自治管理法律制度、物业管理招标投标法律制度、物业管理实务法律制度、物业服务合同与收费管理法律制度、物业交易管理法律制度、物业中介服务法律制度、物业侵权纠纷处理法律制度。书中提供了大量综合案例分析和课后思考练习题，可以帮助读者结合实际学习物业法规。

本书可作为高等职业技术院校、高等专科学校、成人教育学院及自学考试的教学用书，也可作为从事物业管理的相关人员学习和日常工作用书。

图书在版编目（CIP）数据

物业管理法规/王跃国主编. —北京：机械工业出版社，2008.9
普通高等教育"十一五"国家级规划教材. 高等职业教育物业管理专业规划教材
ISBN 978-7-111-25209-2

Ⅰ. 物… Ⅱ. 王… Ⅲ. 物业管理—法规—中国—高等学校：技术学校—教材 Ⅳ. D922.181

中国版本图书馆 CIP 数据核字（2008）第 152488 号

机械工业出版社（北京市百万庄大街22号 邮政编码100037）
策划编辑：李俊玲、李 莉 责任编辑：李 莉
版式设计：张世琴 责任校对：王 欣
封面设计：张 静 责任印制：乔 宇
北京中兴印刷有限公司印刷
2009 年 1 月第 1 版第 1 次印刷
184mm×260mm · 13.75 印张 · 339 千字
0 001—4 000 册
标准书号：ISBN 978-7-111-25209-2
定价：23.00 元

前　言

自我国经济体制改革以来，物业服务行业得到了快速发展。物业服务作为一门新兴的朝阳行业，对人们日常生活和工作越来越重要。尤其是近几年随着我国物业市场的改革和发展的进一步加快，物业管理体制也发生了重大变化。为了规范物业管理行业的市场行为和管理行为，保障和促进物业服务行业的发展，国家和地方先后颁布、制定了有关物业及物业管理的法律、法规以及规章制度，特别是《物业管理条例》、《中华人民共和国物权法》等的颁布，有效地促进了物业服务行业的正规化、专业化、法制化发展的进程。

为了适应这一发展变化形势的需要，就要对物业法律法规的理论和实际应用进行深入和仔细的研究；另一方面，考虑到高等职业教育发展的需要以及高等职业教育教学、培养目标的特点，我们编写了本书。目的在于使高等职业院校的学生在学习中面对数量庞大的物业法律、法规、规章、行政解释、司法解释时，易于掌握，能够尽快地开展实务工作。本书在编写过程中求新务实，注意吸收最新的物业立法成果，借鉴物业实践经验，并提供大量综合案例分析和课后思考练习题。本书既可作为高等职业院校和普通高等专科学校物业专业的教材，也可作为物业从业人员的工作用书。

本书由王跃国任主编，杨述厚任副主编，刘海渤、施华参编。具体编写分工如下：第1章、第2章、第5章、第6章、第7章、第8章由王跃国编写；第4章由施华编写；第3章、第9章由杨述厚编写；第10章由刘海渤编写。全书由王跃国进行总撰定稿，由姚树莲担任主审。在本书编写过程中，得到了机械工业出版社有关同志的大力支持和帮助，并参考了有关书籍，仅在此向相关作者和人员致以谢意。

由于编者的水平有限，书中不可避免地存在缺点和错误，欢迎广大读者批评指正。

编　者

目　　录

第 *1* 章

物业管理法规概论

学习目标

　　本章介绍物业管理法规的基础知识，学习时重在理解与了解，以便为今后各章学习奠定基础。应了解物业、物业管理和物业管理法规的概念，了解物业管理立法的现状；熟悉我国物业管理法律规范的渊源；掌握物业管理法律关系的概念。

关键词

　　物业　物业管理　物业管理法规

1.1　物业管理概述

1.1.1　物业概念

　　物业的含义广泛，包括财产、资产、拥有物和房地产等。而本书所讲的物业是指单元性的房地产，是相对狭义的，即一住宅单位是一物业，一厂房是一物业，一楼宇也是一物业。

　　从物业管理的角度来讲，物业是指已竣工并投入使用的各类建筑物及其附属设备、配套设施和相关场地；而本书所讲的物业主要是指正在使用的各类建筑物及其附属设备、配套设施和相关场地。

　　各类建筑物主要包括：住宅小区、写字楼、商业大厦、综合商住楼、公寓、别墅、工业厂房、仓库、体育场馆等。

　　附属设备是指物业管理区域内的一幢或几幢建筑物的使用人共同使用的设备。如电梯、供水管道、避雷装置等。

　　配套设施是指在一个物业管理区域内供使用人共同使用的设施，主要包括建筑物的附属设施和公共设施。建筑物的附属设施是指保证建筑物各项使用功能的设施，如供水、排水、消防、燃气等设施。公共设施，如物业管理区域内的道路、绿地、停车场、照明路灯等。

　　相关场地主要包括：庭院、运动场地等。

1.1.2　物业管理

1. 物业管理的概念

　　物业管理是指业主通过选聘物业服务企业，由业主和物业服务企业按照物业服务合同约定，对房屋及配套的设施设备和相关场地进行维修、养护、管理，维护物业管理区域内的环境卫生和相关秩序的活动。

2. 物业管理的特点

（1）覆盖面广　物业管理，从管理对象上看，包括的范围比较宽，住宅、办公用房、工商业用房，机关、学校用房及其配套设施设备，都是物业管理的对象；从服务对象来看，包括业主或使用人。

（2）服务性强　物业管理属于服务性行业。为了突出物业管理的服务性，《物业管理条例》（国务院令第504号）中将物业服务合同称为《物业服务合同》，规定物业服务企业须按照《物业服务合同》为业主和使用人提供服务。

（3）专业性强　物业管理专业性较强，涉及管理、建筑工程、电气设备、给排水、暖通、自动化、保安、保洁、绿化等多种专业领域。

（4）业主处于主导地位　业主是物业的所有权人，在物业管理中业主始终处于主导地位。从立法到行政管理都有明确的法规和措施来保障业主的权益。《物业管理条例》规定：业主有权按照《物业服务合同》监督物业服务企业的管理服务工作。

（5）规范化管理　在物业的管理中，国家法规对物业服务企业的成立和物业管理的专业性技术规范等方面都作了明确的规定，要求物业的管理必须遵守国家法规。

3. 物业管理的内容

（1）物业的接管验收　物业服务企业根据物业服务合同制定物业的接管验收方案，按照有关规定组织物业的接管验收。在验收时，物业服务企业应当对物业共用部位、共用设施设备进行查验；建设单位应向物业服务企业移交有关物业资料。

（2）物业管理方案和制度的制定　物业服务企业应根据物业服务合同制定物业管理方案。早期介入物业的物业服务企业还应对规划设施方案、施工质量等提出合理建议。

（3）客户管理服务　客户管理服务包括有计划地与客户进行有效沟通，接待客户日常来电、来信、来访，处理客户投诉。

（4）房屋建筑及附属设施设备的维修养护管理服务　物业管理部门应向业主和使用人说明房屋建筑及附属设施设备的功能和使用注意事项，进行房屋及附属设施设备的安全管理、日常养护和维修，管理监督业主或使用人室内装修工程。

（5）安全服务　它包括制定物业管理区域内安全防范设施设置方案，正确设置消防器材，提供物业管理区域内的安全保卫服务，预防和及时处理物业管理区域内的各类突发事件。

（6）环境保洁与绿化美化管理　它包括绿化美化物业管理区域内的环境，对房屋共用部位、共用设施设备和公共场地提供卫生保洁服务。

（7）综合经营服务　综合经营服务是多种经营性质的有偿服务，主要是开展多种便民经营服务项目，也可为业主或使用人自用物业单元内部提供特约性物业管理服务。

综合经营服务中的特约性服务是具有委托和代理性质的服务方式。例如，业主或使用人需要聘请家庭教师，物业服务企业即可从家教服务中心为其请来家庭教师。

4. 物业管理的对象

物业服务企业应根据业主的委托对其物业进行管理。物业服务企业提供的物业管理服务包括物的管理和人的管理两个方面。

物的管理对象几乎包括各类建筑物，如住宅小区、工业厂房、办公楼、商业大厦、车站、码头等。

人的管理对象是指对业主使用物业的行为和业主的相邻关系的管理，主要包括对建筑物不当毁损行为的管理，对建筑物不当使用行为的管理以及对生活妨害行为的管理。

1.2 物业管理法规概述

1.2.1 物业管理法规的概念

1. 物业管理法规

物业管理法规是指国家立法机关或其授权的行政机关制定的，旨在调整物业管理活动中产生的各种社会关系的法律规范的总称。目前，我国物业管理法规主要由法律、行政法规、部门章程、地方性法规及规章构成。特别是 2007 年新修订的《物业管理条例》的颁布，对物业管理活动作出了具体规定，标志着我国物业管理已步入了法制化时代，为依法管理物业市场奠定了坚实的法律基础。

2. 物业管理法规调整的对象

物业管理法规调整的对象是发生在物业管理过程中的各种社会关系。这些社会关系主要包括：

（1）平等主体之间的物业管理法律关系　平等主体之间的物业管理法律关系是一种民事法律关系，当事人在法律地位上平等，相互之间可以协商和选择。平等主体之间的物业管理法律关系主要包括：

1）业主委员会和物业公司之间的法律关系。业主委员会通过协商或通过招投标选择与物业公司建立委托和服务的关系，双方当事人的权利义务除应遵守有关法律、法规外，由双方通过合同约定。

2）业主（使用人）之间的法律关系。从法律上讲，任何业主（使用人）一方在行使自己权利的同时，不得损害他人的正当权益和利益。

3）物业公司与专业公司之间的法律关系。物业公司应为业主提供全面服务，但可以通过合同把专业性较强的业务托付给专业公司。物业公司与专业公司及业主的关系为：专业公司对物业公司负责；物业公司对业主和业主委员会负责，专业公司负连带责任。

（2）不平等主体之间的物业管理法律关系　不平等主体之间的物业管理法律关系是一种行政法律关系，当事人在法律地位上是一种管理者和被管理者之间的关系。不平等主体之间的物业管理法律关系主要包括：

1）物业管理行政主管部门与物业公司之间的法律关系。物业管理行政主管理部门对物业公司的管理主要体现在以下方面：

① 对物业公司的资质管理，实行资质年检制度；

② 对物业公司的专业工作进行监督管理，对物业公司的日常工作实施监督管理；

③ 接受业主及业主组织对物业公司的投诉，对物业公司与业主之间的纠纷作行政裁决。物业管理行政主管部门对物业公司的管理，主要是以法规、政策为调控手段，进行宏观的指导和监督以及组织协调、信息引导，而不直接参与和干预其具体的管理活动。

2）物业管理行政主管部门与业主组织之间的关系。物业管理行政主管部门主要通过颁布政策与法规来指导业主组织的活动，协调业主组织与各方的关系，但不直接干预业主组织的具体工作。

3）政府其他行政管理部门与物业公司之间的关系。物业公司在物业管理运作过程中对管理区域实施管理，与此同时，公安、交警、城管等政府行政管理部门也对辖区实施管理。

4）专业管理部门与物业公司之间的关系。在物业管理运作过程中，物业公司要担负和完成有关规定范围的供电、供排水设施设备的维修管理工作，要服从相关的专业管理部门的统筹安排和接受业务指导和监督。而市政、供水、供电、供气、电信等专业管理部门除了对物业公司的相关工作给予统筹安排、业务指导和监督外，也应当依法承担物业管理区域内相关管线和设施设备维修、养护的责任。

1.2.2 物业管理法律关系

1. 物业管理法律关系的概念

物业管理法律关系是由物业管理法规调整和确认的，是在物业管理及相关活动中主体之间所形成的权利义务关系。

2. 物业管理法律关系的构成要素

物业管理法律关系由物业管理法律关系主体、物业管理法律关系客体、物业管理法律关系内容三个要素构成。

（1）物业管理法律关系主体　物业管理法律关系主体是指物业管理法律关系的直接参与者，即物业管理法律关系中权利的享有者和义务的承担者。目前我国物业管理法律关系主体主要有以下几类：

1）行政管理机关。行政管理机关作为管理机构参与物业的管理工作，对物业管理行为进行管理、监督、指导，成为物业管理法律关系的主体。如房地产、交通、治安等行政主管部门和住宅小区所在地人民政府按职责分工，负责小区管理中有关工作的监督与指导。

2）物业服务企业。物业服务企业通过与业主（业主委员会）签订物业服务合同对业主所有或共有的房屋建筑物及其配套设施设备和相关场地提供维护、修缮和各类服务，并收取相关费用。在以提供物业管理服务为主要内容的物业管理社会关系中，这种主体居于核心地位，它是物业管理法律关系的主要主体，是物业管理服务的承担者。

3）业主、使用人和业主委员会，具体包括：

① 业主是指物业的所有人，即房屋所有权人和土地使用权人，是所拥有物业的主人。业主依法对自己所有的物业行使占有、使用、收益、处分的权利，同时依法享有对物业共有部分和共同事务进行管理的权利，并承担相应的义务。在物业管理中，业主又是物业服务企业所提供的物业管理服务的对象。

② 物业使用人是指房屋、市政、共用设施设备及场地的使用人。它既包含业主，也包含非业主使用人。非业主使用人即为承租人，业主通过出租或无偿提供居住物业和其他物业供他人使用，实际上占有和使用物业的当事人即为承租人。承租人是物业租赁法律关系的主体，对物业享有占有权和使用权，但没有处分权，更没有所有权。

③ 业主委员会是物业管理区域内代表全体业主对物业实施自治管理的组织。它由业主大会或业主代表大会选举产生，是经政府批准成立的代表全体业主和使用人共同利益行使权利的社会团体。

4）房地产开发商。房地产开发商的开发建设行为在整个物业管理环节中起着至关重要的作用，直接影响物业管理工作是否能顺利进行，同时它也直接参与物业管理的有关活动。如，有关法律规定：在业主委员会成立前，房地产开发商应选定物业服务企业对物业进行前期物业管理；应依法向业主委员会或物业服务企业拨付专项维修资金；对未售出的空置物业，应分摊物业服务费用。因此房地产开发商也是物业管理法律关系的主体。

5）物业管理协会。物业管理协会是物业管理的行业组织，具有社团法人资格。在物业管理法律关系中享有权利，承担义务。物业管理协会具有为政府、为行业（企业）双向服务的功能，是政府与企业的桥梁与纽带。

我国于 2000 年成立了中国物业管理协会，它的成立是物业管理行业迅速发展的结果，同时又推动和促进了物业管理的进一步发展。

6）其他物业管理法律关系主体。通过与物业服务企业签订合同，负责对物业提供清洁、绿化、保安服务的专业性清洁公司、园林绿化公司、保安公司等，只要其参与物业管理活动过程，都可能成为物业管理法律关系主体。

（2）物业管理法律关系客体　物业管理法律关系客体是指物业管理法律关系主体的权利、义务所指向的对象。从我国物业管理的实践来看，物业管理法律关系的客体主要包括物、行为、智力成果。

1）物。物是指物业，是指纳入物业管理范畴的各种建筑产品及其附属设备、配套设施及场地等。

2）行为。行为是指物业管理法律关系主体在物业管理过程中有意识的活动。它包括物业管理行政主管机关的行政管理行为，物业公司对各类物业的维修养护、绿化、清洁、治安等服务管理行为。行为是物业管理法律关系客体的最主要、最重要的组成部分。

3）智力成果。智力成果是指人类脑力劳动的成果，属于一种非物质的财富，如物业公司的某项专利和服务商标等。

（3）物业管理法律关系内容　物业管理法律关系内容是指物业管理法律关系主体享有的权利和承担的义务。物业管理权利是指物业管理法律关系主体依法享有的自己为一定行为或不为一定行为和要求他人为一定行为或不为一定行为的权利。物业管理义务是指物业管理法律关系主体依法必须为一定行为或不为一定行为的责任。权利和义务是构成物业管理法律关系内容的两个不可缺少的组成部分；它们各有不同的含义，但又密切联系，相辅相成。任何物业管理法律关系主体不能只享有物业管理权利，而不承担物业管理义务；也不能只承担物业管理义务，而不享有物业管理权利。

不同性质的物业管理法律关系主体享有的物业管理权利和承担的物业管理义务不同。

1）行政管理机关的权利和义务。行政管理机关包括物业管理行政主管部门以及建设、规划、市政、环卫、园林等相关行政机关。物业管理行政主管部门直接负责对物业管理行业发展的管理、监督和指导；其他相关行政机关按法定的职责分工，负责物业管理中有关工作的监督与指导。

行政管理机关对物业管理的监督、指导职责，是国家通过立法赋予的。物业管理的权利同时也是物业管理的义务，不可以放弃也不可以滥用。对行政管理机关滥用职权或不作为的行为，业主、使用权人、物业服务企业可依法申请行政复议或提起行政诉讼。

《物业管理条例》规定了物业行政主管部门的权利和义务。如物业公司有对房屋及公用设施修缮不及时，擅自扩大收费范围，提高收费标准，私搭乱建，改变房屋和公用设施用途等行为时，房地产行政主管部门可对其予以警告、责令限期改正、赔偿损失，并可处以罚款。

2）业主的权利和义务。

业主的物业管理权利主要有：

① 按照物业服务合同的约定，接受物业服务企业提供的服务；

② 提议召开业主大会会议，并就物业管理的有关事项提出建议；

③ 提出制定和修改管理规约、业主大会议事规则的建议；

④ 参加业主大会会议，行使投票权；

⑤ 选举业主委员会成员，并享有被选举权；

⑥ 监督业主委员会的工作；

⑦ 监督物业服务企业履行物业服务合同；

⑧ 对物业共用部位、共用设施设备和相关场地使用情况享有知情权和监督权；

⑨ 监督物业共用部位、共用设施设备专项维修资金（以下简称专项维修资金）的管理和使用；

⑩ 法律、法规规定的其他权利。

业主的义务主要有：

① 遵守管理规约、业主大会议事规则；

② 遵守物业管理区域内物业共用部位和共用设施设备的使用、公共秩序和环境卫生的维护等方面的规章制度；

③ 执行业主大会的决定和业主大会授权业主委员会作出的决定；

④ 按照国家有关规定交纳专项维修资金；

⑤ 按时交纳物业服务费用；

⑥ 法律、法规规定的其他义务。

3）业主委员会的权利和义务：

① 召集业主大会会议，报告物业管理的实施情况；

② 代表业主与业主大会选聘的物业服务企业签订物业服务合同；

③ 及时了解业主、物业使用人的意见和建议，监督和协助物业服务企业履行物业服务合同，通过公开招标等方式选聘物业公司；

④ 监督管理规约的实施；

⑤ 业主大会赋予的其他职责。

4）物业服务企业的权利和义务。

物业服务企业的权利主要有：

① 依照法律法规和物业服务合同，结合实际情况，制定物业管理办法；

② 依照物业服务合同和物业管理办法对物业实施管理；

③ 依照物业服务合同和有关规定收取物业服务费用；

④ 制止违反规章制度的行为；

⑤ 要求业主委员会协助管理；

⑥ 聘请专业公司或聘用专人承担清洁、保安、绿化等专项服务；

⑦ 从事物业经营或开展其他多种经营和有偿服务。

物业服务企业的义务主要有：

① 全面履行物业服务合同，对业主委托管理的物业进行维护、修缮，提供保安、防火、绿化、清洁以及其他特约服务；

② 接受业主委员会和业主的监督；

③ 重大的管理措施提交业主委员会审议决定；

④ 接受房屋土地管理机关、其他行政管理机关及当地街道办事处的指导监督；

⑤ 发现违法的行为，及时向有关行政管理机关报告。

1.2.3　物业管理法规的渊源

物业管理法规的渊源指物业管理法规的表现形式。物业管理法规的表现形式包括以下几种：

1. 宪法

宪法规定了国家的根本制度和根本任务，是国家的根本大法，具有最高的法律效力，它是物业管理法规中最重要的渊源。宪法中关于土地公有、土地使用权转让、保护公民的房屋和其他合法财产权以及社会主义的公共财产、公民的人身自由和住宅不受侵犯等规定，是制定物业管理法规和从事物业管理活动必须遵循的宪法性准则，也是物业管理法规的表现形式。

2. 物业管理法律

法律包括全国人民代表大会制定的法律，即基本法律以及全国人大常务委员会制定的除基本法以外的其他法律。它的效力低于宪法而高于行政法规和地方性法规。全国人大及其常委会作出的规范性的决议、决定，与法律具有同等的法律效力。

我国目前尚未制定以《物业管理法》命名的专门物业管理法律，但《中华人民共和国物权法》、《中华人民共和国民法通则》、《中华人民共和国合同法》、《中华人民共和国公司法》、《中华人民共和国土地管理法》、《中华人民共和国城市规划法》、《中华人民共和国城市房地产管理法》、《中华人民共和国建筑法》等法律中均涉及物权与所有权、合同、公司的设立及组织机构等有关物业管理的内容，可用于规范物业管理的活动，它们都是我国物业管理法的重要渊源。

3. 物业管理行政法规

国务院是最高的国家权力机关的执行机关，是最高国家行政机关。国务院根据宪法和法律制定和发布的各种法规称为行政法规，其地位仅次于宪法和法律。同时，国务院发布的规范性的决定和命令与行政法规具有同样的效力。有关物业管理的行政法规最主要的是国务院2007 年修订的《物业管理条例》。

4. 物业管理部门规章

部门规章是由国务院所属的各部、委根据法律和国务院的行政法规、决定、命令，在本部门权限范围内发布的规章。部门规章是我国目前物业管理法规中数量最多、最重要的一部分。大量的部门规章对物业管理中的一些重要的原则性问题作出了规定，成为在研究物业管理中必须参考的规范。

目前有关物业管理的部门规章主要有：

2007 年国家发展改革委员会、建设部颁布的《物业服务定价成本监审办法》；

2004 年建设部颁布的《物业服务企业资质管理办法》；

2003 年国家发展改革委员会、建设部颁布的《物业服务收费管理办法》；

2003 年建设部颁布的《前期物业管理招标投标管理暂行办法》；

2000 年建设部颁布的《房屋建筑工程质量保修办法》；

1998 年财政部颁布的《物业服务企业财务管理规定》；

1998 年建设部颁布的《住宅共用部位设施维修基金管理办法》。

此外，涉及到规范物业管理活动的部门规章主要有：

2001 年的《商品房销售管理办法》（建设部发布）；

2000 年的《房屋建筑工程和市政基础设施工程竣工验收暂行规定》（建设部发布）；

2000 年的《房产测绘管理办法》（建设部、国家测绘局经国土资源部批准授权发布）；

1997 年的《城市房地产抵押管理办法》（建设部发布，2001 年修订）；

1997 年的《住宅室内装饰装修管理办法》（建设部发布，2002 年修订）；

1996 年的《城市房地产中介服务管理规定》（建设部发布，2001 年修订）；

1995 年的《城市房屋租赁管理办法》（建设部发布）；

1989 年的《城市异产毗连房屋管理规定》（建设部发布，2001 年修订）。

5. 物业管理地方性法规及地方性规章

地方性法规是指由省、自治区、直辖市的人民代表大会及其常务委员会，省、自治区人民政府所在地方的市和经国务院批准的较大的市人民代表大会及其常委会制定的有关规范性文件。地方性法规的内容不得同宪法、法律、行政法规相抵触，并且只能在本行政区域内有效。

6. 其他物业管理规范性文件

其他规范性文件是指无权制定部门规章、地方性规章的行政机关，在其法定的职权范围内制定的，在一定区域范围内具有约束力的规范性文件。它的法律效力低于行政法规、部门规章、地方性规章，但可作为行政机关所作的具体行政行为的依据。

7. 有关物业管理的规程和技术标准

有关物业管理的规程和技术标准是指有关国家行政机关在其法定的职权范围内制定的有关物业管理的技术方面的标准和规程。如建设部颁布的《危险房屋鉴定标准》，《房屋渗漏维修技术规程》等。有关物业管理的规程和技术标准对当事人来说，具有普遍的约束力。

8. 有权解释

为了保证法律规范的正确实施，由特定的国家机关依据宪法或法律赋予的职权所作出的正确解释，立法机关、行政机关对自己所制定的规范性文件中涉及物业管理内容的规定所作出的立法解释、行政解释，以及最高人民法院发布的对地方各级人民法院有约束力的指导性文件和关于某些具体案件适用法律的批复中与物业管理相关的司法解释，都是有权解释，是有法律约束力的，因而也应纳入"物业管理法规"范围中。

1.3 物业管理的法律责任

1.3.1 物业管理的法律责任概述

1. 物业管理的法律责任概念

物业管理的法律责任是指物业管理活动的主体因违反物业管理法规的行为所应依法承担

的法律后果。

2. 物业管理法律责任构成要件

物业管理的法律责任构成要件是指构成法律责任必须具备的各种条件或必须符合的标准，它是国家机关要求行为人承担法律责任时所掌握的标准。根据违法行为的一般特点，法律责任的构成要件包括：主体，过错，违法行为，损害事实与因果关系五个方面。

（1）主体　主体指违法主体或承担法律责任主体。

（2）过错　过错包括故意和过失，在刑事法律领域，行为人故意或过失的心理状态是认定其主观恶性的重要依据，也是区别罪与非罪，此罪与彼罪，罪轻罪重的依据；在民事法律领域，故意和过失被称为过错，是构成一般侵权行为的要素；在行政法律领域，实行过错推定原则，一般只要行为人实施了违法行为就视其为主观有过错，法律另有规定的除外。

（3）违法行为　违法行为是指违反法律所规定的义务，超越权利的界限行使权利以及侵权行为的总称。

（4）损害事实　损害事实即受到损失和伤害的事实，包括对人身的、对财产的、对精神的伤害。

（5）因果关系　法律责任原则上要求证明违法行为与损害结果之间存在因果关系，若无因果关系则不承担法律责任。

【案例 1】 2005 年 11 月 17 日晚，王某位于上海浦东新区的寓所被盗。经查，歹徒是撬开防盗门进入的，盗走价值近 6 千元的财物。王某找到小区物业公司，以物业公司负责安装的防盗门不防盗为由，要求赔偿造成的经济损失。小区物业公司拒绝赔偿，王某遂提起诉讼，请求法院判定物业公司赔偿 6 千元损失。

物业公司称，经要求，被告为小区居民统一安装防盗门。他们出面与有关厂家联系，物业公司仅属中介，并未从中牟利。因此防盗门质量与被告无关，不同意原告的诉讼请求。试分析物业公司是否应承担赔偿责任。

案例分析： 根据法律责任的构成要件：主体，过错，违法行为，损害事实与因果关系五个方面来了解一下本案民事责任。首先判断物业公司是否存在过错，从案情介绍并不能看出物业公司有过错；其次还得看物业公司联系安装防盗门的行为是否违法，为了小区的安全，依据有关规定而出面联系厂家，其行为也并不违法。最后，物业公司联系防盗门的行为与损害没有因果关系，因此，物业公司不应该承担赔偿责任。

3. 物业管理法律责任的分类

根据划分标准不同，法律责任有不同的分类。在物业管理中，侵权行为、违约行为、行政违法行为和犯罪行为都可能发生，因此根据违法行为的法律性质，把法律责任分为民事责任、行政责任、刑事责任。

（1）民事责任　民事责任是指公民或法人因违约，违反民事法律，或者因法律规定的其他事由而依法应承担的不利后果。它可分为违约责任和侵权责任。

（2）行政责任　行政责任是因违反行政法或因行政法规定的事由而应承担的不利后果。它又包括行政机关及其工作人员的行政责任和行政相对人的行政责任。

（3）刑事责任　刑事责任是指因违反刑事法律而应当承担的不利后果。它是最为严厉的法律责任，必须由国家刑事法律规定，由司法机关判处，其他任何单位和个人禁止行使。

4. 物业管理免责及其条件

免责条件是指行为人免除法律责任的条件。法定免责条件主要是"不可抗力"。我国民法上的"不可抗力"是指不能预见、不能避免并不能克服的客观情况；意定免责条件由当事人自行决定。

1.3.2 物业管理民事责任

1. 物业管理民事责任概念

物业管理民事责任是指物业管理民事主体因违反民事法律而必须承担的一种法律责任。其主要特征为：

1）民事责任以违反民事义务为前提。

2）主要是财产责任。

3）以补偿受害人的损失为目的。

4）是一方当事人对另一方当事人的责任。

2. 物业管理的无过错法律责任

物业管理的无过错法律责任是指在某些领域或行业内对造成损害的客观行为不再强调行为人主观上的过错，而仅以损害后果确定行为人的一种民事责任。如建筑物或者其他设施以及建筑物上的搁置物、悬挂物发生倒塌、脱落、坠落造成他人损害的，它的所有人或者管理人应当承担民事责任就属于无过错法律责任。但是，如果能证明损害是由于不可抗力，且所有人或管理人已采取了合理措施仍不能避免或证明损害是由于受害人或第三人的过错而引起的，则可以不承担民事责任。

【案例2】 2006年4月5日下午，福州湘江水岸物业小区1栋105室李某家，放在其北阳台的花盆掉下正好砸在路过的业主刘某肩上，使刘某肩胛骨受伤住院。住院期间刘某花费住院费、护理费共计1.2万元，刘某要求1栋105室李某赔偿包括住院费、护理费、误工费等共计4万元。经查，刘某确实是被李某阳台掉落的花盆砸伤的，并且刘某原上班每月收入3500元，从受伤到康复需要6个月的时间。根据以上事实，法院可能如何判定？

案例分析： 建筑物或者其他设施以及建筑物上的搁置物、悬挂物发生倒塌、脱落、坠落造成他人损害的，它的所有人或者管理人应当承担无过错法律责任。本案中李某虽然没有过错，但是符合无过错法律责任的构成要件。所以李某应当赔偿刘某住院费、护理费、误工费等。

3. 物业管理中常见的侵权行为

（1）业主常见的侵权行为

1）未经物业管理主管部门批准，改变住宅小区内房屋用途、结构、外观；超过设计负荷使用房屋。

2）在建筑物和住宅小区共用部位违章堆物、搭建，占用共用场地、共用设施。

3）破坏环境卫生，妨碍小区观瞻。

4）践踏、破坏共用部位的绿地，攀折花木。

5）随意开行和停放车辆。

6）排放和存放易燃、易爆、剧毒或者含有放射性物质的物品。

7）损毁住宅小区的共用设施设备。

8）安装影响周围环境和房屋结构的动力设备。

9）饲养猛禽猛兽，危及人员安全。饲养的动物造成他人损害的侵权行为适用无过错责任原则，除非证明受害人自己有过错，或者由于第三人的过错所致。

10）挪动共用场地的覆盖物、标志、防围，或者故意移动覆盖物、标志、防围。对此违法行为，业主委员会和物业服务企业可以责令挪回；逾期不挪回的，由业主委员会和物业服务企业挪回，由此支出的费用由违法业主承担。

11）在行人通行处放置障碍物，或移动指示标志，影响通行安全。对此违法行为，业主委员会和物业服务企业可以责令除去或移回；逾期不除去或不移回的，由业主委员会和物业服务企业除去或移回，由此支出的费用由违法业主承担。

（2）业主委员会的侵权行为　业主委员会在物业管理活动中，违背业主意愿而对某个业主或其他人员造成损害的行为。

（3）物业服务企业的一般侵权行为

1）在小区滥设广告，滥行张贴，影响小区观瞻。

2）毁损共用设施及设备。

3）乱搭建，改变房屋和共用设施设备用途。

4）管理的共用设施设备造成他人损害。

5）在修缮、拆毁、挪动建筑物及设施设备的管理行为中致人损害。

4. 物业管理中常见的违约行为

（1）业主的违约行为

1）拒绝交纳物业服务费用。

2）拒绝交纳代收的水电等费用。

（2）业主委员会违约行为　业主委员会在代表全体业主对外签订合同时，不能按合同履行的行为。

（3）物业服务企业常见的违约行为

1）不按期检查房屋及共用设施设备。

2）对房屋及共用设施设备修缮不及时。

3）修缮未达到合同规定标准和国家标准。

4）不及时治理危害公共安全的设施设备，不及时更新共用设施设备。

5）不及时清理垃圾。

6）不劝阻、制止业主和其他人的违法行为和违反小区管理规则的行为。

7）有保安职责而不履行。

8）违反物业服务合同约定的其他行为。

5. 承担民事责任的形式

民事责任形式是指违法行为人承担民事责任的方式。违法行为人不履行自己的义务或侵害他人的权利给他人造成损失，因此就权利人而言，违法行为人承担民事责任的方式，就是指其受到侵害的权利的补救方法，是法律保护民事权利的具体方法，也是制裁不法行为的具体措施。

（1）停止侵害　停止侵害是指加害人正在进行对受害人实施侵害时，受害人依法请求停止侵害行为。

（2）排除妨碍　排除妨碍是指将妨害他人权利的障碍予以排除，加害人的妨碍既可能是针对受害人的财产权利也可能是针对受害人的人身权利。受害人对他人的违法妨碍行为既有权请求加害人自行排除妨碍，也可以请求法院强制排除。

（3）消除危险　消除危险是指因加害人实施的放置构件或施工工作有造成他人损害或再次造成他人损害的危险时，受害人有权请求行为人将危险来源排除。

（4）返还财产　返还财产是指一方当事人将非法占有的他人财产返还给对方当事人。

（5）恢复原状　恢复原状是指恢复到权利未被侵害的状态。

（6）修理、重作、更换　修理、重作、更换适用于义务人交付的标的物不合格或提供的工作成果不合格，而权利人仍需要的场合。

（7）赔偿损失　赔偿损失是指行为人支付一定的金钱，赔偿因其不法行为给他方造成的损失。

（8）支付违约金　违约金是指合同当事人一旦违约，就应按照合同约定或法律规定的数额支付给对方当事人。

（9）消除影响，恢复名誉，赔礼道歉。

1.3.3　物业管理行政责任

1. 行政责任的概念

行政责任是指行政法律关系主体由于违反行政法律规范或不履行行政法律义务而依法应承担的法律后果。

2. 物业管理行政责任的主要形式

（1）行政处罚　《中华人民共和国行政处罚法》规定的行政处罚的种类包括：警告、罚款、没收违法所得、没收非法财物、责令停产停业、暂扣或者吊销许可证、暂扣或者吊销执照、行政拘留以及法律、行政法规规定的其他行政处罚。

（2）行政处分　行政处分是机关、企事业单位对所属人员的一种内部制裁，主要包括警告、记过、降职、降薪、撤职、留用察看、开除等。

但注意：物业公司是一个市场主体，它并无罚款权，至于公司与业主的问题应依照合同的约定，通过民事法律途径解决。因此，物业公司对业主不能进行罚款的处罚。

【案例3】　2006年9月北京宏泰物业公司，受聘管理运达服装城，在经营的业主办理入住时，物业公司告知所有的业主，公司将对承租经营的业主装修活动进行统一监督管理。物业公司规定不及时清运垃圾将罚款3000元。某业主在装修时，没有及时清运垃圾，物业公司就要按规定对其罚款3000元。试问物业公司能否对该业主罚款？

案例分析：根据《中华人民共和国行政处罚法》规定，行政处罚的行使权，只能由行政管理机关执行。而物业公司不是国家行政管理机关，不具有罚款的权利，至于物业公司与业主的问题应依照合同的约定，通过民事法律途径解决。因此，物业公司不能对业主进行罚款。

3. 物业管理中常见的行政违法行为

（1）业主常发生的行政违法行为

1）在房屋装修过程中擅自变动房屋建筑主体和承重结构。

2）业主未申报登记而装修的。

3）业主将装修工程委托给不具有相应资质的个人、企业。

4）涉及改变住宅外立面等行为的，未经有关部门批准。

5）将没有防水要求的房间或者阳台改为卫生间、厨房或者拆除连接阳台的砖、混凝土墙体。

6）擅自拆改供暖、燃气管道和设施。

7）未经原设计单位或具有相应资质等级的设计单位提出设计方案，擅自超过设计标准或规范，增加楼面荷载。

8）法律规定的其他违法行为。

（2）业主委员会的行政违法行为

1）业主委员会成立、变更和撤销不登记或不及时登记的。

2）违反法律、管理规约和业主委员会章程进行活动的。

3）不及时公布物业服务费用的收支账目或公布的账目不清。

（3）物业服务企业的违法行为

1）物业管理档案保管不善。

2）物业管理制度不健全。

3）不配合专业管理部门的管理工作。

4）绿化达不到标准、环境保洁工作不力，影响市容。

5）不按国家标准设立物业管理工作岗位，导致责任事故或造成隐患。

6）未经国家批准，在小区设立卫星接收装置、发电装置、供暖装置等；或虽经批准，但安装、使用和维护不符合国家标准。

7）非法经营或超过核准的经营范围经营，违反规定擅自承揽物业管理项目。

8）违反财经纪律，不按财物制度进行物业服务费用的核算，不按规定将物业服务费用在金融机构设置账户专项管理，坐收坐支，账目混乱，公款私存，制造虚假项目。

9）不符合有关物业服务企业资质的法律规定，擅自成立物业公司。

10）不按期公布物业管理账目以接受监督。

11）偷漏税款，抗拒税务、审计机关检查。

12）违反公司法和公司登记管理条例规定，虚报资本、提交虚假证明文件、抽逃出资等。

13）在物业管理的招投标中串通投标、行贿，诋毁其他物业公司商誉，虚假宣传等。

14）在发包或聘用专业服务企业时，接受该企业的回扣。

1.3.4 物业管理刑事责任

1. 刑事法律责任的概念

刑事法律责任是指违反刑事法律而应承担的不利后果。它有以下特征：

1）这是以限制或剥夺犯罪人人身自由为内容的最严厉的法律责任。

2）它是一种惩罚性责任。

3）它是犯罪分子依法应承担的责任。

2. 物业管理中常见的刑事责任

（1）业主可能触犯的罪名

1）故意毁坏财物罪。《中华人民共和国刑法》第275条规定："故意毁坏公私财物，数额较大或者有其他严重情节的，处三年以下有期徒刑、拘役或者罚金；数额巨大或者有其他特别严重情节的，处三年以上七年以下有期徒刑。"

2）放火、决水、爆炸、投毒或者以其他危险方法危害公共安全罪。尚未造成严重后果的，处三年以上十年以下有期徒刑；致人重伤、残废或者使公私财产遭受重大损失的，处十年以上有期徒刑、无期徒刑或者死刑。过失犯前款罪的，处三年以下有期徒刑或者拘役。

3）破坏电力、易燃易爆设备罪。《中华人民共和国刑法》第118条规定："破坏电力、燃气或者其他易燃易爆设备，危害公共安全，尚未造成严重后果的，处三年以下有期徒刑"；第119条规定："破坏交通工具、交通设施、电力设备、燃气设备、易燃易爆设备，造成严重后果的，处十年以上有期徒刑、无期徒刑或者死刑。过失犯前款罪的，处三年以下有期徒刑或者拘役。"

4）消防责任事故罪。《中华人民共和国刑法》第139条规定："违反消防管理法规，经消防监督机构通知采取改正措施而拒绝执行，造成严重后果的，对直接责任人员，处三年以上七年以下有期徒刑。"

5）妨害公务罪。《中华人民共和国刑法》第227条第1款规定："以暴力、威胁方法阻碍国家机关工作人员依法执行职务的，处三年以上有期徒刑、拘役、管制或者罚金。"

（2）物业服务企业可能触犯的罪名

1）虚报注册资本罪。

2）虚假出资、抽逃出资罪。

3）提供虚假财务报告罪。

4）偷税罪。

5）逃避追缴欠税罪。

小　结

本书所讲的物业是指单元性的房地产，是相对狭义的，即住宅单位是物业，厂房、楼宇也是物业。物业管理则是指业主通过选聘物业服务企业，由业主和物业服务企业按照物业服务合同约定，对房屋及配套的设施设备和相关场地进行维修、养护、管理，维护物业管理区域内的环境卫生和相关秩序的活动。2003年国务院颁布的，2007年又进行修订的《物业管理条例》在物业管理行业中发挥着重要作用。

目前，已形成以《物业管理条例》和《中华人民共和国物权法》为核心，由《物业服务定价成本监审办法》、《物业服务企业资质管理办法》、《物业服务收费管理办法》、《前期物业管理招标投标管理暂行办法》、《住宅共用部位设施维修基金管理办法》、《城市异产毗连房屋管理规定》、《城市房地产中介服务管理规定》、《城市房地产抵押管理办法》和《住宅室内装饰装修管理办法》等部门章程和地方性法规、规章组成的多层次的物业管理体系。这些标志着物业管理已步入法制化时代。

思　考　题

1. 什么是物业管理法？

2. 物业管理法律关系包括哪些内容？

3. 物业管理法规及表现形式包括哪些?

4. 我国物业管理领域的主要法规和行政规章有哪些?

5. 物业管理法律关系有哪些特征?

6. 物业管理法律关系主体包括哪些?

7. 业主委员会有哪些权利和义务?

8. 承担民事责任的形式有哪些?

练　习　题

一、单选题

1. 2003 年 9 月 1 日实施,2007 年 10 月 1 日经过修订,并开始实施的是 (　　)。

A. 《物业管理条例》　　　　　　　　B. 《中华人民共和国物权法》

C. 《物业服务定价成本监审办法》　　D. 《住宅共用部位设施维修基金管理办法》

2. 下面是物业管理法律关系客体的是 (　　)。

A. 物业公司　　B. 业主　　C. 主管部门的监督权　　D. 建筑物

3. 我国颁布的《物业管理条例》的时间是 (　　) 年。

A. 1994　　B. 1999　　C. 2001　　D. 2003

4. 我国 2001 年 1 月 1 日开始执行的是 (　　)。

A. 《物业管理条例》

B. 《城市住宅小区物业管理服务收费暂行办法》

C. 《前期物业管理招标投标管理暂行办法》

D. 《住宅室内装饰装修管理办法》

5. 中国物业管理协会成立的时间是 (　　)。

A. 2000 年　　B. 2001 年　　C. 2002 年　　D. 2003 年

二、多选题

1. 物业管理法规的表现形式主要包括 (　　)。

A. 宪法　　B. 法律　　C. 行政法规　　D. 部门规章

2. 物业管理法律关系构成要素有 (　　)。

A. 主体　　B. 客体　　C. 权利　　D. 义务

3. 物业管理法规调整范围主要包括 (　　)。

A. 物业管理民事关系　　B. 物业管理行政关系

C. 物业管理经济关系　　D. 物业管理相邻关系

4. 物业管理法律关系主体有 (　　)。

A. 国家和国家机关　　B. 物业公司

C. 业主和使用人　　　D. 房地产开发商

5. 物业包括 (　　)。

A. 住宅小区　　B. 燃气设施　　C. 庭院的绿地　　D. 体育场馆

6. 下列属于物业管理特性的有 (　　)。

A. 覆盖面广　　　　　B. 专业性强

C. 服务性强 　　　　　　 D. 物业公司处于主导地位

7. 平等主体之间的物业管理法律关系有（　　）。

A. 业主委员会和物业公司之间的法律关系

B. 业主（使用人）之间的法律关系

C. 税务机关与物业公司之间的法律关系

D. 房地产主管机关与物业公司之间的法律关系

三、判断题（在正确的题后打√，在错误的题后打×）

1. 我国目前已形成物业管理法律体系。（　　）

2. 我国《物业管理条例》颁布，标志物业管理有了一部全国性的法律。（　　）

3. 物业管理法规是调整物业范围的社会经济关系。（　　）

4. 行为是物业管理法律关系客体的最主要、最重要的组成部分。（　　）

5. 物业管理法调整对象是指发生在物业管理过程中的各种平等主体之间的物业管理法律关系。（　　）

6. 行政机关对物业管理的权利同时又是物业管理义务，不可以放弃也不可以滥用。（　　）

四、简答题

1. 试举例说明物业服务企业的一般侵权行为。

2. 简述业主常见的行政违法行为。

3. 举例说明物业管理的无过错法律责任。

4. 简述物业管理法规调整的对象。

五、案例分析

【案例1】 2006年5月天津怡安物业公司，受聘管理天业服装城，在经营者办理入住时，物业公司告知所有的经营者，将对承租户的装修活动进行统一监督管理。对不及时清运垃圾者将罚款3000元。而"蜻蜓"服装经营者在装修时，没有及时清运垃圾，物业公司就按规定对其罚款3000元。试问物业公司能否对经营者罚款？

【案例2】 2006年9月6日上午9时，某花园小区住户李某家被盗。经查，两名歹徒从楼梯间的窗户爬进他家的阳台，将阳台安全网破坏进入屋内，盗走价值1万多元的现金和首饰。事发后，李某找到该小区的物业公司要求赔偿。物业公司认为自己没有责任，该住户拿出他们购房时得到的售楼广告单，上面清晰写道：二十四小时保安巡逻。试问物业公司是否应对业主赔偿？

第 2 章

物业权属法律制度

学习目标

本章介绍的物业权属与物业权利的确认和保护，是物业管理过程中解决纠纷的主要依据。重点理解物业权属与物业权利的区别，了解物业权属和物业权利的概念和特征；熟悉我国物业权属制度和物业产权产籍管理制度；掌握物业权利的内容和物业权属登记。

关键词

物业权属　物业产权登记　物业所有权　物业共有权　物业使用权　物业抵押权物业相邻权　建筑物区分所有权　物业权属登记

为了维护社会主义市场经济秩序，明确物的归属问题，发挥物的效用，保护物的拥有权利人的合法权益，我国制定了《城市异产毗连房屋管理规定》、《中华人民共和国城市房地产管理法》和《城市房屋权属登记管理办法》，特别是中华人民共和国第十届全国人民代表大会第五次会议于 2007 年 3 月 16 日通过，自 2007 年 10 月 1 日起施行的《中华人民共和国物权法》，更加明确规定：国家、集体、私人的物权和其他权利人的物权受法律保护，任何单位和个人不得侵犯；物权的取得和行使，应当遵守法律，尊重社会公德，不得损害公共利益和他人合法权益。

2.1　物业权属

2.1.1　物业权属概述

1. 物业权属概念

物业权属是指有关行政部门对物业所有权以及由此产生的物业抵押权等他项权利依法进行登记后所确认的相关主体的权利归属状态。

2. 物业权属与物业权利的区别

物业权利指的是权利主体依法可为一定行为或不为一定行为或要求他人为一定行为或不为一定行为，它侧重于权利本身所具有的内容。如房屋所有权人拥有占有、使用、从中获得收益和处分房屋的权利；而物业权属则更强调权利与权利主体的联系，是有关行政部门依法行使行政管理职能进行确权后的结果。如在我国土地所有权的主体只能是国家和集体。因此，对土地所有权权属的确认只能是国家或集体。

这里讲的物业权利是指物业民事财产权利，即业主、非业主使用人、物业他项权利人根据有关法律规范通过各种途径取得的以物业所有权为核心，包括物业使用权、用益物权和担保物权等内容的权利束。物业作为不动产，应经依法登记，才发生法律效力；未经登记，不发生法律效力。由此可见，物业权利的存在是有关行政部门对其权属状态进行确认登记的前提和基础；而物业权属制度不仅是对物业权利合法性的确认，更是对物业权利的重要的和必要的保障。

2.1.2 物业产权管理和物业产权登记

1. 物业产权管理

物业产权是指权利人依法对其所有的物业享有的占有、使用、收益和处分的权利，是具有严格排他性的绝对权，产权人对其所有的物业具有完全的支配权。同时，产权人对其所有的物业也承担相应的义务，如及时进行产权登记，缴纳有关税费，适时进行修缮养护等。在我国，一般情况下，城市房屋的产权和该房屋占用土地的使用权实行权利人一致的原则，除法律、法规另有规定以外，不得分离。

物业产权管理是国家依法对物业产权的确认和变更，以及包括由此发生的各种产权关系的协调和处理所采取的一系列措施，如产权调查、确认、登记等方面措施的总和。产权管理包括土地产权管理和房屋产权管理，它是保护物业交易的必要手段和国家措施。

2. 物业产权登记

物业产权登记是世界各国普遍建立的一种物业产权管理制度。通过产权登记，可以审查和确认物业产权归属，收集和掌握各种产权档案资料，从而对各类物业实行有效管理。物业必须经过法定登记，确定物业的权属状态，才能赋予物业权属法律效力。《中华人民共和国城市房地产管理法》第59条规定："国家实行土地使用权和房屋所有权登记发证制度"。《中华人民共和国土地管理法》第13条规定："依法登记的土地所有权和使用权受法律保护，任何单位和个人不得侵犯"。《城市房屋权属登记管理办法》第5条规定："房屋权属证书是权利人依法拥有房屋所有权并对房屋行使占有、使用、收益和处分权利的唯一合法凭证。依法登记的房屋权利受国家法律保护"。

2.2 物业权利

物业权利是指业主、非业主使用人、物业他项权利人根据有关法律规范通过各种途径取得的以物业的所有权为核心，包括物业使用权、用益物权和担保物权等内容的权利束。

2.2.1 物业所有权

物业所有权是指所有人对其物业享有占有、使用、收益、处分的权益。所有权人有权在自己的物业上设立用益物权和担保物权以及排除他人非法干涉的权利。用益物权人、担保物权人行使权利，不得损害所有权人的权益。物业所有权是物业产权中的核心权利，是最完全的权利，是其他物业权利的源泉。

1. 物业所有权的四项权益的内容

（1）占有权　占有权是物业所有权人对物业实际控制的权利。占有权一般由所有人行使，它是行使物业所有权和使用权的基础；但也可由使用人行使，如根据租赁合同，将房屋交与承租人占有，则占有权这时就由使用人行使。

（2）使用权　使用权是指在法律规定的范围内，根据物业的类型对物业加以利用的权利。

（3）收益权　收益权是基于对物业的使用而取得利益的权利，如出租房屋时，房屋所有人收取租金。

（4）处分权　处分权是指物业所有权人在法律规定的范围内，根据自己的意志处置物业的权利。它也是物业所有权中最基本的核心权利。

2. 物业共有权的内容

（1）物业共有权　物业共有权是指两个或两个以上的公民或法人对同一物业共同享有所有权。

（2）物业共有权形式

1）共同共有。两个以上单位、个人基于某种关系而对物业不分份额地共同享有权利和承担义务。共同共有人对共有的物业共同享有所有权。共有人按照约定管理共有的物业；没有约定或者约定不明确的，各共有人都有管理的权利和义务。处分共同共有的物业以及对共有的物业作重大修缮的，应当经占份额 2/3 以上的按份共有人或者全体共同共有人同意，但共有人之间另有约定的除外。

【案例 1】 刘某、张某是夫妻关系，但由于发生矛盾，使夫妻关系紧张。丈夫刘某把署名刘某，而事实上属于夫妻共同共有财产的房屋卖掉，并在房屋交易部门办理完手续，这时妻子发现，起诉法院。根据以上事实，法院如何审理？

案例分析： 房屋的买卖要得到法律的保护，必须登记交易。而《物权法》在这方面作出的规定是：处分共有的物业应当经占份额 2/3 以上的按份共有人或者全体共同共有人同意。但处分共有的财产，未经其他共有人同意的，须要登记的未登记的无效；已经登记，并购买人属于善意第三人的有效，但其他共有人可以向处分财产的共有人行使追偿权。

在本案中，夫妻的房屋是属于共同财产，正常处理应得到共有人的同意，但丈夫刘某处理时未得到共有人妻子的同意，并且在房屋交易部门办理完登记手续，因此，根据现行《物权法》的规定，法院应认定刘某房屋交易有效，但其妻可向丈夫行使追偿权。

2）按份共有。按份共有又称分别共有，是指两个或两个以上的共有人按照各自的份额分别对共有财产享有权利和承担义务的一种共有关系。按份共有人对共有的物业按照其份额享有所有权。但须注意的是：按份共有与分别所有是不同的，按份共有虽对共有物享有不同的份额，但共有人却对全体物享有权利。而分别所有是不同的所有人对财产的不同的具体部分单独享有所有权。

对于共有物业的管理费用以及其他负担，有约定的按照约定；没有约定或者约定不明确的，按份共有人按照其份额负担；共同共有人共同负担。

共有人约定不得分割共有的物业，以维持共有关系的，应当按照约定；但共有人有重大理由需要分割的，可以请求分割；没有约定或者约定不明确的，按份共有人可以随时请求分割；共同共有人在共有的基础丧失或者有重大理由需要分割时可以请求分割。因分割对其他共有人造成损害的，应当给予赔偿。

2.2.2 物业使用权

物业使用权是指按照法律或者合同的规定对物业享有使用的权利。广义的物业使用权包括物业所有人的物业使用权和非所有人的物业使用权。狭义的物业使用权仅指非所有人的物业使用权。这里所说的物业使用权特指狭义的物业使用权，它是从物业所有权中衍生出来的用益物权。物业可因租赁、借用、划拨等原因而由非所有权人占有、使用，甚至有限制的处分。依法成立的物业使用权受到法律保护，即使是所有权人也不得非法干涉。

2.2.3 物业抵押权

物业抵押权是经过依法享有物业处分权的物业权利人同意，在其所有或使用的物业上设定的一种担保物权。物业抵押权具有从属性、担保性，其设定的目的在于担保物业权利人或第三人所欠的债务能够依约偿还。如果债务人不履行债务时，债权人（即抵押权人）有权从该物业的变卖价金中优先得到清偿。根据《中华人民共和国城市房地产管理法》、《中华人民共和国担保法》等有关法律法规的规定，设定物业抵押权的，物业抵押人和物业抵押权人应当签订书面合同，并向县级以上地方人民政府规定的部门办理登记手续。抵押合同自登记之日起生效。

抵押人可将其所有的房屋和其他地上定着物进行抵押，也可以将其依法有权处分的国有土地使用权、房屋和其他地上定着物进行抵押。

2.2.4 物业相邻权

物业相邻权是指两个或两个以上相互毗邻物业的所有人或使用人，在行使占有、使用、收益、处分权利时有权要求其相邻方履行一定义务。

物业相邻权从本质上讲是一方所有人或使用人的财产权利的延伸，同时又是对他方所有人或使用人的财产权利的限制。物权法规定：不动产的相邻权利人应当按照有利生产、方便生活、团结互助、公平合理的原则，正确处理相邻关系。法律、法规对处理相邻关系有规定的，依照其规定；法律、法规没有规定的，可以按照当地习惯。常见的相邻权有：

1. 相邻通行权

不动产权利人对相邻权利人因通行等必须利用其土地的，应当提供必要的便利。

2. 相邻防险、排污权

不动产权利人不得违反国家规定弃置固体废物、排放大气污染物、水污染物、噪声、光、电磁波辐射等有害物质。相邻人在生产过程中，排放废气、废水、废渣，不得超过国家规定的排放标准。相邻他方对超标排放，有权要求相邻人排除妨害，对造成的损害有权要求赔偿。

3. 相邻用水、排水权

不动产权利人应当为相邻权利人用水、排水提供必要的便利；对自然流水的利用，应当在不动产的相邻权利人之间合理分配。对自然流水的排放，应当尊重自然流向；应当尽量避免对相邻的权利人造成损害；造成损害的，应当给予赔偿。

4. 相邻管线安设权

不动产权利人因建造、修缮建筑物以及铺设电线、电缆、水管、暖气和燃气管线等必须利用相邻土地、建筑物的，该土地、建筑物的权利人应当提供必要的便利。但相邻方应当选择损害最小的地点及方法安设。相邻人还应对所占土地及施工造成的损失给予补偿，并于事后清理现场。不动产权利人挖掘土地、建造建筑物、铺设管线以及安装设备等，不得危及相邻不动产的安全；应当尽量避免对相邻的不动产权利人造成损害；造成损害的，应当给予赔偿。

5. 相邻光照、通风、日照权

相邻人建造建筑物，不得违反国家有关工程建设标准，妨碍相邻建筑物的通风、采光和日照；否则，权利人有权请求停止侵害，造成损害的，应当给予赔偿。

6. 相邻疆界权

相邻房屋及其他附属物设施的占有、使用应当明确界限，如果界限不清、责任不明的，应当归相邻各方共有或共管，以免发生纠纷。

2.2.5　建筑物区分所有权

1. 建筑物区分所有权概念

建筑物区分所有权是指多个区分所有权人共同拥有一幢区分所有建筑物时，各区分业主对建筑物内的住宅、经营性用房等专有部分享有所有权，对专有部分以外的共有部分享有共有和共同管理的权利。目前，物权法对建筑物区分内物业所有权问题作出了规定。

1）业主对其建筑物专有部分享有占有、使用、收益和处分的权利。业主行使权利不得危及建筑物的安全，不得损害其他业主的合法权益。

2）业主对建筑物专有部分以外的共有部分，享有权利，承担义务；不得以放弃权利不履行义务。

3）业主转让建筑物内的住宅、经营性用房，其对共有部分享有的共有和共同管理的权利一并转让。

4）建筑区划内的道路，属于业主共有，但属于城镇公共道路的除外。建筑区划内的绿地，属于业主共有，但属于城镇公共绿地或者明示属于个人的除外。建筑区划内的其他公共场所、公用设施和物业服务用房，属于业主共有。

5）建筑区划内，规划用于停放汽车的车位、车库应当首先满足业主的需要；建筑区划内，规划用于停放汽车的车位、车库的归属，由当事人通过出售、附赠或者出租等方式约定。

另外，《城市异产毗连房屋管理规定》第 6 条规定："所有人和使用人对共有、共用的门厅、阳台、屋面、楼道、厕所、院落、上下水设施等，应共同合理使用并承担相应的义务；除另有规定外，任何一方不得多占、独占，且所有人和使用人在房屋共有、共用部位，不得有损害他方利益的行为"。第 7 条规定："异产毗连房屋所有人以外的人如需使用异产毗连房屋的共用部位，应取得各所有人一致同意，并签订书面协议"。第 8 条规定："一方所有人如需改变共用部位的外形或结构时，除须经城市规划部门批准外，还须征得其他所有人的书面同意"。《公有住宅售后维修养护管理暂行办法》第 4 条规定，"住宅的共用部位"指"承重结构部位（包括楼盖、屋顶、梁、柱、内外墙体和基础等）、外墙面、楼梯间、走廊通道、门厅、楼内自行车存车库等"。"住宅的共用设施设备"指"共用的上下水管道、落水管、邮政信箱、垃圾道、烟囱、供电干线、共用照明、天线、暖气干线、供暖锅炉房、高压水泵房、消防设施和电梯等"。

2. 建筑物区分所有权的特征

（1）权利复合性　权利复合性是指建筑物区分所有权由专有所有权、共有部分持分权组成。而一般的不动产所有权，构成是单一的，它仅指权利主体对不动产享有的占有、使用、收益及处分的权利。

（2）专有所有权的主导性　专有所有权具有主导性主要表现在：区分所有权人只有取得专有所有权，才能取得共用部分持分权。

（3）权利一体性　权利一体性主要表现在专有所有权、共有部分持分权必须结为一体，不可分离。区分所有权转让、处分、抵押、继承时，也必须将二者视为一体。

3. 建筑物区分所有权的内容

（1）专有部分所有权　建筑物的专有部分是指建筑物中具有构造上和使用上的独立性的部分。它由一定平面的长度与一定立体的厚度构成，与其他专有部分或共有部分以墙壁、天花板、地板相隔。区分所有权人对其专有部分有自由使用、收益及处分的权利。

（2）共有部分持分权　建筑物的共有部分是指供区分所有人共用、属于区分所有人共有的部分。由法律直接规定属于共有的部分为法定共有，如占用业主共有的道路或者其他场地用于停放汽车的车位，属于业主共有；由区分所有权人约定使某专有部分成为共有的部分称为约定共有。建筑物的共有部分，一般包括共有、共用的门厅、阳台、屋面、楼面、厨房、厕所以及院落、上下水设施等。

共有所有权指建筑物区分所有权人依照法律或管理规约的规定，对区分所有建筑物的共用部分所享有的占有、使用及收益的权利。我国现行有关法律规定，建筑物的共有部分，在使用上坚持共同共有的原则，不分份额，在面积分担上则采用按份共有的形式，所有人和使用人对建筑物的共有部分应共同合理使用并承担相应的义务。如《城市异产毗连房屋管理规定》第9条规定了异产毗连房屋共有部位和共用设施发生自然损坏时所需修缮费用由房屋所有人按份额比例分担的原则。

2.3　物业权属制度

2.3.1　土地权属制度

依照我国现有法律的规定，我国实行社会主义土地公有制，土地属于国家所有和集体所有。

1. 土地所有权

（1）国家土地所有权　国家土地所有权是指国家作为民事主体所享有的土地所有权。国有土地包括：

1）城市的土地，即除法律规定属于集体所有以外的城市市区土地。

2）依法被征用的土地。

3）依照法律规定被没收、征收、征购、收归国家所有的土地。

4）依法确定给予全民所有制单位、农民集体经济组织和个人使用的国有土地。

5）依法属于国家所有的名胜古迹、自然保护区内的土地。

6）依法不属于集体所有的其他土地。

（2）集体土地所有权　我国的集体土地所有权是指由农村集体经济组织所享有的土地所有权。其范围是：

1）农村和城市郊区的土地，除由法律规定属于国家所有的以外，属于农民集体所有。

2）宅基地和自留山、自留地，属于农民集体所有。

集体土地所有权在法律上是一种受到严格限制的所有权，它不能作为交易的标的物，其变更只有两种情况：一是国家征用；二是边界调整。

2. 土地使用权

（1）国有土地使用权　单位和个人可以依法取得国有土地使用权，根据其取得方式不同可以分为：一是出让土地使用权，二是划拨土地使用权。

1）出让土地使用权是指土地使用者通过向国家支付土地使用权出让金取得的在一定年限内的土地使用权。其与划拨土地使用权相比具有如下特征：

① 有偿取得。土地使用者要依法与代表国家的土地管理部门签订土地使用权出让合同，并按合同的约定向国家支付土地使用权出让金。这是出让土地使用权取得与划拨土地使用权取得的主要区别。

② 有明确的期限。权利人享有土地使用权的起止时间，在出让合同中有明确的约定。我国《城镇国有土地使用权出让和转让暂行条例》第 12 条规定的土地使用权出让的最高年限为：居住用地 70 年；工业用地 50 年；商业、旅游、娱乐用地 40 年；综合或者其他用地 50 年。

③ 出让土地使用权人对其享有的土地使用权享有处分权，在合同约定的期限内，土地使用权人可以将其享有的土地使用权转让、出租或抵押。

2）划拨土地使用权是指通过行政划拨的方式取得的土地使用权。划拨土地使用权一般没有使用期限的限制。划拨土地使用权人要缴纳补偿、安置等费用，但不必向国家支付地租性质的费用。除符合法律规定的条件外，划拨土地使用权不得转让、出租和抵押。

《中华人民共和国土地管理法》规定了划拨土地适用的范围为：国家机关用地；军事用地；国家重点扶持的能源、交通、水利等项目用地；公益事业用地；城市基础设施用地；法律、法规明确规定可以采用划拨方式供应的其他建设项目用地。

（2）集体土地使用权　集体土地使用权是土地使用者依照法律规定或合同规定，对农民集体所有的土地享有的占有、使用和收益的权利。我国《中华人民共和国土地管理法》中规定："集体所有的土地，可以依法确定给单位或者个人使用"。

集体土地使用权可分为两大类：一类是农地使用权如土地承包经营权、自留地和自留山使用权；另一类是农村建设用地使用权，包括宅基地、集体企业用地和公益用地等。集体土地使用权的行使，必须遵守有关法律的规定。如《中华人民共和国土地管理法》规定："农村村民一户只能拥有一处宅基地，其宅基地的面积不得超过省、自治区、直辖市规定的标准"。"农村村民出卖、出租住房后，再申请宅基地的，不予批准"。

2.3.2　房屋权属制度

1. 按房屋所有权主体划分

（1）国有房屋所有权　国有房屋所有权根据管理者的不同又可分为直管公房所有权和自

管公房所有权。在任何情况下，处分国有房屋所有权都必须经国家主管机关特别批准并征得当地房产管理部门的同意。

（2）集体房屋所有权 它是指集体企业单位对所有的房产享有的所有权。这种所有权的主体是集体企业单位，而其成员个人不是所有权人，也不构成集体成员共有。

（3）私人房产所有权 指私人个人、家庭、数人共有或私营企业对其自有的房屋享有的所有权。私人房产所有权依取得方式不同可分为：一般城镇私房所得权、商品私房所有权、公房出售后转变为私房的所有权、自建公助房屋的所有权。

（4）外商投资企业和外产房屋所有权 目前我国对这类具有涉外因素的房屋所有权作为专门房产所有权登记注册。

（5）农村房屋所有权 这类房屋所有权的主体和流转依现行法律的规定受到严格的限制，一般不允许城市单位和个人到农村购地建房或直接购房。

（6）由其他主体享有的房产所有权。

2. 按房屋所有权主体的构成不同划分

（1）单独所有的房屋所有权 即由单个民事主体独有的房屋所有权。

（2）共有房屋所有权 数人对一项房产共同享有的所有权称为共有房屋所有权，包括共同共有和按份共有。前者要求共有人在共有期间不能按确定份额分割和单独处分共有的房产，共有人平等地行使权利和承担义务；后者的特点是共同所有权人对共有房产的权利义务可分割为若干份额，共有人可按其所占有的份额享有权利和承担义务。

2.4 物业权属登记制度

2.4.1 物业权属登记概述

物业权属登记主要是讲物业中房地产权属登记问题，也就是讲土地使用权和房屋所有权登记制度。根据《中华人民共和国城市房地产管理法》在"房地产权属登记管理"中明确规定："国家实行土地使用权和房屋所有权登记发证制度"。

房地产权属登记制度是指房地产权利的取得、变更或灭失必须由政府管理机关通过登记程序来确认的一种制度。

建立房地产权属登记制度，是政府保护房地产权属的重要方式，这一方式为世界各国政府普遍采用。也就是说，当取得土地使用权或在依法取得的房地产开发用地上建成房屋的，以及房地产转让或者变更时，都必须按照有关规定进行权属登记。所以，房地产权属登记发证制度是产权产籍管理的首要的核心内容。

2.4.2 所有权登记机关

根据《中华人民共和国城市房地产管理法》（以下简称《城市房地产管理法》）规定，房屋所有权登记发证机关为县级以上人民政府房产管理部门。

《城市房地产管理法》第 60 条规定："以出让或者划拨方式取得土地使用权，应当向县级以上地方人民政府土地管理部门申请登记，经县级以上地方人民政府土地管理部门核实，由同级人民政府颁发土地使用权证书"。

"在依法取得的房地产开发用地上建成房屋的，应当凭土地使用权证书向县级以上地方人民政府房产管理部门申请登记，由县级以上地方人民政府房产管理部门核实并颁发房屋所有权证书"。

"房地产转让或者变更时，应当向县级以上地方人民政府房产管理部门申请房产变更登记，并凭变更后的房屋所有权证书向同级人民政府土地管理部门申请土地使用权变更登记，经同级人民政府土地管理部门核实，由同级人民政府更换或者更改土地使用权证书"。

另外，根据《城市房屋产权产籍管理暂行办法》和《城市房屋权属登记管理办法》中的规定：房屋产权人应向房屋所在地的市、县人民政府房地产行政主管部门申请登记，经审查确认产权后，发给房屋所有权证。因此，房屋所有权登记发证的法定机关应是市、县政府房产管理部门；其他部门办理的房屋所有权登记和发放的房屋所有权证书，不具有法律效力，不受国家法律保护。

2.4.3　房地产权属登记概述

1. 房地产权属登记的概念

房地产权属登记是指房地产管理部门对房地产权利的主体、性质、范围和种类所作的记录。它是对房地产权属的法律确认，是房地产行政管理的基础性工作，是房地产权利人行使其权利的依据。

为了加强城市房屋权属管理，维护房地产市场秩序，保障房地产权利人的合法权益，根据《城市房地产管理法》的规定，凡在城市规划区国有土地范围内取得的土地使用权和房屋所有权、房地产他项权利的法人、其他组织和自然人都要按照国家规定到房屋所在地的登记机关申请房地产产权登记，领取权属证书。

法人、其他组织包括全民所有制企业单位、股份制企业、军队、事业单位房地产；集体所有的房地产；联营房地产；涉外房地产等的权属人都必须在限期内到房地产所在地登记机关申请登记，领取房地产权属证书。

我国现行的是房产、地产分别登记制度。房屋登记制度是国家有关部门依法对房屋所有权、抵押权等他项权利进行登记、发证的一种管理制度。土地登记制度是国家有关部门依法对国有土地或集体所有土地的所有权、使用权以及抵押权等他项权利进行登记、发证的一种管理制度。

土地登记分为初始土地登记和变更土地登记。初始土地登记又称总登记，是指在一定时间内，对辖区全部土地或者特定区域的土地进行的普遍登记；变更土地登记，是指初始土地登记以外的土地登记，包括土地使用权、所有权和土地他项权利设定登记，土地使用权、所有权和土地他项权利变更登记，名称、地址和土地用途变更登记，注销土地登记等。

2. 房地产权属登记的目的

（1）确认权属　房地产管理部门依法对房地产权属进行登记，是对房地产权利在法律上的确认，具有法律的效力。房地产管理部门不能对登记的房地产权属任意变更。

（2）公示　房地产管理部门对房地产权属进行登记后，对登记的内容要公示。公示就是对房地产权属登记内容进行公告，以使房地产利害关系人及时行使自己的权利，或者防止房地产利害关系人因房地产登记而使利益受到损害。

（3）加强管理　房地产权属登记作为房地产行政管理的一项基础性工作，其目的最终是为了实现良好的房地产管理秩序，规范房地产交易市场，保护房地产权利人的合法权益。

2.4.4　房地产权属登记种类

根据《城市房地产管理法》和《城市房屋权属登记管理办法》的规定，房地产权属登记分为七种：总登记；土地使用权初始登记；房屋所有权初始登记；转移登记；变更登记；他项权利登记；注销登记。

1. 总登记

总登记是指县级以上地方人民政府根据需要，在一定期限内对本行政区域内的房地产进行统一的产权登记。

登记机关认为需要时，经县级以上地方人民政府批准，可以对本行政区域内的房地产权属证书进行验证或者换证，凡列入总登记、验证或换证范围，无论权利人以往是否领取房屋权属证书，权属状况有无变化，均应当在规定的期限内办理申请登记。总登记并不是经常进行，只有权属状况较为混乱时才进行总登记。

总登记、验证、换证应当由县以上地方人民政府在规定期限开始之日起 30 日前发布公告。公告包括以下内容：

1）登记、验证、换证的区域，如全县、全市、全省。

2）申请期限。

3）当事人应当提交的有关证件。

4）受理申请地点。

5）其他应当公告的事项。

2. 土地使用权初始登记

以出让或划拨方式取得土地使用权的，权利人应申请办理土地使用权初始登记。土地使用权初始登记，申请人应提交批准用地或土地使用合同等有关证明文件。土地使用权初始登记，由县级以上地方人民政府发布通告。通告的主要内容包括：

1）土地登记区的划分。

2）土地登记的期限。

3）土地登记收件地点。

4）土地登记申请者应当提交的有关证件。

5）其他事项。

3. 房屋所有权初始登记

在依法取得的房地产开发用地上新建成的房屋和翻建、改建、扩建的房屋以及集体土地转为国有土地上的房屋，权利人应向登记机关申请办理房屋所有权初始登记。

（1）新建的房屋所有权初始登记　申请人应当在房屋竣工后的 3 个月内向登记机关申请房屋所有权初始登记，并应当提交用地证明文件或者土地使用权证、建设用地规划许可证、建设工程规划许可证、施工许可证、房屋竣工验收资料以及其他有关的证明文件。

（2）集体土地上的房屋转为国有土地上的房屋所有权初始登记　申请人应当自事实发生之日起 30 日内向登记机关提交用地证明等有关文件，申请房屋所有权初始登记。

（3）房地产开发公司出售商品房屋所有权初始登记　应在销售前到登记机关办理备案登记手续。

4. 转移登记

转移登记是指房屋所有权因房屋买卖、赠与、继承、交换等原因而引起所有权人发生变化时所进行的登记。申请转移登记时，权利人应提交房地产权属证书以及与房地产转移相关的合同、协议、证明等文件。

所有权发生转移时，原来的房屋所有权人已不再是房屋的所有者，因此就要依法登记，以确认新的房屋所有权人。另外房屋的分割析产，看起来所有权并未转移，只是把原来共同所有的房产变成了各自所有，但实质上是一种特殊方式的转移，因而房产分割也列入转移登记范围。

5. 变更登记

（1）房屋变更登记　变更登记是指由于房屋的一部分改建、扩建以及房屋坐落的街道、门牌或者房屋名称发生变更时或拆除而使房屋的现状发生变更时所进行的登记。房屋变更登记，应使权属证书上记载的房屋状况与实际状况相一致。

（2）土地变更登记　依法变更土地使用权、所有权和土地他项权利的，必须依照规定向土地管理部门申请登记。申请土地使用权、所有权变更登记时，申请者应当依照规定申报地价；未申报地价的，按宗地标定地价进行登记。

划拨土地使用权依法办理土地使用权出让手续的，土地使用者应当在缴纳土地使用权出让金后 30 日内，持土地使用权出让合同、出让金缴纳凭证及原《国有土地使用证》申请变更登记。

企业将通过出让或者国家入股等形式取得的国有土地使用权，再以入股方式转让的，转让双方当事人应当在入股合同签订之日起 30 日内，持以出让或者国家入股等方式取得土地使用权的合法凭证、入股合同和原企业的《国有土地使用证》申请变更登记。

集体土地所有者将集体土地使用权作为联营条件兴办三资企业和内联企业的，双方当事人应当在联营合同签订后 30 日内，持县级以上人民政府批准文件和入股合同申请变更登记。

有下列情形之一的，土地使用权转让双方当事人应当在转让合同或者协议签订后 30 日内，涉及房产变更的，在房产变更登记发证后 15 日内，持转让合同或者协议、土地税费缴纳证明文件和原土地证书等申请变更登记：

1）依法转让土地使用权的。

2）因买卖、转让地上建筑物、附着物等一并转移土地使用权的。

因房屋所有权变更而使土地使用权变更的，在申请变更登记时，应当提交变更后的房屋所有权证书。

一般情况下申请变更登记，权利人应当自事实发生之日起 30 日内提交房地产权属证书以及相关的证明文件到登记机关申请登记。

6. 他项权利登记

设定房地产抵押权他项权利时，权利人应申请他项权利登记。申请房地产他项权利登记，权利人应提交的证明文件有：

1）以未开发的土地使用权作为抵押物的，应提交国有土地使用权证，土地使用权出让、抵押合同书及相关协议和证明文件。

2）以房屋及其所占土地作为抵押物的，除应提交上述所列证明文件外，还应提交房屋所有权证。

7. 注销登记

注销登记是指因土地使用年限届满、他项权利终止等原因导致房地产权利丧失所进行的登记。申请注销登记，申请人应提交原房地产权属证书，相关的合同、协议等证明文件。权利人应当自法定注销原因发生之日起 30 日内申请注销登记。当有下列情形之一的，登记机关有权注销产权权属证书：

1）申报不实的。

2）涂改房地产权属证书的。

3）房地产产权灭失，而权利人未在规定期限内办理注销登记的。

4）因登记机关的工作人员工作失误造成房屋权属登记不实的。

2.4.5 房地产权属登记

1. 房地产权属登记要件

1）申请人或代理人具有申请资格。权利人为法人、法人团体的，应使用法定名称，由其法定代表人申请；权利人为自然人的，应使用其身份证件上的姓名申请；共有的房地产，由共有人共同申请；设定房地产他项权利登记，由相关权利人共同申请。

2）有明确具体的申请请求。

3）申请登记的房地产产权来源清楚、合法、证件齐全、没有纠纷，且不属于被限制转移或被依法查封以及违章建筑的房屋。

4）属于受理登记的登记机关管辖。

2. 登记程序

（1）填表和检验证件 主要是填写房地产权属申请书，提交墙界表和收取并检验证件。

1）申请书是产权人向登记机关陈述产权来源和房地产状况，请求对其房地产给予法律上的认可和保护的一种表格式的书面申请。申请书中产权人的情况和房地产状况由产权人填写，产权审查情况由登记人员填写。

2）墙界表是产权人向房地产登记机关提供的房屋（院落）四周墙体、使用土地的归属的自我认定及有利害关系的邻户对其认定的承认和证明的书面申报。需要提交的证件根据登记种类和房地产的不同而有所不同。在登记时可根据《城镇房屋所有权登记暂行办法》、《城市房屋产权产籍管理暂行办法》，以及房地产所在地人民政府房地产行政主管部门的规定提交相应证件。

（2）勘丈绘图 勘丈绘图是对申请登记的房地产，以产权人为单位，逐户、逐处进行实地勘察，查清房地产现状，丈量计算面积，核实房屋墙体归属和土地的使用范围，绘制分产平面图，补测或修改房地产平面图，为产权审查和制图发证提供的依据。

（3）产权审查和确认 房地产产权的审查与确认是指有管辖权的房地产产权登记机关代表人民政府，对当事人申请产权登记的申报及其提交的房地产产权归属和产权状况的证明材料进行审查和确认，并决定是否予以登记发给房地产权属证书的工作过程。房地产产权的审查与确认是产权登记的核心，是一种政府职能，是由房地产产权登记机关实施的具体行政行为。

产权审查一般应经过初审、公告、复审和审批四个阶段。

1）初审主要是通过查阅产权档案及有关资料，审查产权人提交的各种产权证件和办理的各种手续是否合法，核实房屋的四面墙界与建设用地规划许可证或建设用地批准书的用地范围和用地界限是否相符，弄清产权来源及其转移变动情况。初审（权属审核）一般应包括以下内容：

① 摘录产权档案的内容；

② 查阅主要产权的各种证件；

③ 根据产权档案记载的历史情况，对照现申请人提交的证据，审核产权人姓名是否一致，产权转移、房地产状况变更是否有合法依据；

④ 签署初审意见。

经初审确认后，初审人出具初审意见。初审意见包括以下内容：

① 上次产权来源情况及有关附记情况；

② 本次产权来源情况及主要事实和证据；

③ 四周范围和墙体归属；

④ 共有关系、他项权利关系、相邻关系及其他需附记的情况；

⑤ 准予按当时面积作何种类别登记；

⑥ 税费收缴情况；

⑦ 承办人姓名、签注意见时间。

2）公告是房地产权属登记的程序之一，经土地管理部门审核，对认为符合登记要求的宗地予以公告。公告的主要内容包括：

① 土地使用者、所有者和土地他项权利者的名称、地址；

② 准予登记的土地权属性质、面积、坐落；

③ 土地使用者、所有者和土地他项权利者及其他土地权益有关者提出异议的期限、方式和受理机关。

但根据房地产有关法律规定：公告适用于登记机关认为有必要进行公告的登记。因此，公告不是房地产权属登记的必经程序。如购买房地产开发公司的房屋，以及手续齐全的新建、转移、变更登记、抵押权等房地产他项权利的设定，可以不用公告。

公告的主要原因是为了征询要登记的房地产权属的异议，是为了进一步了解产权权属而向社会发出产权征询过程。征询异议，就是将已经初步核定的房屋所有权主要情况予以公布，以征求与产权有利害关系者对房屋产权的异议（其中也包括申请登记者对登记情况是否有异议）便于登记机关及时发现登记中的问题，以提高登记的准确性。

公告征询异议的时间一般为一个月。

如发现公告的内容有出入，应当及时向登记机关提出，以便登记机关及时纠正错误，也可以使提出异议者自己的合法权益及时得到保护。

产权如有异议，异议人应当采取书面提出的办法，并提供提出产权异议的有关证据。登记机关在收到产权异议后，应当立即中止登记程序，直至这一异议排除。

异议的排除一般有两种方式：一种是申请登记人与提出异议人对于登记的实体事项的争议通过协商、调解、仲裁或是诉讼得到解决的；另一种是申请人提供足以推翻异议的证据，而提出异议者无相反证据的，登记机关即可排除这一异议。

在某种情况下，提出异议的人并不是基于自身的利益，而是为了维护国家、集体或其他公民的利益，则房地产管理部门并不一定要求反映情况者提供证据，而且还应对提出异议者负保密的责任。

3）复审是指经初审同意确认产权，如需公告的登记已公告的，无人提出异议的登记案件由复审人员进行全面审查；如有异议的产权登记，则退回由初审继续调查处理。

复审时，如登记房地产产权来源清楚，有关证件手续齐全时，登记机关应在"复审意见栏"内注明复审意见。复审意见主要包括以下内容：是否同意初审确认意见；补充初审确认意见的事项和决定；签注意见人的姓名、签注意见时间。

4）审批是产权审查的最后程序，它确定是否最后确认产权，是否准予发给产权证件。凡经审查批准的，才准予发给房地产权属证书。审批的意见主要包括以下内容：

1）是否同意复审确认意见。

2）补充或变更复审意见的事项和决定。

3）签注意见人的姓名、签注意见时间。

（4）绘制房地产权属证书　对申请登记的房地产，经过登记确认产权的，应及时绘制房地产权属证书。

1）房地产权属证书名称和样式由国家统一制定，权属证书记载的内容主要包括：

① 编号；

② 发证单位；

③ 房屋所有权人或土地使用人；

④ 所有权性质；

⑤ 共有人及应占份额；

⑥ 房屋坐落；

⑦ 地号、地籍号；

⑧ 房屋状况（幢号、房号、间数、建筑结构、层数）等。

2）房地产权属证书。1994年7月5日，第八届全国人大第八次常委会议通过了《中华人民共和国城市房地产管理法》确立了房屋所有权登记发证制度。为了维护房地产权属证书的权威性和严肃性，整顿房地产所有权登记发证工作秩序，规范房地产产权发证行政管理工作，防止违法分子伪造房地产权属证书，制止多部门发放房地产权属证书，切实保护房地产权利人的合法权益，建设部1997年11月12日决定实施采用全国统一的权属证书。

统一的权属证书主要包括《房地产权证》、《房地产共有权证》、《房地产他项权证》或者《房屋所有权证》、《房屋共有权证》、《房屋他项权证》、《国有土地使用证》、《集体土地所有证》、《集体土地使用证》。

3）房地产权属证发放原则。共有的房地产权证由权利人推举的持证人收执房屋所有权证书。其余共有人各执房屋共有权证书一份。《房地产共有权证》与《房地产权证》具有同等的法律效力。《房地产他项权证》或《房屋他项权证》由他项权利人收执。他项权利人依法凭证行使他项权利，受国家法律保护。

房地产权属证的式样由国务院建设行政主管部门统一制定，证书由市、县房地产行政主管部门颁发。

房地产权属证书破损的经登记机关查验需要换领的，予以换证。房地产权属证书遗失的，权利人应当及时登报声明作废，并向登记机关申请补发，由登记机关作出补发公告。公告同样要在当地主要报纸刊登。经 6 个月无异议的，予以补发。

（5）发证　房地产产权登记机关经过初审、公告、复审、审批程序后，发证给房地产产权所有权人证书。

2.4.6　公有住房出售后的权属登记

为保证住房制度改革的顺利进行，保障产权人的合法权益，规范房改中公有住房出售后的权属登记发证管理工作，建设部《关于房改售房权属登记发证若干规定的通知》，对发证与登记作了明确的规定。

（1）凭证出售公有住房　按照房改政策出售公有住房的单位（以下简称售房单位），必须持有合法的《房屋所有权证》；尚未登记确权的，不得出售。

（2）申请权属登记

1）购房人按规定一次性付清价款的，从付款之日起 3 个月内凭有关文件到房屋所在地房地产权属登记机关办理权属转移登记手续，由购房人签章领证。

2）购房人以抵押贷款方式购买的，在办理权属登记时，应同时提交抵押贷款协议（或合同），并办理他项权利登记，在《房屋所有权证》上填注设定他项权利摘要，另发《他项权利证》，交抵押权人存执。

3）发证与权证注记：

① 职工以成本价购买的住房，产权归个人所有。经登记核实后，发给《房屋所有权证》，产别为"私产"，注记："房改出售的成本价房，总价款为：××元。"

② 职工以标准价购买住房，拥有部分产权。经登记核实后，也发给《房屋所有权证》，产别为"私产（部分产权）"，注记："房改出售的标准价房，总价款为：××元，售房单位××××，产权比例为××（个人），××（单位）。

③ 上述两款的总价款是指实际售价与购得房屋建筑面积的乘积，不是指按规定折扣后的实际付款额。

④ 以成本价或标准价购买的住房，应在《房屋所有权证》上注记限定进入市场的时间。以签发《房屋所有权证》的日期推算。

⑤ 以成本价或标准价购买的住房，产权来源为"房改售房"。

⑥ 数人出资购房并要求核发《房屋共有权证》的，经登记核实后，可发给权利人《房屋共有权证》，并根据投资比例，注记：每人所占份额。

（3）房改售房的权属登记发证工作　房改售房的权属登记发证工作只能由房地产行政主管部门办理，任何部门（单位）均不得以任何借口自行印制与颁发证明房屋权属关系、带有确定权属性质的任何证书。已经颁发的，由当地房地产行政主管部门公告宣布无效；颁发部门（或单位）应立即停止这一行为，并限期将已颁发证书收回、销毁，重新到房地产行政主管部门办理权属登记和领证。

2.4.7　外籍人私有房屋权属登记

不动产适用所在地法律，这是世界各国的通例。外籍人士在我国的私有房屋，应当按我国《城市房地产管理法》等的规定，到房屋所在地的房地产登记机关办理权属登记。

外籍人私有房屋是指外籍人在中国境内的个人所有、数人共有的住宅和非住宅房。对于这类房屋的所有权登记，除应提交国籍证明、职业证明外，还应按房屋所有权取得的不同方式，分别提交以下证件和证明文件。

1）新建、翻建的房屋，应提交建筑许可证和建筑图样。

2）购买的房屋，应提交原房屋所有权证、买卖合同；购买房地产开发公司的商品房屋，应当事先已获得外销许可证。

3）接受赠与的房屋，应提交原房屋所有权证，赠与书或遗赠书。

4）交换的房屋，应提交双方的房屋所有权证、协议书。

5）继承的房屋，应提交原房屋所有权证和遗产继承证明。

6）分割的房屋，应提交原房屋所有权证和房产分割协议书。

房屋所有权人不能亲自办理登记手续时，可以委托代理人代理。

办理登记和委托手续的证件、文书应经过公证。在外国办理的公证文书，应经过该国外交部或其委托的机构和中国驻该国大使馆、领事馆认证。

认证是外交、领事机构在对发往域外的公证文书上证明公证机关的签名或印章属实的活动。经过认证，可以使域外的有关部门能对公证文书的真实性、合法性给予肯定。域外的文书只有在办理认证手续后，在我国才具有法律效力（与我国签有互免领事认证条约的国家除外）。办理登记和委托手续的证件，文件应当是正本。如果某证件或文书是用外文写的，应同时附有经公证和认证的中文译文。

2.4.8 房地产产权登记管理法律责任

在房地产产权登记管理过程中，主要有以下方面的法律责任。

1）以虚报、瞒报房地产权属情况等非法手段获得权属证书的，由登记机关注销其房屋权属证书，没收其非法所得，并对当事人处以1千元以下的罚款。

2）涂改房地产权属证书的，其证书无效，由登记机关没收其房地产权属证书，并对当事人处以1千元以下的罚款。

3）非法印制、伪造房地产权属证书的，由登记机关没收其非法印制的房地产的权属证书及非法所得，并对当事人处以1万元以上3万元以下的罚款。构成犯罪的，依法追究刑事责任。

4）未按期进行房地产权属登记的，由登记机关责令其限期补办登记手续，并按原登记费3倍以下收取登记费。

5）因登记机关工作人员工作过失导致登记不当，致使权利人受到经济损失的，登记机关对当事人的直接经济损失负赔偿责任。

6）登记机关的工作人员玩忽职守、徇私舞弊、贪污受贿、滥用职权、超越管辖范围颁发房地产权属证书的，由所在机关给予行政处分。情节严重、构成犯罪的，依法追究刑事责任。

当事人对行政处罚决定不服的，可以依照《中华人民共和国行政复议条例》、《中华人民共和国行政诉讼法》的有关规定，申请行政复议或者向人民法院起诉。逾期不申请复议或者不向人民法院起诉，又不履行处罚决定的，由作出处罚决定的机关申请人民法院强制执行。

2.5 物业产籍管理

2.5.1 物业产籍管理的概念

物业产籍是指城市房屋的权属档案、地籍图纸以及账册、表等反映权属现状和历史情况的资料。

物业产籍管理是指在对房地产权属登记等一系列权属管理活动中和测绘过程中所形成的各种图、档、卡、册、表等产籍资料，通过加工整理、分类等环节所进行的综合管理。产籍管理是房地产行政管理的基础与核心，也是城市房地产管理工作中一项不可缺少的重要内容。它不仅直接为物业产权管理服务，而且为城市规划、建设、公安、司法等部门提供服务。

物业产权管理与产籍管理既有区别又有联系，二者相互依存，相互促进。产权管理是产籍管理的前提和基础，产籍管理是产权管理的依据和手段。

2.5.2 物业产籍管理的内容

物业产籍主要由图、档、卡、册、表组成，是通过图形、文字记载、原始证据等，记录反映产权状况、房屋及使用国有土地的情况。

1. 房地产产籍平面图

房地产产籍平面图是由测绘专业人员按照国家规定的房地产测量规范、标准和测量程序，专为房屋所有权登记和管理而绘制的专用图。一般反映各类房屋及用地的关系位置、产权界限、房屋结构、层数、面积、使用土地范围、街道门牌等。

2. 房地产档案

房地产档案是指对在房屋所有权登记中所形成的各种产权证件、证明、各种文件和历史资料等，用科学的方法加以整理、分类、装订成的卷册。房地产档案主要记录反映产权人及房屋、用地状况的演变，它包括房地产产权登记的各种申请表、墙界表、调查材料、原始文件记载和原有契证等。它反映了房产权利、房屋权利人与关系人身份情况，房屋土地演变过程和纠纷处理的过程及结果，是审查确认产权的重要依据。

3. 房地产卡

房地产卡是对产权申请书中产权人的情况、房屋状况、使用土地状况及其来源等扼要摘录而制成的一种卡。它按丘号（地号）顺序，以一处房屋中一户房屋为单位填制一张卡。其作用是为了查阅房地产的基本情况，以供各类房屋进行分类统计使用。

4. 房地产登记簿册

房地产登记簿册实际上是一种工作手册。它是根据产权登记的成果和分类管理的要求而编制的，是产权状况和房屋状况的记录，如登记收件簿、发证记录簿、房屋总册等。它按丘号（地号）顺序，以一处为单位分行填制，装订成册，是产籍资料的一种辅助资料。

5. 表格

表格是指各类统计报表。

以上所述的图、档、卡、册等内容应该是一致的，它们应同时变更注记，也可以用它们相互对照，以便发现和校正问题。

产籍管理是一项动态性很强的管理工作，当房地产的状况或产权发生变化时，各种产籍资料应及时进行变更，这样才能保证产籍资料的准确、完整、真实，反映房地产实况。为此，产籍管理要求做到规范化、科学化、经常化。

2.6 案例分析

【案例1】 位于某市的房屋，面积为145m²，产权属于市国有资产管理局，由下属单位房地产管理所管理。2005年2月，该房移交房地产开发总公司管理。该房长期由王某租用，房屋租金是1200元。房地产开发总公司开发房地产缺少资金，于2006年4月1日决定拍卖本公司管理的包括该房屋在内的10处住房。但政府主管部门通知房地产开发总公司，所决定拍卖的房屋属于城建规划内要拆迁的房屋，不能出卖。4月8日，李某和房地产开发总公司私自达成了买卖该房屋的协议，协议上未写明该房的面积、结构、交付房产期限，并且房屋产权人国有资产管理局没有盖章。李某向房地产开发总公司交付购房款18万元。房地产开发总公司准备拆迁时，房屋承租人王某向房地产开发总公司申请优先购买权。8月7日，该房屋左右的所有建筑物全部被拆除，该房已成危房。王某被迫中止租赁而迁出该房。10月25日，李某诉至人民法院，要求认定房屋买卖关系有效，并要求房地产开发总公司赔偿因未交付房屋而造成的损失。根据以上案情回答下列问题。

1. 王某是否可以申请优先购买权？

2. 人民法院如何审理此案？

案例分析：1）解决此纠纷首先要确认房地产开发总公司是否对该房产有处分权。只有先认定房产的处分权，才能进一步考虑房地产开发总公司处分行为是否侵犯了王某的优先购买权。否则，无论其将该房产卖给王某还是李某都是无效的。由案情可得知，该房屋的所有权属于市国有资产管理局，房地产开发总公司只是该房屋的管理者，因此，在市国有资产管理局没有明确授权的情况下，房地产开发总公司对其管理的房屋没有处分权，除非得到市国有资产管理局的认可，否则，该房屋买卖协议无效，原告不能依无效合同而取得房屋的所有权。

根据《城市房屋拆迁管理条例》，拆迁范围确定后，在拆迁范围内的有关房屋的买卖、租赁、抵押等经营活动的行为应当冻结。而在本案中，房地产开发总公司卖给李某时，该房产已被列入城建规划内要拆。因此，这时产权人行使所有权的行为已违反了《城市房屋拆迁管理条例》，即使市国有资产管理局对该合同予以了追认，产权人的行为也因违反《城市房屋拆迁管理条例》而无效。

2）通过以上分析，可以认定王某不可以申请优先购买权。因为，虽然现行法律规定"买卖不破租赁"，但是那是在出售人有权出售该房屋的情形下。

3）法院判定，李某与房地产开发总公司房屋买卖关系无效。赔偿问题应根据双方过错来确定。

【案例2】 东南公司投资建设的五金大厦与华联商厦相邻。2005年1月，东南公司投资建设的五金大厦的基础工程开始施工，1个月后发现施工现场附近地面下沉即停止施工。6月东南公司及有关单位又论证通过了施工修改方案后，基础工程继续施工。10月中旬，相邻的华联商厦发现房墙壁、地面开裂,墙体损害并危及人身安全。商厦无法营业,于10月21日停业。经有关部门鉴定认为,华联商厦受损的直接原因是五金大厦基础工程施工大量抽排地下水造成。于是华联商厦要求东南公司赔偿损失,但东南公司称华联商厦的损失是工程施工单位造成的,应由施工单位赔偿。因此,双方的争议未得到解决。2006年6月30日,华联商厦向法院起诉,要求东南公司赔偿财产损失。根据案情,人民法院可能如何审理此案?

案例分析:根据物权法中对相邻关系法律的规定,对本案作出如下评析:

不动产权利人挖掘土地、建造建筑物、铺设管线以及安装设备等,不得危及相邻不动产的安全,应当尽量避免对相邻的不动产权利人造成损害;造成损害的,应当给予赔偿。

东南公司投资建设的五金大厦与华联商厦相邻。东南公司与华联商厦之间属于相邻关系。东南公司在建设五金大厦时,本应充分考虑而未考虑邻近建筑物的安全,于施工期间大量抽排地下水,并于初期发现问题后未能及时采取必要的防护措施,使华联大厦地面发生沉降,损坏了房屋基础,致使该房屋受损,造成停业,这是对华联物业相邻权的侵害。因此,对给华联造成的巨大损失,应负全部赔偿责任。

至于本案中,东南公司称华联商厦的损失是工程施工单位造成的,应由施工单位赔偿的,这一说法不符合物权法中对相邻关系法律的规定。相邻关系明确规定:相邻人的不动产不得危及相邻不动产的安全,造成损害的,应当给予赔偿。这里的相邻人是物业的所有人,而不是其他人,因此,本案的赔偿人就是东南公司。至于它与施工单位约定的赔偿问题,与本案无关。

【案例3】 2006年3月,陈某与张某先后购买了大发房地产开发公司开发的某小区的上下相邻的2楼商品住房和底层商品营业用房。2006年9月,张某在其所购的营业用房门上方与陈某住房窗台下方之间的外墙面上安装了店面招牌,由于占用楼上住户陈某的外墙面,双方因此发生纠纷。陈某于2006年10月11日以张某和大发房地产开发公司为被告起诉至法院,诉称:被告张某将店面招牌安装在其所购住房外墙上,占用了自己的外墙。陈某多次找张某要求留出位置,张某置之不理,后又找大发房地产开发公司协调,仍不能解决,请求法院判决两被告侵权事实成立,恢复原状并赔偿其损失。被告张某辩称,其购买营业房后安装店面招牌,是根据大发房地产开发公司于2006年9月18日的公告要求进行的,未侵犯原告的权益。

法院查明,大发房地产开发公司2006年9月18日的公告内容为:凡购房户需挂招牌者,招牌位置在本层窗(门)上口与上层铝合金窗下口之间;临街门面需要安装招牌、防护栏者,招牌须安装在上层铝合金窗下口两尺半瓷砖以下。

法院审理后判决,张某与陈某对各自购买的房屋享有使用权。张某安装招牌的房屋外墙部分系共用墙,张某与陈某均享有共同使用的权利。张某在大发房地产开发公司公告后按公告要求安装招牌,但该公司发布公告是在陈某购买房屋之后,并且公司发布公告和张某安装招牌的行为,均未征得陈某的同意,侵犯了陈某在张某安装招牌处所享有的共同使用权。但鉴于张某的招牌已安装数月,除此又无别处可安装,又不妨碍陈某的实际情况,判决张某的招牌可继续保留,由大发房地产开发公司和张某给予陈某适当的补偿。试分析此案。

案例分析:本案是一个典型的涉及建筑物区分所有权案例。根据建筑物区分所有权法律规定,对案例可作出如下评析:

1）此类案件的处理关键在于正确界定商品房外墙使用权的权属。根据我国物权法立法规定：外墙使用权应为全部商品房所有人共有，而非仅某套商品房所有人对该房外墙才享有使用权上的相对独立性。

2）在法院的判决中，在对侵权责任方式的选择上，法院采取了由张某与大发房地产开发公司给予陈某适当补偿的方式，而不是拆除。这是因为考虑到一般对外墙的使用，不会给权利人造成太大的损失，而一定要恢复原状则可能给侵权人带来比较大的损失，如本案中店面招牌的制作费用，少则千元多则上万元。因此，除了非恢复原状不能保护外墙使用权享有人权益的情况下，宜由侵权方给付权利人一定数额的经济补偿。

小　结

本章主要讲授物业权属、物业所有权、物业使用权、物业共有权、物业抵押权、物业相邻权、建筑物区分所有权、物业产权登记、物业权属登记等问题，是学习中应重点掌握的内容。

物业权属是指有关行政部门对物业所有权以及由此产生的物业抵押权等他项权利依法进行登记后所确认的相关主体的权利归属状态。在学习中应注意物业权属与物业权利的区别。

物业权利是指业主、非业主使用人、物业他项权利人根据有关法律规范通过各种途径取得的以物业的所有权为核心，包括物业使用权、用益物权和担保物权等内容的权利束。

物业相邻权是指两个或两个以上相互毗邻物业的所有人或使用人，在行使占有、使用、收益、处分权利时有权要求其相邻方履行一定义务的资格。物业相邻权，从本质上讲是一方所有人或使用人的财产权利的延伸，同时又是对他方所有人或使用人的财产权利的限制。物权法规定：不动产的相邻权利人应当按照有利生产、方便生活、团结互助、公平合理的原则，正确处理相邻关系。

房地产权属登记制度是指房地产权利的取得、变更或灭失必须由政府管理机关通过登记程序来确认的一种制度。建立房地产权属登记制度，是政府保护房地产权属的重要方式，也就是说，当取得土地使用权或在依法取得的房地产开发用地上建成房屋的，以及房地产转让或者变更时，都必须按照有关规定进行权属登记。所以，房地产权属登记发证制度是产权产籍管理的首要的核心内容。

物业产籍管理是指在对房地产权属登记等一系列权属管理活动中和测绘过程中所形成的各种图、档、册、表等产籍资料，通过加工整理、分类等环节所进行的综合管理。

思　考　题

1. 什么是物业权属？它和物业权利有何区别？
2. 什么是物业所有权？它包括哪几项权利？
3. 什么是建筑物区分所有权？
4. 什么是物业产籍管理？
5. 建筑物区分所有权包括哪些内容？
6. 物业相邻关系包括哪些内容？

7. 国有土地所有权和集体土地所有权有何不同？

8. 土地权属登记可分为哪几大类？

9. 房屋权属登记有哪些特征？房屋权属登记可分为哪几大类？

练 习 题

一、单选题

1. 新建房屋初始登记，应当在房屋竣工后（   ）内，由申请人向登记机关申请。

A. 15 日   B. 1 个月   C. 3 个月   D. 6 个月

2. 土地权属登记不包括（   ）。

A. 使用权的性质   B. 来源   C. 面积   D. 使用期限

3. 我国目前规定土地使用权出让的最高年限为（   ）年。

A. 80   B. 70   C. 50   D. 40

4. 下面不符合处理相邻关系原则的是（   ）。

A. 有利生产，方便生活   B. 公平合理

C. 自行方便   D. 团结互助

二、多选题

1. 物业权利包括（   ）。

A. 所有权   B. 使用权   C. 抵押权   D. 典权

2. 表现为物业相邻关系的有（   ）。

A. 土地的所有人无权改道，应取得邻人的同意

B. 相邻一方的建筑物有倾倒的危险，相邻一方应当采取预防措施

C. 相邻各方不得以高音、噪声、振动等妨碍邻人的工作、生活和休息

D. 相邻一方在为房屋设置管线等装置时不得使房屋雨水直接注泻于邻人建筑上

3. 土地权属登记包括（   ）。

A. 土地使用权   B. 集体土地所有权

C. 集体土地使用权   D. 土地他项权利

4. 房屋权属登记的类型包括（   ）。

A. 总登记   B. 初始登记   C. 转移登记   D. 注销登记

5. 业主的建筑物区分所有权包括（   ）。

A. 共有所有权   B. 共有部分的共有权

C. 成员权   D. 使用权

三、判断题（在正确的题后打√，在错误的题后打×）

1. 物权法是调整平等主体之间因归属和利用而产生的财产关系。（   ）

2. 处分共有的物业以及对共有的物业做重大修缮的，应当经占份额 2/3 以上的按份共有人或者全体共同共有人同意。（   ）

3. 道路、电力、通信、天然气等公共设施，依照法律规定为国家所有的，属于国家所有。（   ）

4. 用益物权人在法律规定的范围内，对他人所有的不动产，享有占有、使用和收益的

权利。（　　）

5. 我国房屋权属登记属于强制性登记。（　　）

6. 权利人请求排除妨害或者消除危险适用诉讼时效制度。（　　）

7. 当业主转让建筑物专有部分所有权时，其享有的共有和共同管理的权利视为一并转让。（　　）

四、简答题

1. 简述物业权属与物业权利的区别。

2. 简述物权法对建筑区划内的道路的规定。

3. 简述共同共有房屋和按份共有房屋的区别。

4. 简述外籍人私有房屋权属登记内容。

五、案例分析

【案例1】 2006年5月10日，天景物业小区业主入住，入住后因小区停车位问题发生纠纷。原因是，在入住前，物业公司与部分业主签订车位租赁合同，物业公司把小区内的道路规划成30个停车位，并租给小区的业主，每年1个停车位2000元。但合同签订后，部分业主认为：小区内的道路规划成的30个停车位应属于业主共有，不应收取费用，双方发生争议。根据以上事实，此案应如何处理？

【案例2】 位于天津市某巷2号院的8间房屋，属于张某与王某的共有房屋，总面积130m²。2004年9月1日，经人介绍，共有人与刘某签订了一份房屋买卖协议：共有人将共有的上述8间房卖给刘某，刘某给共有人10万元；签订协议时先付5万元，2005年5月底前再付3万元，2005年9月底前再付2万元；全部价款付清后，共有人将房腾空给刘某，再同刘某去房管所办理过户手续。该协议签订后，双方又签订了一份租赁合同：共有人将前协议中出卖的房屋中的一间先租给刘某。此后，共有人了解到刘某涉及多起经济纠纷案件，担心刘某钱款来路不正；又去房管所了解情况，知悉私下买卖房屋是无效的。于是，在刘某于2005年5月底向共有人交付第二笔房款3万元时，共有人提出资金来源问题。为此，双方找到一个担保人，签订了担保协议，约定由担保人为刘某就买共有人房屋的资金承担连带担保。

但同年7月，共有人以未办理产权过户手续为由，向天津市某区房管所提出终止房屋买卖协议和刘某退回租赁的房屋的请求，刘某不同意。2005年10月10日，该区房管所作出如下裁决：双方私下签订的房屋买卖协议无效，解除合同，并进行罚款处理。刘某和共有人对罚款的裁决不服，并于2005年10月向某区人民法院起诉。刘某在诉讼中也提出：房屋买卖是双方自愿的，价格也是双方自由商定的，要求法院执行原协议；若共有人不再卖房，则应退还已经支付的8万元房款，并按协议规定，每天罚款100元。根据案情回答下列问题：

1. 共有人与刘某签订的房屋买卖协议是否有效？

2. 共有人向天津市某区房管所提出终止房屋买卖协议和刘某退回租赁的房屋的请求，人民法院是否支持？

3. 人民法院将如何审理此案？

【案例3】 天津市某小区经市规划国土局批准，由某房地产开发公司负责规划建设。后来该市规划国土局根据城市建设发展需要和城市规划要求，收回该小区拟建高层建筑物的土地使用权，并与该房地产开发公司就征地补偿问题达成协议。经市人民政府批准，市规划国土局将该地块交由市供电局建设 12 万伏变电站，该站的选址先后经过市环保局和市公安局消防支队审核同意。经省电力实验研究所对类似变电站的实际检测，认为此类变电站的电磁强度对周围环境的影响为零。该小区居民张某等获悉后，向法院起诉，称市规划国土局将小区原拟建高层建筑物的用地改为变电站用地，高压变电站危害居民的生命安全，请求法院停止市规划国土局的侵权行为，并赔偿损失。根据案情回答下列问题：

1. 市规划国土局是否构成侵权行为？说明理由。

2. 人民法院如何审理此案？

第 **3** 章

物业服务企业法律制度

学习目标

　　本章介绍物业服务企业的基础知识，即物业服务企业的设立和物业服务企业资质评定的依据。应重点理解物业服务企业概念及性质；了解物业服务企业的分类、物业服务企业内部组织机构存在的各种形式；熟悉物业服务企业主要的内部管理规范制度，掌握物业服务企业资质标准、物业服务企业设立条件和权利义务。

关键词

　　物业服务企业　企业资质　组织机构　企业设立

3.1　物业服务企业

3.1.1　物业服务企业概述

1. 物业服务企业的概念

　　物业服务企业是指经县级以上物业管理主管部门核准颁发资质证书，经工商行政管理机关注册登记，以社会化、专业化、经营型方式从事物业管理服务的企业。

　　物业服务企业应具有独立的企业法人资格、明确的经营宗旨和管理章程，实行自主经营、独立核算、自负盈亏，能够独立承担民事法律责任。我国的物业服务企业最早出现于20世纪80年代的深圳和广州，随后上海、北京、南京、哈尔滨、海口等大、中城市也相继组建成立了数量可观的物业公司。内地的一些城市近几年随着经济体制的不断改革深化，房地产业的高速发展，大批物业服务企业应运而生。2005年调查，含旧住宅小区在内，已有40％左右的住宅小区推行了物业管理，新建住宅小区90％以上实行了物业管理，上海、广州等城市的住宅小区100％实现了物业管理。目前，我国物业服务企业超过3万家，从业人员约有300多万人。

2. 物业服务企业的特征

　　物业服务企业是依照公司法成立的物业公司，资本由股份或出资组成，股东以其所持有的出资额或股份额为限对公司的债务承担责任，公司以其全部资产独立承担责任的以营利为目的的企业法人。物业服务企业具有以下特征：

　　（1）物业服务企业须依法设立　物业服务企业的设立和运营，除符合《中华人民共和国公司法》（以下简称《公司法》）和相关规定之外，还必须符合有关物业服务企业的专门规定，经过相关部门登记注册、资质审查后，才能够设立。

（2）物业服务企业是以营利为目的的　物业服务企业服务收取费用，体现了企业的营利性。物业服务企业自负盈亏的性质，决定其在经营中的有偿性，才能保证企业的生存和发展。

（3）物业服务企业是企业法人　根据《物业管理条例》从事物业管理活动的企业应当具有独立的法人资格。

（4）受托性　物业服务企业只有接受业主或业主委员会的委托，并根据与之订立的物业服务合同，才能从事专业管理服务活动，并获取相应的经济报酬。因此，在经营行为上体现了物业服务企业的受托性。

3. 物业服务企业的类型

（1）有限责任公司　有限责任公司由 50 个以下股东出资设立，股东以其出资额为限，对公司承担责任，公司以其全部资产对公司的债务承担责任。

（2）股份有限公司　设立股份有限公司，应当有 2 人以上 200 人以下为发起人，其中须有半数以上的发起人在中国境内有住所，全部资本分为等额股份，每个股东以其所持股份为公司承担责任；公司以其全部资产对公司的债务承担责任。股份有限公司的注册资本为 500 万元以上。随着物业管理的发展，集团化的物业服务股份有限公司正在逐步出现。

（3）三资企业　即外商独资企业、中外合资经营企业和中外合作经营企业。外商独资企业是指依照中国有关法律，在中国境内设置的全部资本由外国投资者投资的企业。中外合资、合作企业是指根据我国现行法律，外国公司、企业和其他经济组织或个人经过中国政府批准，在中国境内同中国的公司、企业或其他经济组织共同举办的企业。

3.1.2　物业服务企业的设立

物业服务企业的设立，除应符合公司法、企业法等一般规定外，还必须符合行业法规等对物业服务企业的特殊规定。

1. 物业服务企业的设立条件

（1）企业人员　根据企业法人登记管理有关规章规定，申请成立各类物业服务企业，必须有与生产经营规模和业务相适应的从业人员，其中专职人员不得少于 8 人。

（2）注册资本　根据相关规定：有限责任公司全体股东的首次出资额不得低于注册资本的 20%，也不得低于法定的注册资本最低限额，其余部分由股东自公司成立之日起 2 年内缴足，有限责任公司注册资本的最低限额为人民币 3 万元；股份有限公司采取发起设立方式设立的，注册资本为在公司登记机关登记的全体发起人认购的股本总额。公司全体发起人的首次出资额不得低于注册资本的 20%，其余部分由发起人自公司成立之日起 2 年内缴足，在出资缴足前，不得向他人募集股份。股份有限公司注册资本的最低限额为人民币 500 万元。法律、行政法规对股份有限公司注册资本的最低限额有较高规定的，从其规定。

（3）有公司章程和相应组织机构　公司章程应载明的事项一般有：公司名称和住所；公司经营范围；公司注册资本；股东姓名或者名称；股东的出资方式、出资额和出资时间；公司的机构及产生办法，职权、议事规则；公司法定代表人；股东会会议认为需要规定的其他事项。股东应当在公司章程上签名、盖章。

（4）有企业自己的名称　企业只能有一个名称。企业名称一般由企业所在地、具体名称、经营类别、企业种类等四部分内容组成。物业服务企业可考虑以行业特点、物业名称、特点、地理位置等命名。

根据国家《企业名称登记管理规定》及相关规定，对于企业名称具体要求如下：

1）对于使用"中国"、"中华"或者冠以"国际"字词为企业名称的，只限于全国性公司、国务院或其授权机关批准的大型进出口企业和大型企业集团、国家工商行政管理局规定的其他企业。

2）在企业名称中使用"总"字的必须设有3个以上的分支机构。

3）在企业名称中不得含有下列内容和文字：有损于国家、社会公共利益的；可能对公众造成欺骗或者误解的；外国国家（地区）名称、国际组织名称；党政名称及部队番号；汉语拼音字母（外文名称中使用的除外）、数字；其他法律、行政法规规定禁止的。

（5）有公司住所 《公司法》规定，公司以其主要办事机构所在地为住所。因此，物业服务企业的主要办事机构所在地为其住所。自有产权或是租赁用房须有合法的租赁凭证，且租赁期限一般须在1年以上。

（6）有符合规定的股东人数和法定代表人 《公司法》规定，设立有限责任公司，由50个以下股东出资设立；设立股份有限责任公司，应当有2人以上200人以下为发起人，其中须有半数以上的发起人在中国境内有住所。

物业服务企业为企业法人，它独立享有民事权利和承担民事义务。在经国家授权审批机关或主管部门审批和登记主管机关核准登记注册后，其代表企业法人行使职权的主要负责人是企业法人的法定代表人。

2. 物业服务企业的设立程序

根据《中华人民共和国公司登记管理条例》和《中华人民共和国企业法人登记管理条例》及物业管理行业相关管理规定、地方法规规定，物业服务企业的设立程序一般包括可行性研究、名称预先核准、资质审批、工商注册登记、备案、税务登记和公章刻制等几个步骤。

（1）可行性研究 在设立物业服务企业之前，必须进行充分合理的论证和可行性研究，只有在具有现实的必要性、财务上的可行性、法律上又允许的情况下，才能着手设立物业服务企业；否则，就会造成社会人力、物力和财力资源的浪费。

（2）向工商行政管理机关申请名称预先核准 设立有限责任公司的；由全体股东指定的代表或共同委托的代理人申请；设立股份有限公司的，由全体发起人指定的代表或共同委托的代理人申请。申请时，必须提交以下材料：

1）全体股东或发起人签署的申请书。

2）股东或发起人的法人资格证明或者自然人的身份证明等。

3）代理人的委托证明等。

工商行政管理机关在收到申请文件之日起10日内作出核准或驳回的决定。予以核准的，应发放《企业名称预先核准通知书》，其有效期为6个月。

（3）资质审批 物业服务企业应根据《公司法》规定的设立条件，提前准备好有关材料和文件。其中，验资要由法定验资机构——专业会计师事务所进行验资并出具证明。注册资金包括货币、实物、土地使用权、知识产权等。在条件具备的情况下，要及时向所在地房地产行政主管部门提出书面申请。另外法律法规规定三资企业或者公司经营范围中有法律、行政法规规定必须审批的项目，在设立登记前，必须以核准的名称报经相关部门审批。

（4）工商注册登记　按照《公司法》的规定，所有公司的设立都必须到工商行政管理机关进行注册登记，领取营业执照，物业公司自然也不能例外。在取得《物业管理资质合格证书》后，申请人应持该证书以及公司设立申请书、公司章程、验资证明书等到所在地工商行政管理机关申请办理注册登记手续，领取营业执照。

有限责任公司申请设立时，应当向工商行政管理机关提交下列文件：

1）公司董事长签署的设立登记申请书。

2）全体股东指定代表或者共同委托代理人的证明。

3）公司章程。

4）具有法定资格的验资机构出具的验资证明。

5）股东的法人资格证明或者自然人身份证明。

6）载明公司董事、监事、经理的姓名、住所的文件以及有关委派、选举或者聘用的证明。

7）公司法定代表人任职文件和身份证明。

8）企业名称预先核准通知书。

9）公司住所证明。

法律、行政法规规定设立有限责任公司必须报经审批的，还应当提交有关的批准文件。

设立股份有限公司，董事会应当于创立大会结束后 30 日内向工商行政管理机关申请设立登记，并应当提交下列文件：

1）公司董事长签署的设立登记申请书。

2）国务院授权部门或者省、自治区、直辖市人民政府的批准文件，募集设立的股份有限公司还应当提交国务院证券管理部门的批准文件。

3）创立大会的会议记录。

4）公司章程。

5）筹办公司的财务审计报告。

6）具有法定资格的验资机构出具的验资证明。

7）发起人的法人资格证明或者自然人身份证明。

8）载明公司董事、监事、经理姓名、住所的文件以及有关委派、选举或者聘用的证明。

9）公司法定代表人任职文件和身份证明。

10）企业名称预先核准通知书。

11）公司住所证明。

营业登记后，物业服务企业取得《企业法人营业执照》。

设立分公司的，同样要向分公司所在地的市、县工商行政管理机关申请登记，经核准登记后取得《营业执照》。分公司的经营范围不得超出公司的经营范围。

（5）备案　在规定时间内，到省、市或企业注册所在地的市、区、县房地产管理部门备案，申领省、市、县房地产管理部门核发的资质证书。

（6）税务登记和公章刻制　在取得上述有关证件后，物业公司还要持这些证件到税务部门办理税务登记，到公安部门办理公章登记和刻制手续。

物业公司必须有批准开业部门的证件和工商行政管理部门核准的工商企业的营业执照副本，按照规定的办理税务登记的时限，申报办理税务登记手续。税务机关根据申请人报送的各种申请文件，对税务登记表的内容进行认真审核，确认无误后，在表格上加盖税务机关印章，予以登记，并向申请人签发《税务登记证》。

物业服务企业只有在办完此登记手续后，方能从事物业管理服务活动。

3.1.3 物业服务企业的权利和义务

1994 年 3 月 23 日建设部以第 33 号令发布，1994 年 4 月 1 日起施行的《城市新建住宅小区管理办法》对物业服务企业的权利和义务作出了明确的规定，新的《物业管理条例》中又有所补充。

1. 物业服务企业的权利

1）物业服务企业可根据有关法律法规、物业服务合同、物业管理区域内物业共用部位、共用设施设备的使用、公共秩序和环境卫生的维护等方面的规章制度，结合实际情况，制定管理办法。

2）按照物业服务合同和管理办法实施管理。

3）按照物业服务合同和有关规定收取物业服务费用。

4）有权制止和向有关行政主管部门汇报违反治安、环保、物业装饰装修和使用等方面法律、法规和规章制度的行为。

5）有权要求业主委员会协助履行物业服务合同。

6）可以根据业主的委托提供物业服务合同约定以外的服务项目。

7）可以接受供水、供电、供气、供热、通信、有线电视等单位的委托，代收相关费用。

8）有权将物业管理区域内的专项服务业务委托给专业性服务企业。

9）经业主大会的允许，可以实行多种经营。

2. 物业服务企业的义务

1）按照物业服务合同约定，提供相应服务。

2）接受业主、业主大会和业主委员会对履行物业服务合同情况的监督。

3）重大的管理措施应当提交业主大会审议决定。

4）接受房地产行政主管部门、有关行政主管部门及物业所在地人民政府的监督指导。

物业服务企业的权利明确了物业服务企业可以根据物业服务合同收取物业服务费用；根据有关法律、法规及物业服务合同的约定，制定物业管理制度；对业主和使用人违反管理规约的行为进行处理；有权选择专业公司承担本物业部分的专项管理业务，但不得把本物业的全部管理一并委托给他人；负责编制房屋、附属设施设备、场地等的年度维修养护计划、大中修计划和更新改造计划，并组织实施；向业主和使用人告知物业使用的有关规定，当业主和使用人装修物业时，告知有关装修的法规和管理办法，签订协议，并负责监督；负责编制物业管理年度管理计划、资金使用计划和决算报告。

物业服务企业不得擅自占用和改变物业公用设施的使用功能，如需改建、扩建或完善配套项目，须经业主大会同意后，报有关部门批准后方可实施。物业服务合同终止时，必须向业主委员会移交全部经营性商业用房、管理用房及物业管理的全部档案资料。物业服务企业接受业主委员会和业主的监督，重大管理措施提交业主大会审议决定；接受房屋土地管理机关、其他行政管理部门及当地街道办事处的指导监督。物业服务企业发现违反法律、法规、规章的行为，要及时向有关行政管理部门报告。

3.2 物业服务企业的组织机构

3.2.1 物业服务企业组织机构的概念

物业服务企业组织机构是企业为实现其经营方针和管理目标而设置的一套组织形式，它为管理服务，用以保障管理意志的实现和管理行为的进行。

3.2.2 物业服务企业组织机构的形式

物业服务企业组织机构形式是企业内部组织整体设置的方式。物业服务企业由股东大会、董事会、经理和监事会组成。物业服务企业的组织机构纵向涉及行政层次的划分及行政部门的设立，横向涉及专业管理的职能机构设置及管理职能的划分，以及横向、纵向关系的处理问题。

3.2.3 有限责任公司的组织机构

1. 股东会

股东会由全体股东组成，是公司的最高权力机构。

（1）有限责任公司股东会职权　有限责任公司股东会具有以下职权：

1）决定公司的经营方针和投资计划。

2）选举和更换非由职工代表担任的董事、监事，决定有关董事、监事的报酬事项。

3）审议批准董事会的报告。

4）审议批准监事会或者监事的报告。

5）审议批准公司的年度财务预算方案、决算方案。

6）审议批准公司的利润分配方案和弥补亏损方案。

7）对公司增加或者减少注册资本作出决议。

8）对发行公司债券作出决议。

9）对公司合并、分立、解散、清算或者变更公司形式作出决议。

10）修改公司章程。

（2）股东会决议有限责任公司股东会的议事方式和表决程序　除《公司法》有规定的以外，由公司章程规定。涉及增加注册资本、减少增加注册资本、公司的合并与分立、公司的解散与清算或变更公司形式、修改公司章程等事项的，必须经代表 2/3 以上表决权的股东通过。股东会对上述特别决议以外的普通决议，只需经代表达 1/2 以上表决权的股东通过。股东会应当对所议事项的决定作成会议记录，出席会议的股东应当在会议记录上签名。股东会决议由股东按照出资比例行使表决权。

（3）股东会的形式　股东会会议分为定期会议和临时会议。定期会议应当依照公司章程的规定按时召开。代表 1/10 以上表决权的股东，1/3 以上的董事，监事会或者不设监事会的公司的监事提议召开临时会议的，应当召开临时会议。定期会议按照公司章程规定的时间召开，一般 1 年一次或 1 年两次。有限责任公司的股东会的首次会议由出资最多的股东召集和主持，以后的股东会会议由董事长主持。董事长因特殊原因不能履行职务时，由董事长指定的副董事长或者其他董事主持。

2. 董事会

董事会是公司股东会的经营决策和业务接待机构。董事会由 3～13 人组成。两个以上的国有企业或者两个以上的国有投资主体投资设立的有限责任公司，其董事会成员中应当有公司职工代表。董事会中的职工代表由公司职工民主选举产生。

（1）董事会的职权 根据《公司法》以及有关规定，董事会具有如下的职权：

1）负责召开股东会，并向股东会报告工作。

2）执行股东会的决议。

3）决定公司的经营计划和投资方案。

4）制定公司的年度财务预算方案、决算方案。

5）制定公司的利润分配方案和弥补亏损方案。

6）制定公司增加或者减少注册资本的方案。

7）拟定公司合并、分立、变更公司形式、解散的方案。

8）决定公司的内部管理机构的设置。

9）决定聘任或者解聘公司经理及其报酬事项，并根据经理提名决定聘任或者解聘公司副经理、财务负责人及其报酬事项。

10）制定公司的基本管理制度。

11）公司章程规定的其他职权。

（2）董事会会议 有限责任公司设立董事会的，股东会会议由董事会召集，董事长主持；董事长不能履行职务或者不履行职务的，由副董事长主持；副董事长不能履行职务或者不履行职务的，由半数以上董事共同推举 1 名董事主持。有限责任公司不设董事会的，股东会会议由执行董事召集和主持。

董事会或者执行董事不能履行或者不履行召集股东会会议职责的，由监事会或者不设监事会的公司的监事召集和主持；监事会或者监事不召集和主持的，代表 1/10 以上表决权的股东可以自行召集和主持。股东人数较少和规模较小的有限责任公司，可以设 1 名执行董事，不设董事会。有限责任公司的执行董事是公司的法定代表人。

3. 经理

经理由董事会聘任，负责公司的日常经营管理工作，并对董事会负责。经理列席董事会会议。其职权为：

1）主持公司的生产经营管理工作，组织实施董事会决议。

2）组织实施公司年度经营工作和投资方案。

3）拟定公司内部管理机构设置方案。

4）拟定公司的基本管理制度。

5）制定公司的具体规章。

6）提请聘任或者解聘公司副经理、财务负责人。

7）聘任或者解聘除应由董事会聘任或解聘以外的管理人员。

8）公司章程和董事会授予的其他职权。

4. 监事会

监事会应当包括股东代表和适当比例的公司职工代表，其中职工代表的比例不得低于

1/3，具体比例由公司章程规定。监事会中的职工代表由公司职工通过职工代表大会、职工大会或者其他形式民主选举产生。监事会设主席 1 人，由全体监事过半数选举产生。监事会主席召集和主持监事会会议；监事会主席不能履行职务或者不履行职务的，由半数以上监事共同推举 1 名监事召集和主持监事会会议。董事、高级管理人员不得兼任监事。

根据《公司法》规定，有限责任公司的监事会、不设监事会的公司的监事行使下列职权：

1）检查公司财务。

2）对董事、高级管理人员执行公司职务的行为进行监督，对违反法律、行政法规、公司章程或者股东会决议的董事、高级管理人员提出罢免的建议。

3）当董事、高级管理人员的行为损害公司的利益时，要求董事、高级管理人员予以纠正。

4）提议召开临时股东会会议，在董事会不履行公司法规定的召集和主持股东会会议职责时召集和主持股东会会议。

5）向股东会会议提出提案。

6）依照《公司法》的规定，对董事、高级管理人员提起诉讼。

7）公司章程规定的其他职权。

3.2.4　董事、监事、高级管理人员的任职资格

我国《公司法》明确规定以下几种人不能担任有限责任公司的董事、监事、经理。

1）无民事行为能力或者限制民事行为能力者。

2）因犯贪污、贿赂、侵占财产、挪用财产罪或者破坏社会经济秩序罪，被判处刑罚执行期满未逾 5 年，或者因犯罪被剥夺政治权利，执行期满未逾 5 年者。

3）担任因经营管理不善而破产清算的公司、企业的董事或者经理、厂长，并对该公司、企业的破产负有个人责任的，自该公司、企业破产清算完结之日起未逾 3 年的人。

4）担任因违法被吊销营业执照的公司、企业的法定代表人，并负有个人责任的，自该公司、企业被吊销营业执照之日起未逾 3 年的人。

5）未清偿到期个人所负数额较大的债务者。

另外，本公司的董事、高级管理人员不得兼任公司的监事。

3.2.5　董事、高级管理人员的义务

董事、高级管理人员不得有下列行为：

1）挪用公司资金。

2）将公司资金以其个人名义或者以其他个人名义开立账户存储。

3）违反公司章程的规定，未经股东会、股东大会或者董事会同意，将公司资金借贷给他人或者以公司财产为他人提供担保。

4）违反公司章程的规定或者未经股东会、股东大会同意，与本公司订立合同或者进行交易。

5）未经股东会或者股东大会同意，利用职务便利为自己或者他人谋取属于公司的商业机会，自营或者为他人经营与所任职公司同类的业务。

6）接受他人与公司交易的佣金归为已有。

7）擅自披露公司秘密。

8）违反对公司忠实义务的其他行为。

董事、高级管理人员违反以上规定所得的收入应当归公司所有。

3.2.6 物业服务企业内部组织机构设置

物业服务企业内部组织机构应根据业务范围和服务内容，从实际出发进行设置，图3-1、图 3-2、图 3-3 所示是物业服务企业常用的组织机构设置形式。

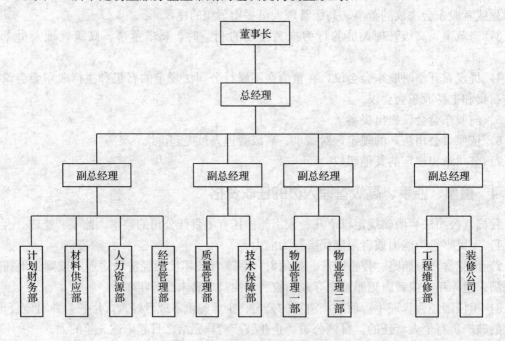

图 3-1 物业服务企业组织机构形式（一）

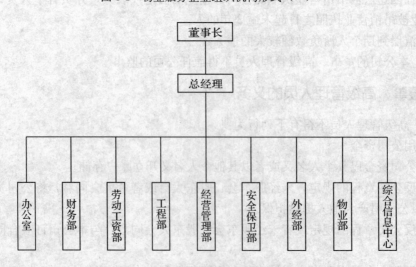

图 3-2 物业服务企业组织机构形式（二）

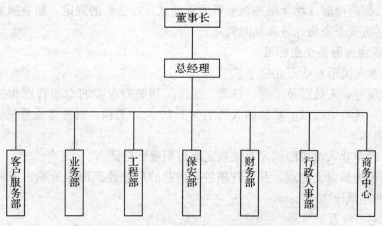

图 3-3　物业服务企业组织机构形式（三）

3.3　物业服务企业的资质管理

为提高企业物业管理水平，促进物业服务行业健康发展，国家对从事物业管理服务活动的企业实行资质管理制度。建设部负责全国物业服务企业的资质管理工作；省、自治区建委（建设厅）、直辖市房地局负责本行政区域内物业服务企业的资质管理工作。

物业服务企业的资质是企业实力、规模、业绩和诚信的综合反映，是国家对物业管理市场准入管理的重要标志。未能取得资质证书的企业，即便其登记的经营范围内有物业管理业务，也因其不具有从事物业管理经营的资质而不能开展物业管理业务。物业服务企业从事物业管理业务的条件包括：有符合国家规定的注册资本；有与其从事的物业管理活动相适应的专业技术人员；有一定的从事物业管理的业绩。

3.3.1　物业服务企业资质管理的目的和依据

1. 资质管理的目的

近几年，我国物业服务行业发展较快，空间广阔，但从业人员及其管理经营服务的专业化水平程度良莠不齐，为了更好地规范物业服务企业行为，引导物业管理有序、健康地发展，必须对物业服务企业实行资质等级管理。

2. 资质管理的依据

全国性资质管理的依据主要有：

1）建设部发布的 33 号令《城市新建住宅小区管理办法》。该办法第 8 条中规定：物业公司有义务接受房地产行政主管部门、各有关行政主管部门及住宅小区所在地人民政府的监督指导。

2）建设部发布的《物业管理企业资质管理试行办法》，建住房［1999］261 号。

3.3.2　物业服务企业资质等级标准

我国物业服务企业资质基本实行等级管理，主管部门根据物业服务企业的资金数量、管理水平、范围、专业技能、人员素质等条件对物业服务企业进行等级认定，并核发相应等级的资质证书。根据建设部《物业服务企业资质管理试行办法》的规定，物业服务企业划分为一级、二级、三级 3 个资质等级和临时资质。

1. 一级资质物业服务企业标准

1）注册资本人民币 500 万元以上。

2）物业管理专业人员以及工程、管理、经济等相关专业类的专职管理和技术人员不少于 30 人。其中，具有中级以上职称的人员不少于 20 人，工程、财务等业务负责人具有相应专业中级以上职称。

3）物业管理专业人员按照国家有关规定取得职业资格证书。

4）管理两种类型以上物业，并且管理各类物业的房屋建筑面积分别占下列相应计算基数的百分比之和不低于 100%：

① 多层住宅 200 万 m^2；

② 高层住宅 100 万 m^2；

③ 独立式住宅（别墅）15 万 m^2；

④ 办公楼、工业厂房及其他物业 50 万 m^2。

5）建立并严格执行服务质量、服务收费等企业管理制度和标准，建立企业信用档案系统，有优良的经营管理业绩。

2. 二级资质物业服务企业标准

1）注册资本人民币 300 万元以上。

2）物业管理专业人员以及工程、管理、经济等相关专业类的专职管理和技术人员不少于 20 人。其中，具有中级以上职称的人员不少于 10 人，工程、财务等业务负责人具有相应专业中级以上职称。

3）物业管理专业人员按照国家有关规定取得职业资格证书。

4）管理两种类型以上物业，并且管理各类物业的房屋建筑面积分别占下列相应计算基数的百分比之和不低于 100%：

① 多层住宅 100 万 m^2；

② 高层住宅 50 万 m^2；

③ 独立式住宅（别墅）8 万 m^2；

④ 办公楼、工业厂房及其他物业 20 万 m^2。

5）建立并严格执行服务质量、服务收费等企业管理制度和标准，建立企业信用档案系统，有良好的经营管理业绩。

3. 三级资质物业服务企业标准

1）注册资本人民币 50 万元以上。

2）物业管理专业人员以及工程、管理、经济等相关专业类的专职管理和技术人员不少于 10 人。其中，具有中级以上职称的人员不少于 5 人，工程、财务等业务负责人具有相应专业中级以上职称。

3）物业管理专业人员按照国家有关规定取得职业资格证书。

4）有委托的物业管理项目。

5）建立并严格执行服务质量、服务收费等企业管理制度和标准，建立企业信用档案系统。

4. 临时资质

新设立的物业服务企业应按有关规定到当地县级以上人民政府房地产行政主管部门申请领取《临时资质证书》。《临时资质证书》有效期为一年。有效期满后，物业服务企业向房地产行政主管部门申请三级资质的评定。未获通过的，房地产行政主管部门应当取消其从事物业管理业务的资格。

3.3.3 物业服务企业资质等级申报

申请评定资质等级的物业服务企业应提交下列申报材料。

① 物业服务企业资质等级申报表；

② 营业执照；

③ 企业资质证书正、副本；

④ 物业管理专业人员的职业资格证书和劳动合同，管理和技术人员的职称证书和劳动合同，工程、财务负责人的职称证书和劳动合同；

⑤ 物业服务合同复印件；

⑥ 物业管理业绩材料。

3.3.4 物业服务企业资质等级审批

物业服务企业的资质管理实行分级审批制度。

1）一级资质由省、自治区建委（建设厅）、直辖市房地产行政主管部门初审；初审合格后报建设部审批。

2）二、三级资质由省、自治区建委（建设厅）直辖市房地产行政主管部门审批。

3）三级资质经省、自治区建委（建设厅）同意，可由地级以上城市的房地产行政主管部门审批，报省、自治区建委（建设厅）备案。

经资质审查合格的企业，由资质审批部门发给相应等级的《资质证书》。

3.3.5 物业服务企业资质等级管理

物业服务企业资质等级实行动态管理，每两年核定一次。对于不符合原定资质等级标准的企业，由资质等级评定初审部门提出降级或吊销《资质证书》的意见，报审批部门批准后执行。申请升级的物业服务企业将所需材料报初审部门，初审部门将审核意见报审批部门。资质等级升级应依次逐级上升，不得越级升级。

《资质证书》格式由建设部统一制定，分为正本和副本，正本和副本具有同样的法律效力。

3.3.6 不同资质等级物业服务企业的业务限制

1）一级企业可参加全国范围内物业管理项目的投标、议标。

2）二级企业只限参加全国范围内 30 万 m^2 以下物业管理项目的投标、议标。

3）三级企业只限参加本省（自治区、直辖区）区域内 15 万 m^2 以下物业管理项目的投标、议标。

3.3.7　法律责任

《物业管理条例》对违反有关资质管理制度的物业服务企业作出了以下明确的处罚规定。

1）未取得资质证书从事物业管理的，由县级以上地方人民政府房地产行政主管部门没收违法所得，并处5万元以上20万元以下的罚款；给业主造成损失的，依法承担赔偿责任。以欺骗手段取得资质证书的，还应由颁发资质证书的部门吊销资质证书。

2）物业服务企业聘用未取得物业管理职业资格证书的人员从事物业管理活动的，由县级以上地方人民政府房地产行政主管部门责令停止违法行为，处5万元以上20万元以下的罚款；给业主造成损失的，依法承担赔偿责任。

小　　结

物业服务企业是指具备县级以上物业管理主管部门核准颁发的资质证书，经工商行政管理机关注册登记，具有独立的企业法人资格，并有明确的经营宗旨和管理章程，能够实行自主经营、独立核算、自负盈亏，能够独立承担民事法律责任的企业。物业服务企业具有社会化、专业化、营利性等特征。目前我国物业服务企业超过3万家，从业人员约有300多万人。

物业服务企业的设立，除应符合公司法、企业法等一般规定外，还必须符合行业法规等对物业服务企业的特殊规定。物业服务企业的设立条件主要有：企业人员，根据企业法人登记管理有关规章规定，申请成立各类企业，必须有与生产经营规模和业务相适应的从业人员，其中专职人员不得少于8人；注册资本；有公司章程和相应组织机构；有企业自己的名称；有公司住所；有符合规定的股东人数和法定代表人。物业服务企业为企业法人，它独立享有民事权利和承担民事义务。

物业服务企业资质实行等级管理，主管部门根据物业服务企业的资金数量、管理水平、范围、专业技能、人员素质等条件对物业服务企业进行等级认定，并核发相应等级的资质证书。根据建设部《物业管理企业资质管理试行办法》（建住房［1999］261号）的规定，物业服务企业划分为一级、二级、三级3个资质等级和临时资质。

思　考　题

1. 什么是企业法人？
2. 什么是物业服务企业的资质管理？
3. 什么是物业服务企业名称预先核准制？
4. 物业服务企业的资质等级标准有哪些？
5. 物业服务企业资质等级申报需要哪些材料？

练　习　题

一、单选题

1. 物业服务企业是指专门从事永久性建筑物、基础配套设施设备以及（　　）的现代化科学管理，为业主和用户提供良好的生活、工作或学习环境的服务性企业。

A. 场地　　B. 绿化带　　C. 道路　　D. 周围环境

2. 物业公司处理业主或使用人投诉的部门是（　　）。

A. 管理部　　B. 服务部　　C. 监察部　　D. 产业部

3. 物业公司的（　　）是负责物业维修及设备运行的技术管理部门。

A. 工程部　　B. 管理部　　C. 产业部　　D. 租赁部

4. 物业服务企业的类型是（　　）。

A 企业法人　　B. 法人　　C. 合伙企业　　D. 个人独资企业

5. 物业服务企业类型是有限责任公司的，注册资本最低应是（　　）万。

A. 1000　　B. 300　　C. 50　　D. 10

6. 物业服务有限公司的法定代表人是（　　）。

A. 董事长　　B. 副董事长　　C. 经理　　D. 监事

7. 物业服务企业资质分为（　　）级。

A. 4　　B. 3　　C. 2　　D. 1

8. 物业服务三级企业可参加本省区域内（　　）万 m² 以下物业管理项目的投标、议标。

A. 30　　B. 25　　C. 15　　D. 10

9. 根据《物业管理企业资质管理办法》，直辖市人民政府房地产行政主管部门负责（　　）物业服务企业资质证书的颁发和管理，并接受国务院建设主管部门的指导和监督。

A. 一级

B. 一级和二级

C. 二级和三级

D. 一级、二级和三级

10. 某物业服务企业为排除地下管线的故障聘请了工程队挖坑检修，夜间该施工队没有在坑边设置指示灯，也没有设置屏障，业主掉入坑中受伤，则（　　）。

A. 该业主只能要求工程队负责，不能要求物业服务企业负责

B. 业主自己没有注意，受伤只能自己负责

C. 该业主可以要求物业服务企业承担赔偿责任

D. 该业主可以要求业主委员会承担赔偿责任

二、多项选择题

1. 根据有关规定，物业服务企业（　　）。

A. 可以将物业管理区域内的服务业务部分包给他人

B. 可以向他人转让其中标项目

C. 可以将物业管理区域内的某些专项服务业务分包给其他企业

D. 可以将中标的物业管理区域内的全部业务一并委托给其他单位

2. 物业服务企业的特点是按照（　　）的要求管理物业。

A. 企业化　　B. 专业化　　C. 社会化　　D. 制度化

3. 物业公司工程部的业务范围包括（　　）。

A. 商业网点管理　　　　B. 工程预算、房屋维修

C. 公共设施、设备维修　　D. 业主房屋装修管理

4. 物业服务企业是具有（　　）的法人资格的实体。

A. 自主经营　　B. 自负盈亏　　C. 自我发展　　D. 自我约束

5. 物业服务企业类型可以是（　　　）。

A. 有限责任公司　　　　　　B. 外商投资有限公司

C. 股份有限责任公司　　　　D. 合伙企业

6. 物业服务企业一级资质的，下列说法中正确的有（　　　）。

A. 注册资本 500 万元以上

B. 企业经理取得建设部颁发的物业服务企业经理岗位证书

C. 具有中级以上职称的管理人员、工程技术人员不少于 20 人

D. 20％以上的管理项目获得建设部授予的"全国城市物业管理优秀住宅小区"称号

7. 物业公司的组织机构一般包括（　　　）。

A. 股东会　　B. 董事会　　C. 监事会　　D. 经理

三、判断题（在正确的题后打√，在错误的题后打×）

1. 物业公司必须是法人企业。（　　　）

2. 物业公司临时资质时间为 2 年。（　　　）

3. 有限责任公司类型的物业公司必须有董事长。（　　　）

4. 二级资质的物业公司注册资本不得少于 300 万元。（　　　）

5. 一级资质的物业公司可参加全国范围内的物业管理项目的投标、议标。（　　　）

四、简答题

1. 简述物业服务企业的权利与义务。

2. 简述物业服务企业未取得资质证书的法律责任。

3. 简述物业服务企业各部门的主要职责。

4. 简述物业服务企业的一级资质等级标准的内容。

五、案例分析

【案例 1】　2006 年 9 月，某花园小区的业主李某从外地回来，到管理处反映说：2006 年下半年的物业服务费，她已经在 8 月份缴过（但收据已经丢失），但管理员现在还反复催缴。当这位业主投诉后，管理处的工作人员不耐烦地回答说："你没有收据怎么证明你已经交了？再说，这是财务部的事，你找财务部！"根据案情，试分析回答以下问题：

1. 部门或岗位人员的做法是否正确？说明理由。

2. 应由哪个部门或岗位人员办理此事？

【案例 2】　公司规定，对于租户搬家需要有业主的书面通知才能放行。2003 年 8 月的一个周末上午 8 时，该小区某租户请好车要搬家，但因为没有业主的同意书，所以保安人员没有放行，租户意见很大，称物业服务费、水电费等费用已交清，其他的事是租户与业主的事，与物业公司无关；况且车已请好，万一搬不了，其损失要物业公司赔偿。试问保安人员的作法是否正确？说明理由。

【案例 3】　工程部在没有收到管理处派单的情况下，承接了该物业公司所管辖的商场一档位广告灯箱的制作业务，后来，在商场正门安装时被管理员制止。为此，业主对管理处非常不满，向物业公司的有关领导进行了投诉。试问工程处和管理处的做法是否合适？说明理由。

第 **4** 章

业主自治管理法律制度

学习目标

　　本章主要介绍业主自治管理相关法律制度。应重点了解业主、业主大会和业主委员会的权利与义务；熟悉业主大会的职责和业主委员会的性质；掌握管理规约和临时管理规约。

关键词

　　业主　业主大会　业主委员会　管理规约　临时管理规约

　　在物业管理过程中，业主自治管理能够更加有效地促进物业管理的规范性发展，对业主形成有效的自我管理和自我约束。通过这种约束，使业主和非业主使用人在社会公德与法律规范等方面对自己的行为实现自我控制和约束。业主自治管理组织和业主自治管理规范是业主在物业管理过程中自治管理的两个非常重要的内容。业主自治管理组织是指业主大会与业主委员会，业主自治管理规范是指管理规约。

4.1 业主

4.1.1 概述

1. 业主的概念

　　业主顾名思义就是"物业的主人"，这个概念是从我国香港传入内地的，根据《物业管理条例》的解释，"房屋的所有权人为业主"。在物业管理活动中，业主基于对房屋的所有权享有对物业的相关共同事务进行管理的权利。这些权利有些由单个业主享有和行使，有些只能通过业主大会来实现。

2. 物业使用人的概念

　　物业使用人是指不拥有房屋的所有权，但通过某种形式而获得房屋的使用权，并实际使用房屋的人。

　　目前，获得房屋使用权的主要形式是租赁关系。使用人的基本权利和义务受到租赁合同的一定限制，使用人享有的权利通过租赁合同来约定，在业主授权的范围内行使。

　　但是，在物业管理的过程中，业主同物业公司的关系是通过物业服务合同来约定的，这份合同对与业主形成的其他关系人不构成权利义务的约束力，例如，业主同租赁人之间的关系。因此，业主出租房屋，承租人造成的责任，由业主承担；但业主承担责任后，可向承租人追偿。

4.1.2　业主的权利

根据《物业管理条例》的规定，在物业管理活动中，业主享有以下权利：

1. 按照物业服务合同的约定，接受物业服务企业提供的服务

物业服务合同是业主与物业服务企业之间约定双方权利和义务的协议，包括开发建设单位与物业服务企业之间签订的前期物业服务合同，业主委员会根据业主大会决定与物业服务企业之间签订的物业服务合同。物业服务合同签订后，就具有一定的效力，物业服务企业负有向业主提供合同所约定的服务内容与质量的义务；业主在支付了合同所约定的物业服务费用后，享有接受物业服务企业提供服务的权利。

2. 提议召开业主大会会议，并就物业管理的有关事项提出建议

业主大会是由物业管理区域内的全体业主组成的。作为业主大会的成员，业主享有提议召开业主大会会议的权利。《物业管理条例》第13条规定：业主大会定期会议应当按照业主大会议事规则的规定召开。经20%以上的业主提议，业主委员会应当组织召开业主大会临时会议。业主有权对本物业管理区域内物业管理的有关事项向业主委员会、物业服务企业提出质询。业主有对物业管理有关事项提出建议的权利，促使物业管理能及时、有效地以符合广大业主利益的方式进行。

3. 提出制定和修改管理规约，业主大会议事规则的建议

管理规约、业主大会议事规则是规范业主之间权利与义务关系以及业主大会内部运作机制的基础性规约。这些规约在生效以后对物业管理区域内全体业主都具有约束力，而且这些规约的规定事关全体业主的共同利益。当业主认为有必要制定管理规约、业主大会议事规则，或者认为现有管理规约、业主大会议事规则有不完善的地方，可提出自己有关制定和修改管理规约、业主大会议事规则的建议。

4. 参加业主大会会议，行使投票权

业主对物业管理区域内重大事项的决定权，是通过参加业主大会会议，在会议上行使表决权的方式来行使的。只要具有业主身份，就具有参加业主大会的权利，就有行使对业主大会决定事项的投票权利。"投票权"是指业主作为投票人的权利。投票权是按照每一位业主所拥有物业的建筑面积，住宅套数等因素来确定的。对于业主在首次业主大会会议上投票权数的确定，《物业管理条例》仅规定了基本原则，具体办法由省、自治区、直辖市规定。例如《深圳经济特区住宅区物业管理条例》规定："各类房屋按照建筑面积每10m² 计算为一票；不足10m² 的，5m² 及5m² 以上计算为一票；不足5m² 的不计票。"

5. 选举业主委员会委员，并享有被选举权

在物业管理活动中，业主行使权利的主要代表就是业主委员会，业主可以通过参加业主大会，行使选举业主委员会委员，并享有被选举的权利。

6. 监督业主委员会的工作

业主委员会是业主大会的执行机构，他的工作直接关系到每一位业主的切身利益。由于业主委员会委员也具有个人利益，可能会滥用业主大会赋予他的职责，有些素质不高的业主委员会委员甚至可能会做出损害其他业主利益的行为。为了防止这种业主委员会委员侵害业主权益情况的发生，督促业主委员会委员更好地履行职责，保护业主的合法权益，应当保证业主对业主委员会委员享有监督权。如业主有权对业主委员会的工作提出批评和建议；有权知晓业主委员会的运作情况；有权了解业主委员会所作出的各项决定的理由；有权查询业主委员会保存的各项档案文件；有权制止并要求业主委员会纠正其不符合法律或者规约的行为等。业主对业主委员会的工作行使监督权有利于业主委员会规范、健康地运作。

7. 监督物业服务企业履行物业服务合同

物业服务企业是基于和业主之间的物业服务合同，为业主提供服务的经营主体，与业主处于物业管理法律关系的相对方。业主有权对物业服务企业履行物业服务合同的情况进行监督。如业主有权对物业服务企业履行合同的情况提出批评与建议；有权查询物业服务企业在履行合同中形成的有关物业管理事项的各项档案资料；有权监督物业服务企业的服务质量、水平、收费情况；有权要求物业服务企业对违反合同的行为进行改正；等等。业主对物业服务企业的监督权有利于物业服务企业更好地履行物业管理服务。

8. 对物业共用部位、共用设施设备和相关场地情况享有知情权和监督权

物业共用部位、共用设施设备和相关场地与业主所拥有的物业不可分割，业主对拥有物业进行占有、使用、收益和处分，不可避免地要牵涉到对物业共用部位、共用设施设备的管理。业主和物业服务企业可以在不损害业主共同利益的情况下，依法对物业共用部位、共用设施设备和相关场地进行使用。但这种使用不能侵害全体业主的合法权益，因此，每一个业主对物业共用部位、共用设施设备和相关场地使用的情况享有知情与监督的权利，有权对存在的问题提出改进建议并要求得到合理解决。

9. 监督物业共用部位、共用设施设备专项维修资金的管理和使用

物业共用部位、共用设施设备专项维修资金是在物业产权多元化的情况下，为了保证房屋的维修和正常使用，依照国家规定建立的专门性资金。专项维修资金属于全体业主所有，物业共用部位、共用设施设备是否完好，运行是否正常，不仅关系到相邻物业、整幢楼，甚至是整个物业管理区域物业的正常使用，关系到全体业主的共同利益。专项维修资金的使用和管理，必须受到业主的严格监督，以防止专项维修资金被挪作他用。业主在专项维修资金的收取、使用、续筹、代管等各个环节都享有监督权。

10. 法律、法规规定的其他权利

除了上述权利以外，业主还享有法律、法规规定的其他方面权利。在物业管理活动中，业主有通过业主大会、业主委员会行使选聘、解聘物业服务企业的权利。如在物业受到侵害时，有请求停止侵害、排除妨碍、消除危险、赔偿损失的权利；有对物业维护、使用等方面的规章制度、各项报告、提案进行审议的权利；有为维护业主的合法权益进行投诉和控告的权利等。

4.1.3　业主的义务

业主在物业管理活动中必须履行以下义务：

1. 遵守管理规约、业主大会议事规则

管理规约是业主依法订立的一种自我管理规约。管理规约应当对有关物业的使用、维护、管理业主的共同利益，业主应当履行的义务，违反公约应当承担的责任等事项依法作出约定。每一位业主都应当依照管理规约的规定行使权利、履行义务。业主大会议事规则是业主大会运行应当遵循的规则，它应当就业主大会的议事方式、表决程序、业主投票权确定办法、业主委员会的组成和委员任期等事项作出约定。业主通过缔结管理规约和业主大会议事规则来进行自我管理和自我约束，有利于形成良好的物业管理秩序。管理规约、业主大会议事规则对全体业主具有约束力，每位业主都要自觉遵守管理规约和业主大会议事规则的规定。

2. 遵守物业管理区域内物业共用部位和共用设施设备的使用、公共秩序和环境卫生的维护等方面的规章制度

物业共用部位和共用设施设备的使用、公共秩序和环境卫生的维护等事项，事关物业管理区域内全体业主的共同利益。为了维护这种共同利益，业主大会可能制定或授权物业服务企业制定一系列的规章制度，要求全体业主共同遵守。每一位业主都有遵守这些规章制度的义务。

3. 执行业主大会的决定和业主大会授权业主委员会作出的决定

业主大会的决定是全体业主共同作出的，代表了全体业主的共同意志，符合业主的共同利益，理应得到全体业主的共同遵守。业主委员会是业主大会的执行机构，具体实施业主大会所作出的决定，同时经业主大会的授权也可以自行作出对一定物业管理事项的决定，它所作出的决定业主同样应该执行。

4. 按照国家有关规定交纳专项维修资金

专项维修资金是保障物业得以正常维修改造的必要条件，业主应承担缴纳专项维修资金的义务；只有全体业主履行了缴纳维修资金的义务，才能解决产权多元化情况下的维修难题。有的物业管理区域内业主不缴纳或者不及时缴纳专项维修资金导致了物业的加速老化和毁损，使物业贬值，并危及广大业主的生命财产安全，这种情况必须得到改变。

5. 按时交纳物业服务费用

物业服务费用是物业服务合同约定的重要内容之一。它是确保物业管理正常运行的必要前提，是物业服务企业按合同约定对房屋建筑及其设施设备、绿化、卫生、交通、治安和环境等项目开展日常维护、修缮、整治服务及提供其他与业主生活相关服务所收取的费用。物业管理服务行为是一种市场行为，应当遵循等价有偿的市场原则。业主在享有物业服务企业提供的服务的同时，必须按照合同的约定按时支付一定的对价，即缴纳物业服务费用，不得无故拖延和拒交，否则物业服务企业有权依法要求其承担违约责任。

6. 法律、法规规定的其他义务

除上述义务外，业主还应承担法律法规规定的其他义务，如有配合物业服务企业开展活动的义务；有装饰装修房屋时向物业服务企业告知的义务；有按照物业本来用途和目的使用物业的义务；有维护物业的使用安全和美观的义务；有遵守物业管理区域内公共秩序，维护物业管理区域内的环境整洁的义务等。

4.2　业主大会

4.2.1　业主大会概述

1. 业主大会的性质

业主大会是由同一个物业管理区域内全体业主组成的，代表和维护物业管理区域内全体业主在物业管理活动中的合法权益的业主自治管理组织。

2. 业主大会的设立

《物业管理条例》规定，一个物业管理区域成立一个业主大会。物业管理区域的划分应当考虑物业的共用设施设备、建筑物规模、社区建设等因素。具体办法由省、自治区、直辖市制定。"自治管理"是指业主在物业管理区域内的物业管理活动中，依据国家法律、法规和政策规定以及管理规约的约定，实施自我管理、自我约束的行为。业主大会不能组织与物业管理活动无关的其他活动。同一个物业管理区域内的业主，应当在物业所在地的区、县人民政府房地产行政主管部门的指导下成立业主大会，并选举产生业主委员会。业主大会自首次业主大会召开之日起成立。但是，只有一个业主的，或者业主人数较少且经全体业主一致同意，决定不成立业主大会的，由业主共同履行业主大会、业主委员会职责。

3. 业主大会会议的召开

（1）业主大会会议召开的形式　业主大会一般有两种形式：集体讨论和书面征求意见。

（2）召开业主大会的法定人数　无论业主大会会议采用哪种形式，都应当有物业管理区域内专有部分占建筑物总面积过半数的业主且占总人数过半数的业主参加。

（3）业主可以委托代理人参加业主大会会议　业主不能出席时，可以委托代理人出席业主大会会议，但必须办理合法的委托手续。委托代理人出席业主大会会议在委托范围内行使投票权，但不具有被选举的资格。不满18周岁的业主由其法定代理人出席。物业使用人可列席业主大会，但没有投票权。

（4）业主人数较多时可以推选业主代表参加业主大会会议　物业管理区域内业主人数较多时，可以以栋、单元、楼层等为单位，推选一名业主代表参加业主大会会议。

推选业主代表参加业主大会会议的，业主代表应当于参加业主大会会议3日前，就业主大会会议拟讨论的事项书面征求其所代表的业主意见；凡需投票表决的，业主的赞同、反对及弃权的具体票数经本人签字后，由业主代表在业主大会投票时如实反映。

（5）业主大会做出决定的法定人数　业主大会做出普通决议，必须经专有部分占建筑物总面积过半数的业主且总人数过半数的业主同意。业主大会做出特别重大事项决定，必须经物业管理区域内专有部分占建筑物总面积2/3以上的业主且占总人数2/3以上的业主同意。业主大会做出特别重大事项决定，是指制定和修改管理规约、业主大会议事规则，选聘、解聘物业服务企业，专项维修资金使用、续筹方案的决定。

（6）业主大会会议分为定期会议和临时会议　业主大会定期会议应当按照业主大会议事规则的规定由业主委员会组织召开。经20％以上的业主提议，或发生重大事故，或紧急事件需要及时处理，或业主大会议事规则或者管理规约规定的其他情况出现时，业主委员会应当及时组织召开业主大会临时会议。

（7）召开业主大会会议应当于会前通知业主　业主大会会议召开15日以前，要通知全体业主；业主委员会应当将会议通知及有关材料以书面形式在物业管理区域内公告。住宅小区召开业主大会会议，应当同时告知相关的居民委员会。

（8）业主大会会议记录应当存档　业主大会会议应当由业主委员会作书面记录并存档。

（9）业主大会的决定应予以公告　业主大会的决定应当以书面形式在物业管理区域内及时公告。

4.2.2 第一次业主大会会议的召开

1. 第一次业主大会会议召开的条件

同一个物业管理区域内的业主,应当在物业所在地的区、县人民政府房地产行政主管部门的指导下成立业主大会,并选举产生业主委员会。第一次业主大会召开的条件各地区有所不同,如有的地方规定住宅区入住率达到50%以上或者从第一个业主入住之日起满两年的,可以召开业主大会。还有的地方规定一个物业管理区域内,有下列情况之一的,即可以召开第一次业主大会或者业主代表大会,选举产生业主委员会:公有住宅出售建筑面积达到30%以上的;新建商品住宅出售建筑面积达到50%以上的;住宅出售已满两年的。

2. 第一次业主大会会议的筹备工作

1)组织大会筹备组。业主大会筹备组应当在物业所在地的区、县房地产行政主管部门和街道办事处的指导下成立,由业主代表、建设单位(包括公有住房出售单位)组成,负责业主大会筹备工作。已有居民委员会的,还可以邀请居民委员会委员参加。

2)确定首次业主大会会议召开的时间、地点、形式和内容。

3)听取业主和相关人员的建议,结合本物业管理区域的实际情况,参照政府主管部门制定的示范文本,拟定《业主大会议事规则》草案和《管理规约》草案等有关文件。

4)确认业主身份,确定业主在首次业主大会会议上的投票权数。

5)通过协商,确定业主委员会委员候选人产生办法及名单。业主既包括商品房购买者,也包括公有住房购买者和仍拥有物业的房地产开发企业。业主委员会委员,一般应当根据其实际拥有房屋的建筑面积,按照一定比例推荐。

6)做好召开首次业主大会会议的其他准备工作。

会议筹备期间,筹备组成立的过程、每次会议的各项决定的意见,都应当做好认真的记录。

3. 第一次业主大会会议召开的程序

筹备组应当自成立之日起30日内,在物业所在地的区、县人民政府房地产主管部门的指导下,组织业主召开首次业主大会会议。会议召开程序如下:

1)由大会筹备组成员代表筹备组介绍大会筹备情况。

2)由大会筹备组成员代表筹备组介绍业主委员候选人情况,候选人本人也可以自我介绍。

3)审议、通过《业主大会议事规则》和《管理规约》。

4)选举产生业主委员会委员。

5)审议、通过与物业管理相关的特别重大事项。

在第一次业主大会上,物业的建设单位还应当做出前期物业管理工作报告,物业服务企业还应当做出物业接管验收情况的报告。

《业主大会议事规则》应当就业主大会的议事方式、表决程序、业主投票权确定办法、业主委员会的组成和委员任期等事项依法作出约定。其中,业主投票权要根据业主拥有物业的建筑面积、住宅套数等因素确定,具体应按照省、自治区、直辖市制定的办法而定。

《管理规约》应当对有关物业的使用、维护、管理,业主的共同利益,业主应当履行的义务,违反公约应当承担的责任等事项依法作出约定。

4. 业主大会的职责

1）制定、修改管理规约和业主大会议事规则。

2）选举、更换业主委员会委员，监督业主委员会的工作。

3）选聘、解聘物业服务企业。

4）决定专项维修资金使用、续筹方案，并监督实施。

5）制定、修改物业管理区域内物业共用部位和共用设施设备的使用、公共秩序和环境卫生的维护等方面的规章制度。

6）法律、法规或者业主大会议事规则规定的其他有关物业管理的职责。

4.3 业主委员会

4.3.1 业主委员会的性质

业主委员会是按照法定的程序由业主大会从全体业主中选举产生的，是业主大会的执行机构。业主委员会代表和维护物业管理区域内全体业主的合法权益，其合法权益受国家法律保护，一切活动都应当遵守国家法律、法规和物业管理制度。

4.3.2 业主委员会的设立

1. 业主委员会委员的条件

业主委员会由业主大会选举产生。建设部《业主大会规程》规定，业主委员会委员应当符合下列条件：

1）本物业管理区域内具有完全民事行为能力的业主。

2）遵守国家有关法律、法规。

3）遵守业主大会议事规则、管理规约，模范履行业主义务。

4）热心公益事业，责任心强，公正廉洁，具有社会公信力。

5）具有一定组织能力。

6）具备必要的工作时间。

2. 业主委员会委员资格的终止

《业主大会规程》还规定，业主委员会委员有下列情况之一的，经业主大会会议通过，其业主委员会委员资格终止。

1）因物业转让、灭失等原因不再是业主的。

2）无故缺席委员会会议3次以上的。

3）因疾病等原因丧失履行职责能力的。

4）有犯罪行为的。

5）以书面形式向业主大会提出辞呈的。

6）拒不履行业主义务的。

7）其他原因不宜担任业主委员会委员的。

3. 业主委员会委员人数

根据物业管理区域内物业规模的大小，一般业主委员会设委员5～15名，经业主大会决定可以适当增减，但一般最低不得少于 5 名。业主委员会设主任 1 名，副主任 1~2 名，主任、副主任在业主委员会委员中推选产生。在选举产生业主委员会时，应当注意发挥街道办事处、居民委员会、公安派出所以及有关部门和单位的作用。

业主委员会一般应当选聘执行秘书 1 名，负责处理业主委员会的日常事务工作。业主委员会主任、副主任、执行秘书一般为兼职，也可以是专职。

业主委员会应当自选举之日起 30 日内，将业主大会的成立情况、业主大会议事规则、管理规约及业主委员会名单等材料向物业所在地的区、县人民政府房地产行政主管部门备案。业主委员会备案的有关事项发生变更的，应按上述规定重新备案。

4.3.3　业主委员会的职责

1. 召集业主大会会议，报告物业管理的实施情况

除第一次业主大会会议外，以后每年召开的年度业主大会会议均由业主委员会筹备、召集和主持。遇有特殊情况，业主委员会有权依照有关规定召集和主持业主大会临时会议。会议期间，业主委员会应当向业主大会报告物业管理区域内物业管理的实施情况。

2. 代表业主与业主大会选聘的物业服务企业签订物业服务合同

业主委员会应当依据国家有关物业管理的法律、法规和政策规定以及管理规约的约定，采用公开招标、邀请招标或者协议方式选择具有相应资质的物业服务企业。选聘、续聘或者解聘物业服务企业，须经业主大会讨论通过，业主委员会才能与物业服务企业签订、变更或者解除物业服务合同。

3. 及时了解业主、物业使用人的意见和建议，监督和协助物业服务企业履行物业服务合同

业主委员会可以根据物业服务合同和上年度工作计划，听取广大业主和物业使用人的有关意见并及时向物业服务企业反映，监督、检查物业服务企业的工作落实情况，审核物业服务企业所作的年度财务决算报告；同时，对业主开展多种形式的宣传教育活动，监督并积极协助、支持、配合物业服务企业的工作，严格履行物业服务合同，以保障各项管理目标的实现。

4. 监督管理规约的实施

督促业主遵守物业管理法律、法规和政策规定，遵守管理规约以及物业服务合同的约定。

5. 业主大会赋予的其他职责

1）组织修订管理规约、业主委员会章程。

2）审核专项维修资金的筹集、使用和管理，以及物业服务费用、标准及使用办法。

3）接受政府有关行政主管部门的监督指导，执行政府行政部门对本物业管理区域的管理事项提出的指令和要求。

4）调解物业管理活动中的纠纷。物业管理纠纷的解决处理方法有协商、协调、仲裁和诉讼，业主委员会具有调解物业管理活动中纠纷的职责。

4.3.4　业主委员会的日常工作

业主委员会的日常工作应当根据业主委员会章程来确定，一般主要包括以下工作：

1）了解和掌握物业管理区域内业主和物业使用人的基本情况。主要是了解和掌握物业管理区域内的房屋建筑面积、建筑结构、产权结构、基础设施、配套设施设备、交通消防、社会环境、公共秩序的状况，以及每位业主和物业使用人的基本情况。

　　2）组织实施选聘物业服务企业的招标活动。根据有关物业管理的法律、法规和政策的规定，通过招标投标方式选择物业服务企业，并向业主大会汇报，经业主大会通过后，与物业服务企业签订物业服务合同。

　　3）提出是否续聘物业服务企业的建议。对已有物业服务企业物业管理工作作出全面、公正、客观的评价，并向业主大会汇报，提出是否续聘物业服务企业的建议。

　　4）代表业主大会管理物业专项维修资金。代表业主大会掌握物业专项维修资金的管理权，按照专项维修资金专户专储、专款专用的原则，要求物业服务企业在账务上分幢立账，按户核算。协助物业服务企业制定物业管理区域内的年度房屋维修计划、设备更新改造计划、公共设施维修养护计划等，并提请业主大会讨论通过。

　　5）宣传、教育、督促业主和物业使用人自觉遵守管理规约以及物业管理区域内的各项管理制度，协调业主之间，业主与物业使用人之间，业主、物业使用人和物业服务企业之间的关系。

　　6）协助物业服务企业对物业管理区域内的物业进行管理。协助物业服务企业对物业管理区域内的道路、场地、车辆行驶和停放以及广告设置等方面进行管理，对违章不听劝阻的行为要及时通报物业服务企业。

　　7）做好业主委员会的内部管理工作。起草制定和修订管理规约和有关管理制度，建立健全工作制度和会议制度，做好办公经费的筹集、使用和管理工作，做好办公用房的设置和管理工作，做好委员的增补和换届选举准备工作等。

　　8）开展有利于业主和物业使用人身心健康的各项有益活动，努力创建文明小区。

　　业主大会、业主委员会作出的决定违反法律、法规的，物业所在地的区、县人民政府房地产行政主管部门，应当责令限期改正或者撤销其决定，并通告全体业主；在物业管理区域内，业主大会、业主委员会应当配合公安机关与居民委员会相互协作，共同做好维护物业管理区域内的社会治安等相关工作；应当积极配合相关居民委员会依法履行自治管理职责，支持居民委员会开展工作，并接受其指导和监督。业主大会、业主委员会作出的决定，应当告知相关的居民委员会，并认真听取居民委员会的建议。业主大会、业主委员会应当依法履行职责，不得作出与物业管理无关的决定，不得从事与物业管理无关的活动。

4.3.5　业主委员会会议

　　《业主大会规程》规定，业主委员会应当自选举产生之日起3日内召开首次业主委员会会议，推选产生业主委员会主任1人，副主任1～2人。经1/3以上业主委员会委员提议或者业主委员会主任认为有必要的，应当及时召开业主委员会会议。业主委员会会议应当作书面记录，由出席会议的委员签字后存档。业主委员会会议应当有过半数委员出席，作出决定必须经全体委员人数半数以上同意。业主委员会的决定应当以书面形式在物业管理区域内及时公告。

4.4 管理规约

管理规约是依据国家相关法律、法规制定的，是业主应当共同遵守的行为准则。管理规约的实质是在合法前提下，以民事约定形式对业主与非业主使用人行为的一种自律性的约束。通过这种约束，使业主和非业主使用人在社会公德与法律规范等方面对自己的行为实现自我控制和约束。当业主或非业主使用人违反公约时，应承担违约的相应民事责任。管理规约是业主实施自治管理的必要依据，是全体业主的最高自治规范和根本性自治规则。

4.4.1 管理规约与临时管理规约

1. 管理规约

管理规约是一种公共契约，属于协议、合约的性质，是由业主承诺的，是全体业主共同约定、相互制约、共同遵守的有关物业使用、维护、管理及公共利益等方面的行为准则，是实行物业管理的基础和基本准则。

2. 临时管理规约

临时管理规约是房地产开发商或前期介入的物业服务企业制定的、对全体业主共同的约定，要求业主共同遵守的有关物业使用、维护、管理及公共利益等方面的行为准则，是实行物业管理的基础和基本准则。

4.4.2 管理规约的性质与作用

1. 管理规约的性质

管理规约是物业管理中的一个基础性文件，与《物业服务合同》,《业主委员会章程》等构成了物业管理的基本框架，也是物业服务企业进行管理与服务的法律依据和法律文件。

2. 管理规约的作用

1）通过签订管理规约，可以加深业主对物业管理和自治管理的理解和支持。

2）管理规约可作为业主自治管理的有力依据，对违反公约的业主或使用人进行处罚，对业主之间的纠纷予以调解。

3）管理规约可以成为宣传文明的行为准则，从而切实推动社会精神文明建设。

4.4.3 管理规约的基本内容

1）物业基本情况简介，介绍物业的名称、地点、面积、户数；公共场所及公共设施状况等。

2）业主共同事务管理。

3）业主权利义务设定。

4）共用部位、共用设施设备和相关场地以及管理用房状况，业主使用其物业和物业管理区域内公共场所及公共设施的权益。

5）违反规约的处置。

4.4.4 管理规约的订立原则和依据

1. 订立管理规约的原则

（1）合法性原则　管理规约的制定不能违反有关法律、法规。管理规约毕竟只是一种契约或合同性质的法律文件，因此，它必须在国家相关法律、法规的基础上制定，不能与之相冲突，否则会影响管理规约的法律效力。

（2）民主性原则　管理规约的订立应当采用民主管理的形式，即通过业主大会或业主代表大会的形式，反映全体业主或大多数业主的利益和要求。

2. 订立管理规约的法律依据

管理规约是依据国家相关法律、法规制定的，是业主应当共同遵守的行为准则。制定管理规约的法律依据主要有：

1）《中华人民共和国民法通则》第 83 条规定，不动产的相邻各方，应当按照有利生产、方便生活、团结互助、公平合理的精神，正确处理截水、排水、通行、通风、采光等方面的相邻关系。给相邻方造成妨碍或者损失的，应当停止侵害，排除妨碍，赔偿损失。

2）根据建设部《城市异产毗连房屋管理规定》，所有人和使用人对房屋的使用和修缮，必须符合城市规划、房地产管理、消防和环境保护等部门的要求，并应按照有利使用、共同协商、公正合理的原则，正确处理毗连关系。所有人和使用人对共有、共用的门厅、阳台、屋面、楼道、厨房、厕所以及院落、上下水设施等，应共同合理使用并承担相应的义务。

3）《物业管理条例》规定，遵守管理规约和业主大会议事规则是业主应履行的义务之一。

4.4.5 订立管理规约的程序

1. 规约的起草

《物业管理条例》规定建设单位应当在销售物业之前，制定临时管理规约，对有关物业的使用、维护和管理、业主的共同利益、业主应当履行的义务、违反公约应当承担的责任等项依法作出约定。管理规约在召开第一次业主大会时进行起草。

2. 规约的通过

管理规约应当由专有部分占建筑物总面积 2/3 以上的业主且占总人数 2/3 以上的业主同意方能有效。管理规约通过后，在此后入住的业主视为同意接受管理规约的约束。通过制定管理规约，并从程序上由业主大会通过，业主便能心悦诚服地遵守公约。

3. 新入住业主对规约的签署

《物业管理条例》规定，建设单位应当在物业销售前将临时管理规约向物业买受人明示，并予以说明。物业买受人在与建设单位签订物业买卖合同时，应当对遵守临时管理规约予以书面承诺。在管理规约通过之后才确认业主身份的，应当在办理有关入住手续的同时，签署管理规约，表示愿意接受管理规约的约束。

4.4.6 管理规约的修改

管理规约的修改程序与制定程序相同，均应由业主大会以专有部分占建筑物总面积 2/3 以上的业主且占总人数 2/3 以上的业主同意方能有效。

业主大会可以依法根据本物业管理区域内的实际情况对管理规约进行修改补充，并向房屋管理部门备案。修改补充条款，自业主大会通过之日起生效，无须经业主重新签订。

修改补充条款不得与法律、法规和有关政策规定相抵触，否则房屋管理部门有权予以纠正或撤销。

4.4.7 管理规约的生效与效力

管理规约自业主大会或者业主代表大会审议通过之日起生效。

业主委员会应当自管理规约生效之日起15日内，将管理规约报所在地的区、县房地产管理部门备案。

生效后的管理规约对全体业主和使用人具有约束力，使用人也应当遵守管理规约。《物业管理条例》第四十八条规定，物业使用人在物业管理活动中的权利义务由业主和物业使用人约定，但不得违反法律、法规和管理规约的有关规定。

业主、使用人违反管理规约，应当承担相应的民事责任。对于违反管理规约的业主或使用人，业主委员会或者相关的业主、使用人可以向人民法院提起民事诉讼。

物业使用人违反本条例和管理规约的规定，有关业主应当承担连带责任。

4.4.8 临时管理规约（示范文本）

临时管理规约（示范文本）

第1章 总 则

第一条 根据《物业管理条例》和相关法律、法规、政策，建设单位在销售物业之前，制定本临时公约，对有关物业的使用、维护、管理，业主的共同利益，业主应当履行的义务，违反公约应当承担的责任等事项依法作出约定。

第二条 建设单位应当在物业销售前将本临时公约向物业买受人明示，并予以说明。

物业买受人与建设单位签订物业买卖合同，同时对本临时公约予以的书面承诺，表示对本临时公约内容的认可。

第三条 本临时公约对建设单位、业主和物业使用人均有约束力。

第四条 建设单位与物业服务企业签订的前期物业服务合同中涉及业主共同利益的约定，应与本临时公约一致。

第2章 物业基本情况

第五条 本物业管理域内物业的基本情况

物业名称＿＿＿＿＿＿＿＿＿＿＿＿＿＿＿；

坐落位置＿＿＿＿＿＿＿＿＿＿＿＿＿＿＿；

物业类型＿＿＿＿＿＿＿＿＿＿＿＿＿＿＿；

建筑面积＿＿＿＿＿＿＿＿＿＿＿＿＿＿＿。

物业管理区域四至：

东至＿＿＿＿＿＿＿＿＿＿＿＿＿＿＿；

南至＿＿＿＿＿＿＿＿＿＿＿＿＿＿＿；

西至＿＿＿＿＿＿＿＿＿＿＿＿＿＿＿；

北至＿＿＿＿＿＿＿＿＿＿＿＿＿＿＿。

第六条　根据有关法律法规和物业买卖合同，业主享有以下物业共用部位、共用设施设备的所有权：

1. 建筑物的全体业主共有的共用部位，包括该建筑物的承重结构、主体结构，公共门厅、公共走廊、公共楼梯间、户外墙面、屋面、_____、_____、_____等；

2. 由单幢建筑物的全体业主共有的共用设施设备，包括该幢建筑物内的排水管道、落水管、水箱、水泵、电梯、冷暖设施、照明设施、消防设施、避雷设施、_____、_____、_____等；

3. 由物业管理区域内全体业主共有的共用部位和共用设施设备，包括围墙、池井、照明设施、共用设施设备使用的房屋、物业管理用房、_____、_____、_____。

第七条　在本物业管理区域内，根据物业买卖合同，以下部位和设施设备为建设单位所有：

1. _____；

2. _____；

3. _____；

4. _____。

建设单位行使以上部位和设施设备的所有权，不得影响物业买受人正常使用物业。

第3章　物业的使用

第八条　业主对物业的专有部分享有占有、使用、收益和处分的权利，但不得妨碍其他业主正常使用物业。

第九条　业主应遵守法律、法规的规定，按照有利于物业使用、安全、整洁以及公平合理、不损害公共利益和他人利益的原则，在供电、供水、供热、供气、排水、通行、通风、采光、装饰装修、环境卫生、环境保护等方面妥善处理与相邻业主的关系。

第十条　业主应按设计用途使用物业。因特殊情况需要改变物业设计用途的，业主应在征得相邻业主书面同意后，报有关行政主管部门批准，并告知物业服务企业。

第十一条　业主需要装饰装修房屋的，应事先告知物业服务企业，并与其签订装饰装修管理服务协议。

业主应按着装饰装修管理服务协议的约定从事装饰装修行为，遵守装饰装修的注意事项，不得从事装饰装修的禁止行为。

第十二条　业主应在指定地点放置装饰装修材料及装修垃圾，不得擅自占用物业共用部位和公共场所。

本物业管理区域的装饰装修施工时间为_____，其他时间不得施工。

第十三条　因装饰装修房屋影响物业共用部位、共用设施设备的正常使用以及侵害相邻业主合法权益的，业主应及时恢复原状并承担相应的赔偿责任。

第十四条　业主应按有关规定合理使用水、电、气、暖等共用设施设备，不得擅自拆改。

第十五条　业主应按设计预留的位置安装空调；未预留设计位置的，应按物业服务企业指定的位置安装，并按要求做好噪声及冷凝水的处理。

第十六条　业主及物业使用人使用电梯，应遵守本物业管理区域的电梯使用管理规定。

第十七条　在物业管理区域内行驶和停放车辆，应遵守本物业管理区域的车辆行驶和停车规则。

第十八条　本物业管理区域内禁止下列行为：

1. 损坏房屋承重结构、主体结构，破坏房屋外貌，擅自改变房屋设计用途；

2. 占用或损坏物业共用部位、共用设施设备及相关场地，擅自移动物业共用设施设备。

3. 违章搭建、私设摊点；

4. 在非指定位置倾倒或抛弃垃圾、杂物；

5. 违反有关规定堆放易燃、易爆、剧毒、放射性物品，排放有毒物质，发出超标噪声；

6. 擅自在物业共用部位和相关场所悬挂、张贴、涂改、刻画；

7. 利用物业从事危害公共利益和侵害他人合法权益的活动；

8. _____；

9. 法律、法规禁止的其他行为。

第十九条　业主和物业使用人在本物业管理区域内饲养动物不得违反有关规定，并应遵守以下约定：

1. _____；

2. _____。

第4章　物业的维修养护

第二十条　业主对物业专有部分的维修养护行为不得妨碍其他业主的合法权益。

第二十一条　因维修养护物业确需进入相关业主的物业专有部分时，业主或物业服务企业应事先告知相关业主，相关业主应给予必要的配合。

相关业主阻挠维修养护的进行造成物业损坏及其他损失的，应负责修复并承担赔偿责任。

第二十二条　发生危及公共利益或其他业主合法权益的紧急情况，必须及时进入物业专有部分进行维修养护但无法通知相关业主的，物业服务企业可向相邻业主说明情况，在第三方（如所在地居委会或派出所或_____）的监督下，进入相关业主的物业专有部分进行维修养护，事后应及时通知相关业主并做好善后工作。

第二十三条　因维修养护物业或者公共利益，业主确需临时占用、挖掘道路、场地的，应当征得建设单位和物业服务企业的同意，并在约定期限内恢复原状。

第二十四条　物业存在安全隐患，危及公共利益或其他业主合法权益时，责任人应当及时采取措施消除隐患。

第二十五条　建设单位应按国家规定的保修期限和保修范围承担物业的保修责任。

建设单位在保修期限和保修范围内拒绝修复或拖延修复的，业主可以自行或委托他人修复，修复费用及修复期间造成的其他损失由建设单位承担。

第二十六条　本物业管理区域内的全体业主按规定缴存、使用和管理物业专项维修资金。

第5章　业主的共同利益

第二十七条　为维护业主的共同利益，全体业主同意在物业管理活动中授予物业服务企业以下权利：

1. 根据本临时公约配合建设单位制定物业共用部位和共用设施设备的使用、公共秩序和环境卫生的维护等方面的规章制度；

2. 以批评、规劝、公示、＿＿＿＿等必要措施制止业主、物业使用人违反本临时公约和规章制度的行为；

3. ＿＿＿＿＿＿＿＿＿＿＿＿；

4. ＿＿＿＿＿＿＿＿＿＿＿＿。

第二十八条　建设单位应在物业管理区域内显著位置设置公告栏，用于张贴物业管理规章制度，以及应告知全体业主和物业使用人的通知、公告。

第二十九条　本物业管理区域内，物业服务收费采取包干制（酬金制）方式。业主应按照前期物业服务合同的约定按时足额交纳物业服务费用（物业服务资金）。

物业服务费用（物业服务资金）是物业服务活动正常开展的基础，涉及全体业主的共同利益，业主应积极倡导欠费业主履行交纳物业服务费用的义务。

第三十条　利用物业共用部位、共用设施设备进行经营的，应当在征得相关业主、物业服务企业的同意后，按规定办理有关手续，业主所得收益主要用于补充专项维修资金。

第6章　违约责任

第三十一条　业主违反本临时公约关于物业的使用、维护和管理的约定，妨碍物业正常使用或造成物业损害及其他损失的，其他业主和物业服务企业可依据本临时公约向人民法院提起诉讼。

第三十二条　业主违反本临时公约关于业主共同利益的约定，导致全体业主的共同利益受损的，其他业主和物业服务企业可依据本临时公约向人民法院提起诉讼。

第三十三条　建设单位未能履行本临时公约约定义务时，业主和物业服务企业可向有关行政主管部门投诉，也可根据本临时公约向人民法院提起诉讼。

第7章　附　则

第三十四条　本临时公约所称物业的专有部分，是指由单个业主独立使用并具有排他性的房屋、空间、场地及相关设施设备。

本临时公约所称物业的共用部位、共用设施设备，是指物业管理区域内单个业主专有部分以外的，属于多个或全体业主共同所有或使用的房屋、空间、场地及相关设施设备。

第三十五条　业主转让或出租物业时，应提前书面通知物业服务企业，并要求物业继受人签署本临时公约承诺书或承租人在租赁合同中承诺遵守本临时公约。

第三十六条　本临时公约由建设单位、物业服务企业和每位业主各执一份。

第三十七条　本临时公约自首位物业买受人承诺之日起生效，至业主大会制定的《管理规约》生效之日终止。

承诺书

本人为（物业名称及具体位置，以下称该物业）的买受人，为维护本物业管理区域内全体业主的共同利益，本人声明如下：

一、确认已详细阅读（建设单位）制定的"×××临时管理规约"（以下称"本临时公约"）；

二、同意遵守并倡导其他业主及物业使用人遵守本临时公约；

三、本人同意承担违反本临时公约的相应责任，并同意对该物业的使用人违反本临时公约的行为承担连带责任；

四、本人同意转让该物业时取得物业继受人签署的本临时公约承诺书并送交建设单位或物业服务企业，建设单位或物业服务企业收到物业继受人签署的承诺书前，本承诺继续有效。

承诺人（签章）

年　　月　　日

《临时管理规约（示范文本）》使用说明：

1. 本示范文本仅供建设单位制定《临时管理规约》参考使用。

2. 建设单位可对本示范文本的条款内容进行选择、修改、增补或删减。

3. 本示范文本第三条、第三十七条所称业主是指拥有房屋所有权的房屋买受人，其他条款所称业主是指拥有房屋所有权的建设单位和房屋买受人。

小　结

　　业主是指房屋的所有权人。在物业管理活动中，业主基于对房屋的所有权享有对物业的相关共同事务进行管理的权利，同时必须承担相应的义务。

　　业主大会是由同一个物业管理区域内全体业主组成的、代表和维护物业管理区域内全体业主在物业管理活动中的合法权益的业主自治管理组织。一个物业管理区域成立一个业主大会。

　　"自治管理"是指业主在物业管理区域内的物业管理活动中，依据国家法律、法规和政策规定以及管理规约的约定，实施自我管理、自我约束的行为。业主大会不能组织与物业管理活动无关的其他活动。同一个物业管理区域内的业主，应当在物业所在地的区、县人民政府房地产行政主管部门的指导下成立业主大会，并选举产生业主委员会。业主大会自首次业主大会召开之日起成立。业主大会会议召开的形式一般有两种：集体讨论和书面征求意见。无论业主大会会议采用哪种形式，都应当有物业管理区域内专有部分占建筑物总面积过半数的业主且占总人数过半数的业主参加。

　　管理规约是全体业主共同承诺的，依据国家相关法律、法规制定的，对全体业主具有约束力的行为准则。管理规约的实质是以民事约定形式对业主与非业主使用人行为的一种自律性的约束。通过这种约束，使业主和非业主使用人在社会公德与法律规范等方面对自己的行为实现自我控制和约束。当业主或非业主使用人违反公约时，应承担违约的相应民事责任。管理规约是业主实施自治管理的必要依据，是全体业主的最高自治规范和根本性自治规则。

思　考　题

1. 什么是业主大会？

2. 选举业主委员会，房屋使用人是否有选举权？

3. 业主有哪些权利和义务？

4. 业主委员会的性质是什么？

5. 管理规约和临时管理规约有什么区别？

练 习 题

一、名词解释

1. 业主

2. 物业使用人

3. 业主自治管理

4. 管理规约

二、单选题

1. 业主有权直接参与管理区域的物业管理是业主自治管理，这种自治管理是（　　）。

A. 业主直接进行的　　　　　　　　　B. 通过房地产行政部门实现的

C. 通过业主大会或业主代表大会实现的　　　D. 通过物业公司实现的

2. 第一次业主大会或业主代表大会由（　　）组织召开。

A. 房地产行政管理部门　　　　　　　B. 房屋出售单位

C. 业主委员会和物业公司　　　　　　D. 房地产行政管理部门和房屋建设单位

3. 业主大会作出的重大决定，要有全体业主的（　　）通过。

A. 1/3 以上　　B. 半数以上　　C. 2/3 以上　　D. 全部

4. 下面不属于业主大会或业主代表大会的职责的是（　　）。

A. 选举业主委员会委员　　　　　B. 罢免业主委员会委员

C. 修改业主委员会章程　　　　　D. 选聘或解聘物业公司

5. 街道办事处根据上级有关部门的布置或指示，（　　）。

A. 可以撤换物业服务企业　　B. 可以检查督促物业服务企业的工作

C. 可以选聘新的物业服务企业　　D. 不得干涉物业服务企业的任何工作

6. 业主大会会议应有物业管理区域内（　　）业主参加。

A. 持有 1/2 以上投票权　　　　B. 持有 2/3 以上投票权

C. 持有 3/4 以上投票权　　　　D. 全体

7. 召开业主大会会议，应当于会议召开（　　）前通知全体业主。

A. 5 日　　B. 7 日　　C. 10 日　　D. 15 日

8. 业主大会、业主委员会开展工作所需的经费由全体业主承担，经费的筹集、管理、使用具体由（　　）规定。

A. 管理规约　　B. 业主大会议事规则　　C. 住户手册　　D. 业主大会决议

9. 业主委员会应当自选举产生之日起（　　）内，向物业所在地的区、县人民政府房地产行政主管部门备案。

A. 10 日　　B. 15 日　　C. 30 日　　D. 90 日

三、多选题

1. 业主委员会应接受（　　）的监督。

A. 房地产开发商　　　　　B. 物业公司

C. 房地产行政主管部门　　　D. 物业区域内业主

2. 业主委员会的权利有（　　）。

A. 拟定或修订业主委员会章程　　　　B. 拟定或修订管理规约

C. 接受房地产行政主管部门的监督指导　　D. 接受物业区域内业主的监督指导

3. 业主委员会的义务有（　　）。

A. 召集、主持业主大会或业主代表大会　　B. 向业主大会或业主代表大会汇报工作

C. 支持、配合和监督物业服务企业的工作　　D. 积极创建文明物业小区

4. 有下列情况之一的，业主委员会应当及时组织召开业主大会临时会议（　　）。

A. 10％以上业主提议　　　　　　　　B. 20％以上业主提议

C. 业主委员会主任认为有必要的　　　　D. 发生重大事故时

5. 对物业共用部位、共用设施设备专项维修资金的管理使用享有监督权的是（　　）。

A. 业主　　　B. 业主大会　　　C. 建设单位　　　D. 物业服务企业

四、判断题（在正确的题后打√，在错误的题后打×）

1. 在物业管理区域第一次业主大会应通过业主委员会章程和管理规约。（　　）

2. 业主委员会有权在物业管理区域内代表全体业主，决定重大管理事项。（　　）

3. 业主委员会不仅有权监督物业服务企业的工作，而且可以依法撤换物业服务企业。（　　）

4. 业主委员会可以自己设立物业公司，也可以招标选聘物业服务企业。（　　）

五、简答题

1. 简述召开业主大会需注意的问题。

2. 简述物业业主和物业使用人的区别。

3. 简述业主大会的性质与职责。

4. 简述管理规约和临时管理规约的关系。

六、案例分析

【案例1】　2004年，某市居民张某购买丽苑物业小区6号楼房3单元306居室一套，2005年3月10日交房入住。当2005年10月物业公司收取物业管理费时，其拒绝交纳。理由是因为张某未办理入住手续，物业公司经过调查，张某确实未办理入住手续。回答张某的做法是否合理，说明理由？

【案例2】　某城市美华住宅小区居民李某，其居住4号楼2单元206室，因其卫生间地面漏水影响楼下居民吴某生活，并将吴某的卫生间的墙壁造成破损。当吴某向李某提出赔偿时，李某认为不是他造成的，是楼房质量问题，应由物业或房地产开发商负责。根据以上事实，此案应如何处理？

【案例3】　某市居民张某居住在锦华住宅小区8号楼房1单元106居室，2005年7月3日晚，张家水管龙头忘记关闭，造成漏水。水已渗入楼下居民刘某家。刘某上楼敲门无人，这时刘某便与小区物业公司联系，物业公司按张某留下的联系方式与张某联系，张某无应答。这时水漏得越来越多，物业公司与刘某商量，再联系张某，还是联系不上，决定破门进入张某家。进入后发现，张某没有关闭厨房水龙头。第二天张某回来后，要求物业公司和刘某赔偿损失，而刘某却要求张某赔偿损失。根据以上事实，此案应如何处理？

第 **5** 章

物业管理招标投标法律制度

学习目标

　　本章主要介绍物业管理招标投标及相关法律知识，特别是建设部《前期物业管理招标投标管理暂行办法》。应了解物业管理招标投标概念；熟悉物业管理招标投标程序及物业管理评标的方法；掌握物业管理招标书、投标书的内容及编写技巧。

关键词

　　招标　投标　开标　评标　定标

5.1　物业管理招标投标法概述

　　物业管理招标与投标是借助成熟的工程招标投标方法来培育物业管理市场，提高物业管理服务水平，推动物业管理发展，加速与国际物业管理接轨的一种有效措施。其主要法律依据有：《中华人民共和国招标投标法》、《物业管理条例》和《前期物业管理招标投标管理暂行办法》。《前期物业管理招标投标管理暂行办法》适用于建设单位通过招投标的方式选聘具有相应资质的物业服务企业和行政主管部门对物业管理招投标活动实施监督管理的活动；对前期物业管理的招标、投标、开标、评标和中标活动作出了具体的规定。同时，业主和业主大会采用招投标的方式选聘物业服务企业的，可以参照《前期物业管理招标投标管理暂行办法》执行。

　　根据《物业管理条例》和《前期物业管理招标投标管理暂行办法》的规定，国家提倡业主通过公开、公平、公正的市场竞争机制选择物业服务企业；国家提倡建设单位按照房地产开发与物业管理相分离的原则，通过招投标的方式选聘具有相应资质的物业服务企业进行前期物业管理；住宅及同一物业管理区域内非住宅的建设单位，应当通过招投标的方式选聘具有相应资质的物业服务企业，投标人少于3个或者住宅规模较小的，经物业所在地的区、县人民政府房地产行政主管部门批准，可以采用协议方式选聘具有相应资质的物业服务企业，其中住宅规模标准由省、自治区、直辖市人民政府房地产行政主管部门确定。

　　国家提倡物业的建设单位通过招投标的方式选聘物业服务企业；未经批准，擅自采用协议方式选聘物业服务企业的，由县级以上地方人民政府房地产行政主管部门责令限期改正，给予警告，可以并处10万元以下的罚款。

5.1.1 物业管理招标投标基础知识

1. 招标人和投标人

1）物业管理招标人是指依法提出招标项目、进行招标的物业开发建设单位、业主或者业主大会。前期物业管理工作招标人是指依法进行前期物业管理招标的物业建设项目单位。

2）物业管理投标人是指响应物业管理招标，参加投标竞争的物业服务企业。物业管理投标人应当具有相应的物业服务企业资质和招标文件要求的其他条件。

在某种情形下，物业服务企业也可以成为招标人。如当物业服务企业把物业管理区域内的专项服务业务委托给专业性服务企业时，选择以招标的方式，则物业服务企业就成为招标人。

2. 招标代理

招标人可以委托招标人代理机构办理招标事宜。招标代理机构是依法设立、从事招标代理业务并提供相关服务的社会中介组织。物业管理招标代理机构应当在招标人委托的范围内办理招标事宜；但招标人有能力组织和实施招标活动的，也可以自行组织实施招标活动。

3. 招标时限

《前期物业管理招标投标管理暂行办法》规定，前期物业管理的招标人应当按照以下规定时限完成物业管理招标投标工作：

1）新建现售商品房项目应当在现售前 30 日完成。

2）预售商品房项目应当在取得《商品房预售许可证》之前完成。

3）非出售的新建物业项目应当在交付使用前 90 日完成。

4. 编制投标书的时限

依法必须进行招标的物业管理项目，编制投标书所需时间一般自招标文件开始发出之日起至投标物业服务企业提交投标文件截止之日止，最短不得少于 20 日。

5. 两个或两个以上主体联合投标主体资质规定

两个或两个以上物业服务企业可以组成一个联合体，签订共同投标协议，以一个投标人的身份共同投标，其中一个企业为主投标人。一般按照等级较低的企业资质确定投标联合体的资质等级。

6. 招投标注意事项

物业管理投标人和其他利害关系人认为招标投标活动不符合有关规定的，有权向招标人提出异议，或者依法向有关部门投诉。

物业管理招标文件或者投标文件使用两种以上语言文字的，必须有一种是中文；如对不同文本的解释发生异议的，以中文文本为准。用文字表示的数额与数字表示的金额不一致的，以文字表示的金额为准。

5.1.2 物业管理招标投标原则

物业管理招标和投标活动，应当遵循公开、公平、公正和诚实信用的原则。

1. 公开原则

公开原则是指如果招标人采取公开招标方式，就必须在规定的媒体上公开地发布招标公告，把所需要达到的服务要求与条件公开告诉一切想参与投标的物业服务企业。

2. 公平原则

公平原则是指在招标文件中向所有投标单位提供的招标条件都是一致的，即所有参加投标者都必须在相同的基础上投标。招标人不得以不合理条件限制或者排斥潜在投标人，不得对潜在投标人实行歧视待遇，不得对潜在投标人提出与招标物业管理项目实际要求不相符的过高的资格等要求。

3. 公正原则

公正原则是指评标要实事求是、科学准确，定标要合理，招标文件中载明的评标标准和评标方法是衡量所有投标书的尺度。最终选定的投标价格必须合理，不能接受低于正常服务成本的标价。招标人在招标文件中一般要有不采用最低价的承诺。

4. 诚实信用原则

诚实信用原则是指招标人和投标人双方都应讲究信用，遵守招标文件和投标文件的承诺，定标以后，招标人和中标人应订立书面服务合同，并诚实履行各自的责任。

5.1.3　物业管理招标投标管理

为了加强对物业管理招投标工作的管理，国务院建设行政主管部门负责全国物业管理招标投标活动的监督管理；省、自治区人民政府建设行政主管部门负责本行政区域内物业管理招标投标活动的监督管理；直辖市、市、县人民政府房地产行政主管部门负责本行政区域内物业管理招标投标活动的监督和管理。

5.2　物业管理招标法律制度

5.2.1　物业管理招标概述

1. 物业管理招标的概念

物业管理招标是指物业业主或开发商根据市场及物业管理的需要，提出一定的标准条件，向社会或者若干特定的物业服务企业发出投标邀请、委托物业管理的法律行为。概念中主要包括以下含义：

1）物业管理招标人是特定的。招标人一般是项目的管理委员会，或具有法人资格的特定业主（如开发商）或其他组织。个人不能成为招标人。

2）物业管理招标的客体是物业管理项目，它属于服务性项目招标。

3）招标实际上是一种竞争方法，促进物业管理走向社会化、专业化。并且这种竞争行为，对于双方产生法律效力。

2. 物业管理招标的特点

1）超前性。物业管理的特点使物业管理工作会超前介入，这就决定了物业投入使用之前，开发商就应进行物业管理招标，从而带来招标的超前性。

2）长期性和阶段性。由于开发商和业主在不同时期对物业管理有不同要求，致使招标文件中的各种管理要求、管理价格的制定都具有阶段性；另外由于市场竞争的存在及不断加剧，使物业服务企业始终面临压力，所以，物业管理招标具有长期性和阶段性。

5.2.2 物业管理招标的原则

1. 公开原则

公开原则就是要求物业管理项目在招标过程中，无论采取哪种方式进行，其各项程序应对外公开，并实行行业监督，增加招标活动中的透明度，杜绝人为干预和暗箱操作。

2. 公平原则

公平原则要求在招标文件中向所有物业服务企业提出的投标文件要一致，即所有参加投标者都必须在同等的条件上进行投标；要按照公平、正义的要求确定各方的权利和义务，各方当事人应当在不侵害他人合法权益的基础上实现自己的利益。

3. 公正原则

公正原则是指在所有投标者基础相同的情况下，强调在整个投标评定中，衡量所有投标书的准则应一致、公开，并能客观地衡量所有投标书。

4. 合理原则

合理原则是指选定投标的价格和要求必须合理，要根据实际情况，选择管理费标价合理、资信条件较为可靠的物业服务企业。

5.2.3 物业管理招标的组织机构

招标人具有编制招标文件和组织评标能力的，可以自行办理招标事宜；招标人也可自行选择招标代理机构，委托其办理招标事宜。因此，招标的组织机构有两种：其一，招标人自行组织成立；其二，招标人委托招标代理机构进行招标。但任何单位和个人不得以任何方式为招标人指定招标代理机构或强制其委托招标代理机构办理招标事宜。

1. 物业管理招标人自行设立招标机构

（1）自行设立招标机构的条件 《中华人民共和国招标投标法》规定，"招标人具有编制招标文件和组织评标能力的，可以自行办理招标事宜"。所以业主委员会或开发商自行设立招标组织机构的，应能够编制招标文件，组织评标，即从资金和专业角度都能够组织招标全过程。

（2）自行设立招标机构的组织形式 开发商或业主委员会自行设立招标机构，其组织形式一般如图4-1所示。

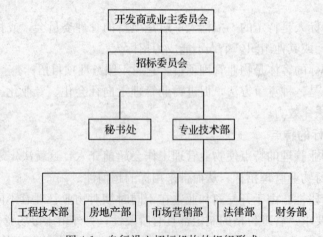

图 4-1 自行设立招标机构的组织形式

2. 委托招标代理机构招标

（1）招标代理机构应具备的条件 根据《中华人民共和国招标投标法》规定，招标代理机构应具备以下条件：

1）有从事招标代理业务的营业场所和相应资金；

2）有能够编制招标文件和组织评标的相应专业力量；

3）有符合规定条件，可以作为评标委员会成员人选的技术、经济等方面的专家库。

（2）招标代理机构组织形式 招标代理机构是从事社会中介的经营性法人组织，其组织机构按《公司法》的规定组建，通常采用经理负责制，设总经理、副总经理，下设各职能部门，其机构形式如图 4-2 所示。

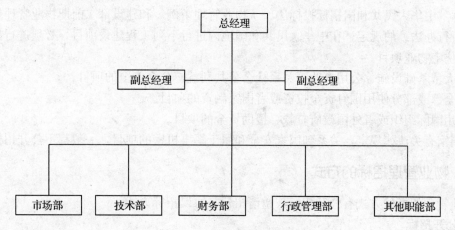

图 4-2 招标代理机构组织形式

5.2.4 物业管理的招标人

招标人是依照规定提出招标项目、进行招标的法人或其他组织。物业管理的招标人具体有：

1. 业主委员会

业主委员会是在物业管理区域内代表全体业主对物业实施自治管理的组织。它一般是在房地产行政主管部门指导下，由业主大会选举产生，并代表全体业主行使权利。业主委员会作为招标人的，通常经业主大会讨论决定。

2. 房地产开发单位

一般来说，如果物业区域未成立业主委员会的，除规定由开发单位负责物业管理的，应由房地产开发单位组织选聘物业服务企业。

5.2.5 对招标人的行为规范

招标活动中招标人不得出现违规行为，必须遵循国家有关法律法规的规定。

1）招标人不能直接管理物业或者指定物业公司管理其已出售的物业；也不能在招标文件中含有倾向或者排斥潜在投标人的内容。

2）招标人不得向他人透露已获取招标文件的潜在投标人的名称、数量以及可能影响公平竞争的有关招标投标的其他情况。

3）招标人设有标底的，标底必须保密。

4）招标人对已发出的招标文件进行必要的澄清或者修改的，应当在招标文件要求提交投标文件截止时间至少15日前，以书面形式通知所有招标文件收受人。该澄清或者修改的内容为招标文件的组成部分。

5）招标人应当确定投标人编制投标文件所需要的合理时间。自招标文件开始发出之日起至投标人提交投标文件截止之日止，最短不得少于20日。

6）在确定中标人前，招标人不得与投标人就投标价格、投标方案等实质内容进行谈判。

5.2.6 物业管理招标的范围

根据《中华人民共和国招标投标法》、《物业管理条例》和建设部《前期物业管理招标投标管理暂行办法》的规定，在中华人民共和国境内进行下列工程建设项目，必须进行招标：

1）住宅物业项目。

2）大型基础设施、公用事业等关系社会公共利益、公众安全的项目。

3）全部或部分使用国有资金投资或者国家融资的项目。

4）用国际组织或者外国政府贷款、援助资金的项目。

但国家有关法律规定，关系到国家安全和属于军事机密的项目，一般都不公开招标。

5.2.7 物业管理招标的方式

物业管理招标的方式有公开招标、邀请招标、协议招标方式。

1. 公开招标

公开招标是指招标人以招标公告的方式，邀请所有愿意参加投标的物业服务企业参加投标的方式。

其优点是透明度高，规范性好，系统、完整，能够很好体现招标公平、公正、合理的原则，招标方选择范围较大；缺点是竞标单位多，工作量大，时间长，成本较高。公开招标适用于规模较大的物业项目，尤其是收益性物业。

2. 邀请招标

邀请招标是指招标人以投标邀请书的方式邀请特定的物业服务企业（一般为3个以上）参加投标的招标方式。根据《中华人民共和国招标投标法》的规定及物业管理招标实践，被邀请的物业服务企业应具备以下条件：

1）具有独立法人资格的物业服务企业。

2）符合招标规模要求的资质条件。

3）当前及过去的财务状况良好，具有近期内所管理物业情况的报告。

4）具有良好的信誉。

邀请招标优点是节省时间，降低成本；可保证投标企业的质量，达到投标效果。缺点是可能遗漏一些有较强竞争力的物业服务企业。它主要适用于规模较小的物业管理项目，但在目前实践中，被广泛采用。

前期物业管理招标应采取公开招标和邀请招标。

3. 协议招标

协议招标也称谈判招标或制定招标，是由招标人直接选择一家或几家有承担能力的物业服务企业，与之协商谈判，达成协议；但须经物业所在地的区、县人民政府房地产行政主管部门批准，方可以采用协议方式选聘具有相应资质的物业服务企业。

其优点是节省时间、成本，较易获取有竞争力的标价；缺点是若同时与几个投标人谈判，易产生不合理竞争，人为性、主观性较强，对招标人要求较高。它适用于小规模的物业管理项目；续聘原物业服务企业；对于在使用中有保密、安全等方面特殊要求的物业。

5.2.8　物业管理招标的程序

1. 成立招标机构

招标人具有编制招标文件和组织评标能力的，可以自行办理招标事宜；招标人也可自行选择招标代理机构，委托其办理招标事宜。

2. 编制招标文件

《中华人民共和国招标投标法》明确规定："招标文件应当包括招标项目的技术要求、对投标人资格审查的标准、投标报价要求和评标标准等所有实质性要求和条件以及拟签订合同的主要条款"。根据《中华人民共和国招标投标法》及国际惯例，结合我国地方物业管理招标规定及其实践，物业管理招标文件一般包括以下几种：招标公告或投标邀请书、投标须知、相关附件等。

（1）招标公告或投标邀请书　招标公告用于公开招标，投标邀请书用于邀请招标。它们通常包括以下内容：

1）招标单位（开发商或业主委员会）名称；

2）物业项目名称、地点、性质（类别）、用途、建筑面积等；

3）物业管理要求概述；

4）投标单位条件；

5）获取招标文件的方法、时间、地点及相关费用；

6）投标报名截止日期；

7）报送投标书截止日期；

8）招标单位的地址、电话等有关事项。

（2）投标须知　投标须知包括投标人须知，技术规范和要求，合同格式和合同条件等。

1）投标人须知。投标人须知是为整个招标投标过程制定规则，它一般有以下主要内容：

① 招标文件说明书主要对招标文件的适用范围、构成、招标文件的澄清及修改进行说明，并定义常用名称。

② 投标书的编写及递送程序。要求详细列出对投标书编写的具体要求及其递送程序。其主要内容有：投标书所用的语言、计量单位、投标文件的组成、格式、份数、递送方法、截止日期、投标报价、投标保证金及必要的证明文件。

③ 开标和评标。这部分应说明开标的时间、规则；评标的原则及标准，尤其是量化标准；投标人必要时有权澄清其投标文件内容的说明。

④ 授予合同。这部分内容通常包括定标准则，"不选择最低报价"的声明，接受和拒绝任何或所有投标的权利，中标通知，履约保证书及其保证金，标前会议时间等。

2）技术规范和要求。这一部分主要是说明管理服务的具体要求和标准，并且在技术规范部分，出具详细精确的物业说明书。它通常包括物业地址、地理位置、占地面积、住户数及物业的各个组成部分，如建筑物的建筑结构，材料、设备与设施的选用与安装、物业环境及配套设施等情况。另外，物业说明书一般与物业设计施工图纸等附在附件中。

3）合同格式和合同条件。合同应包括以下条款和内容：总则，包括对合同中的名称示意，写明其适用范围、适用法律、语言及计量单位等；技术规格和标准，物业服务费的计算，履约保证金，不可抗力，争议解决，违约责任，合同的争执及修改，合同的份数，生效及期限，其他需要的特殊条款等。

（3）相关附件　附件是对招标文件主体部分文字说明的补充，一般包括投标书格式、授权书格式、开标一览表、投标人资格的证明文件格式、协议书格式、物业说明书及物业的设计、施工图纸等。

3. 发布招标公告（投标邀请书）

采用邀请招标的，开发商或业主委员会需向自己挑选的物业服务企业发出投标邀请书并同时出售招标文件；采用公开招标的，开发商或业主委员会应通过报纸、杂志、电视、网络等媒体发布招标公告。有特殊要求的应通过政府制定的媒体发布。招标人应在出售招标文件前对前来投标的物业服务企业进行资质预审。招标人通常会把资质预审文件编制成表格，一并出售给投标企业。

（1）资质审查的主要内容　资质审查的主要内容有企业营业执照、企业性质、财务状况、管理经验和人员、技术装备、企业信誉、资质等级证书、有无投标保证书、已承担的项目等。

（2）资质预审文件　资质预审文件一般包括以下表格：

1）资格预审申请书。申请书一般有申请人名称、地址、联系方式、致招标人的申请函等。其中，致招标人的申请函应包括以下内容：资格预审申请、得到进一步资料的方式、申请中有关文件的澄清方式等。申请书要法人代表或授权的代理人签字并作声明。

2）财务状况表。财务状况表基本数据有注册资金、实有资产、流动资产、固定资产，以往物业管理经营盈利或者亏损情况表等。

3）物业管理组织机构计划表。一般有物业服务企业组织框图、组织框图说明、股东名单、下属企业名单等。

4）拟派人员名单表。拟派人员包括管理人员、技术人员、专业服务公司人员及其他人员的数量和从事物业管理经营的年限、工作经历等。

4. 召开标前会议及现场勘查答疑

招标机构通常在投标方购买招标文件后安排一次投标方会议，即标前会议，以澄清投标方提出的各类问题。

标前会议通常在招标人所在地（招标项目所在地）进行。在会议期间，其记录和各种问题的统一解释或答复，应视为招标文件的组成部分。如与原招标文件冲突，以会议文件为准。并且，标前会议上应宣布开标日期。

有的投标单位会以来信、发电子邮件、发传真、打电话等形式询问，招标单位在接到后，要尽快予以解答。

另外，招标方应组织有关投标物业服务企业到实地勘查物业现场，并结合物业现场情况，解答投标单位提出的招标文件中的疑问。

5. 开标、评标和定标

（1）收存投标书　招标人应在约定的时间收存投标书，收到时，应签收保存（通常封入标箱），不得开启。投标人少于 3 个的，招标人应重新招标。投标人在招标文件要求提交投标文件的截止时间前，可以补充、修改或者撤回已提交的投标文件，并书面通知招标人。

（2）开标　开发商或业主委员会收到物业服务企业密封的投标书后，经过审查，认为各项手续均符合规定时，即可收存，并在公开预定的时间、地点当众拆封开标，公平宣读各物业服务企业的标的，并声明不论服务费高低均有中标希望。开标时，应公开召开开标答辩会。

（3）评标　评标委员会一般由 5 人以上的单数组成。评标约需要 1 到 3 个月时间，此间，招标委员会应从多方面研究物业服务企业的投标书，必要时还要召开答辩会。评标一般在严格保密的状况下进行。在评选过程中，应以服务费报价、服务质量和管理方案作为主要衡量标准。

（4）定标　招标人根据评标委员会提出的书面评标报告和推荐的中标候选人确定中标人，也可授权评标委员会直接确定中标人。若评标委员会否决所有投标，招标人应重新招标。

6. 发出中标通知书与签订合同

定标后，招标人应向中标人发出中标通知书，并同时将中标结果通知所有未中标的投标人。中标通知书产生法律效力。

发出中标通知书 30 日内，双方应按招标文件及中标人的投标文件，签订物业服务合同。同时招标人应对招标过程中形成的一系列契约和资料进行整理、封存，以备查考。

至此，招标工作结束，开发商或业主委员会按约移交物业，签约的物业服务企业组织中标后的日常物业管理。

5.3　物业管理投标法律制度

5.3.1　物业管理投标概述

1. 物业管理投标的概念

投标是与招标相对应的过程，指物业服务企业选择物业项目并在接到招标通知后，根据招标通知的要求编制投标文件，并将其递交给招标人的行为。此概念包括以下要点：

1）物业管理投标人是特定的，只有符合一定条件的物业服务企业才可成为投标人。这在《中华人民共和国招标投标法》和一些地方物业管理招标投标规定中都有体现。根据法律规定及实践操作经验，物业服务企业必须具备下列具体条件方可参加投标：

① 经过工商管理部门登记注册的物业服务企业，即取得《企业法人营业执照》；

② 具有招标项目所要求的资质等级，即取得相关部门颁发的等级资质证书；

③ 符合招标文件所规定的其他要求。

2）物业管理投标的客体属于服务性项目。

2. 物业管理投标的原则

物业管理招标遵循公开、公平、公正、合理的原则，作为与招标相对应的过程，物业管理投标应遵循真实性原则和正当竞争原则。

（1）真实性原则　主要是指投标人的投标书内容要真实，不能弄虚作假。实际操作中，招标人为保证投标真实，可要求投标人出具投标保证书，并交纳一定的保证金。

（2）正当竞争原则　在投标时，应倡导投标人遵循职业道德，公平、公正进行竞争，反对不正当的竞争行为。竞投的企业要约束自己，不搞不正当竞争，如如实编写投标书，反映自己真实的投标意愿、经营能力和技术水平，不与其他物业服务企业相互勾结，哄抬标价。

物业管理投标的这两个原则需要法律规范和行业自律来共同约束。

5.3.2　物业管理投标的组织机构

在投标的过程中，物业服务企业中负责投标工作的部门称为投标的组织机构。为保证投标工作的顺利进行，物业服务企业投标时，与物业管理投标活动密切相关的开发部、财务部、工程部要参与投标工作。

5.3.3　物业管理投标的程序和方法

1. 投标可行性分析

投标可行性分析是选择物业项目，决定是否参与投标的关键性工作。它一般包括以下内容。

（1）招标物业项目条件分析　物业项目条件分析的内容包括：物业项目性质、面积、建筑结构、住户概况、开发商信誉、物业服务等；此外，还要对特殊服务、物业招标背景等条件进行分析，关键要看物业项目是否符合物业服务企业的拓展计划。

（2）物业服务企业投标条件分析　针对物业项目条件的分析结果，分析自己在投标中的优势条件，首先看自己在技术、财务、人力等方面是否能够承担招标项目；其次，应根据自己的相关物业管理经验及其他可能参与竞标的物业服务企业的情况，分析自己优势和劣势。

（3）风险分析　风险分析是指要结合前两项分析结果，对物业服务企业自身在竞标及假设中标管理过程中，可能面临的种种风险进行分析。风险主要包括来自自身管理不善及业主不配合等方面的经营风险、来自社会金融环境的金融风险、来自自然的不可抗力风险及其他风险。

作出风险分析后，物业服务企业应积极应对，制定方案予以规避。

作完可行性分析后，物业服务企业应明确投标意向并成立工作机构。

2. 递送投标申请书并申请资格预审

物业项目若是采用公开招标方式，物业服务企业在经过可行性分析后，如果决定参与投标，则应按要求提交相应的申请文件，提请资格预审。

3. 购买、阅读招标文件并考察物业现场

收到招标邀请书或参与公开招标，通过资格预审的物业服务企业可按规定的地点、时间及程序购买招标文件。

取得招标文件后，首先应详细阅读全部招标文件内容，弄清其各项规定，研究其图纸、设计说明书和管理服务标准、范围和要求，使制定的投标书和报价有比较可靠的依据；其次，应根据招标文件对现场进行实地考察，有时开发商或业主委员会会组织投标者统一参观现场并作必要介绍。

但有一点应予以注意，即可能会出现招标文件前后不一致甚至矛盾或者是招标文件与现场不符、招标文件内容不清晰等现象，一旦这种现象发生，因可能影响标价制定或中标合同签订，必须给予足够的重视。

4. 列出管理服务方法和工作

根据招标文件中的物业情况和管理服务范围、要求，详细列出完成所要求管理服务所需要的人、物的数量及质量，还包括完成服务的方法，从而制定和规划管理服务内容及工作量，并应根据物业性质，作出管理重点分析。

5. 确定单价并进行投标决策

认真研究与招标物业存在可比性物业的收费情况，但每一物业管理的特点不同，因此，不能套用一种单价，应具体问题具体分析，弄清竞争对手的情况，在确定单价时要从战略、战术上去进行研究。

6. 编制和投送标书

（1）编制标书　投标单位在作出报价决策之后，应组织编写人员分工合作，按照招标文件的各项要求编制标书。

1）标书的组成

① 投标致函。它是投标者的正式报价信。

② 附件。它一般包括公司简介、公司营业及资格证明文件、公司对合同意向的承诺、物业管理专案小组的配备、物业管理实施规划等。

2）标书的主要内容

① 投标企业简介在介绍投标单位的位置、规模、经营资质等级、企业性质、机构、资本、人员结构等基本情况的同时，着重介绍现辖物业类型、名称、管理面积及历年获得的效绩、成果、经验。

② 分析投标物业的管理特点，通过对投标物业建筑结构、配套设施、周边环境、居民结构等方面进行分析，综合其布局、功能上的特点，列出管理上的难点，提出相应的管理措施。

③ 拟定质量管理目标和采用的管理方式。质量管理目标是管理单位在合同期内应取得怎样的社会效益、经济效益、环境效益。管理方式是管理单位对投标物业在管理运作、综合服务等方面拟采用的方式，如实行"一体化管理"、推行 IS09002 质量体系规范化运作等方式。

④ 拟定管理服务内容，包括开发建设期间将提供的管理服务内容、物业竣工验收期间的管理服务内容、住户入住及装修期间的管理服务内容、实质运作期间的管理服务内容。重点是实质运作的管理服务内容。它大体分为房屋管理、保安、清洁、维修、绿化、社区文化活动等服务，内容力求周详。

⑤ 物质装备计划。本着合理配置、保障利用的原则，对员工住房、管理办公用房以及各类设备和用具，拟出一个周密的计划，计划中应确切列出住房面积、物品分类单价及金额。

⑥ 管理人员配备。根据物业实际需求设置管理骨干、专业人员，力求精简高效。在管理层、操作层人员的年龄、学历、职称（技术人员）、用工类型上均要按一定比例配置。针对各岗位应制定出相应的岗位职责和条件。

⑦ 管理规章制度，包括管理单位员工内部制度和约束各方的公共契约。各项制度均要

以国家法律为准绳，以地方政府相关法律为依据，结合实际而定，使之具有合法性、实用性和可操作性，也才能产生约束力。

⑧ 档案建立与管理的设立应按标准化、现代化建立档案管理流程，将系统收集环境资料（图片）、建筑工程资料、图纸、住户档案资料、装修维修记录、文书档案、财务报表、小区荣誉等各类资料进行整理、分类、编目进入电脑储存，以备检查。

⑨ 经费收支预算，根据招标文件中提供的数据以及实地考察了解的材料进行测算，制定经费收支测算表。

⑩ 提出经营、管理、服务的新思路，为提高管理水平，投标者可在创建安全文明单位，实施科学化、规范化管理，开展增收节支，服务承诺等诸方面提出既务实又能体现创新的思路，以确保管理目标的实现。

3）编制标书应注意的问题：

① 投标文件中的每一空白均需填写，如有空缺，则视为放弃意见；

② 投标文件应字迹清楚、整洁、纸张统一，装帧美观大方，最好用打印方式；

③ 计算数字要准确无误，无论单价、合计、分部合计、总标价及其大写数字均应仔细核对；

④ 标书不得涂改，个别字句如经修改，应在修改处加盖投标单位负责人的印章。

（2）投送标书

1）投递方式：投标人可派专人将编制好的标书投送给招标人，也可通过邮寄方式投送。

2）投送惯例：

① 标书应准备正、副本（通常正本一份，副本两份）；

② 每份正、副本单独包装，用内、外两层封套分别包装、密封，并打上"正本"或"副本"印记；

③ 按投标邀请书的规定，在两层封套上写明投递地址及收件人，注明投标文件的编号、物业名称、某日某时（指开标日期）前不要启封等；

④ 内层封套上写明投标人的地址和名称；

⑤ 封套上要有法人签字并有投标单位公章。

7. 参加开标会议及招标答辩

投标物业服务企业在接到开标通知或等到开标日期时，应在规定的时间内，到开标地点参加开标会议。答辩人要做好答辩的思想和资料准备，在答辩时说明本单位的基本情况、参加投标的意图、投标的措施等内容。

8. 中标后签订合同，未中标的总结投标

中标的物业服务企业应与招标方签订合同，业主与物业服务企业双方应按照合同规定行使权利、履行义务。中标物业服务企业应着手组建物业管理专案小组，制定工作规划。未中标的物业服务企业应认真分析原因，总结经验。

9. 资料整理与归档

在竞标结束后将一些重要文件进行整理与归档，以备查核。这些文件包括：

1）招标文件。

2）招标文件附件及图纸。

3）对招标文件进行澄清和修改的会议记录的书面文件。

4）投标文件及标书。

5）同招标方的来往信件。

6）其他重要文件资料。

5.3.4　对投标人的行为规范

在投标活动中，投标人不得出现违规行为，必须遵循国家有关法律法规的规定。

1）不得相互串通投标，不得排挤其他投标人的公平竞争，不得损害招标人或者其他投标人的合法权益。

2）不得与招标人串通投标，损害国家利益、社会公共利益或者他人的合法权益。

3）禁止以向招标人或者评标委员会成员行贿等不正当手段谋取中标。

4）不得以他人名义投标或者以其他方式弄虚作假，骗取中标。

5）投标人应当具备承担投标项目的能力，即参加投标的物业服务企业应当有依法取得的资质证书，并在资质等级许可的业务范围内承揽项目。

6）投标人应当按照招标文件的要求编制投标文件，并按照招标文件要求提交投标文件的截止时间前，将投标文件送达到投标地点。投标人在招标人要求提交投标文件的截止时间前，可以补充、修改或者撤回已提交的投标文件，并书面通知招标人；补充、修改的内容为投标文件的组成部分。

7）投标人根据招标文件载明的项目服务内容，拟在中标后将中标项目的部分专业性服务进行再次招标或分项承包给他人的，应当在投标文件中载明。

8）投标人不得以低于成本的报价竞标。

5.4　物业管理开标、评标、定标

5.4.1　物业管理开标

1. 物业管理开标概念

物业管理开标是指招标机构在预先规定的时间将各投标人的投标文件正式启封揭晓。物业管理开标概念中包含以下两个要点：

1）开标人，一般由业主委员会或开发商组织的招标委员会主持进行。

2）参加开标的人员包括：

① 招标单位上级主管部门；

② 当地招标投标管理机构；

③ 开户银行；

④ 标底编制单位有关人员；

⑤ 招标物业设计单位有关技术人员；

⑥ 投标企业代表（其法人代表或具有授权书的委托代理人）和主要工作人员；

⑦ 法律公证部门。

3）开标时间为预先约定的时间，一般指在招标文件中作出正式规定的时间。通常安排在投标人递交投标书的截止日之后 2～3 日内或紧接截止日之后。如有特殊情况需推迟开标的，必须事先以书面形式通知各投标企业。

2. 开标形式及其程序

物业管理开标形式有两种：公开开标和秘密开标。

（1）公开开标及其程序　公开开标是指允许所有投标人或其代表出席开标会议，由招标人面对到场所有投标人或其代表将装有投标书的封套当众揭开，并宣读投标报价的一种开标方式。其一般程序为：

1）宣布评标委员会成员名单。

2）招标单位法人代表讲话，介绍此次招标情况。

3）招标委员会负责人宣布唱票内容、评标纪律、注意事项和评标原则。

4）宣布因投标书迟到或没有收到而被取消资格的投标企业名称，并将此情况记录在案，必要时由评标委员会和公证人签字。

5）公证人当场验证投标标函，主持抽签，决定唱标顺序。

6）唱标，由评标委员会主席按交标顺序逐个启封，检查是否合格。

不合格的标书包括以下几种情况：

① 未加盖投标企业法人代表印鉴或签字的标书；

② 标书未密封或密封后未加盖投标企业公章；

③ 逾期送达的投标书；

④ 投标企业法人代表未按时参加开标会议；

⑤ 未按规定格式填写，字迹模糊、难以辨认或内容不全的标书。

不合格标书应当场宣布作废，然后由合格的投标单位宣读其投标文件。

投标者在宣读标书时对于评标委员会成员的提问应及时说明，但对投标标价和承包期限等实质性内容不得改动。其他人员在投标公司宣读标书时则不能提出任何疑问。

7）宣读公证词，表明本次开标经公证有效。

8）开标会议结束，编写开标会议纪要。

（2）秘密开标及其程序　秘密开标相对于公开开标而言，是指招标机构在无投标企业现场参与情况下所进行的开标。这是一种业主在不愿各投标企业掌握全部标价时所采取的自由选择投标人的开标方式。除无投标企业参加以外，秘密开标的其他程序与公开开标基本一致。

（3）开标结果　无论以哪种形式开标，其结果都有三种：

1）与业主议标。

2）未中标。

3）此次投标作废。若开标时出现下列情况，可能使投标作废：

① 招标人认为各投标人标价都过高和无法达到招标文件所规定的服务要求；

② 合格投标文件过少，不能保证一定的竞争性。

宣布投标作废后，招标人一般应组织第二次招标。

招标委员会将在定标之后报投标结果并正式通知各投标人。

5.4.2　物业管理评标

1. 评标的概念

评标是指开标之后（即投标书已经开启，报价已经宣读），评标委员会本着公开、公平、公正的原则，对投标书进行评定，并由招标委员会选择推荐标价较低、资信条件较好的几个投标企业为候选的中标单位。评标的概念中包含以下要点：

评标应在开标之后，顺序不能颠倒；评标组织机构为评标委员会。评标委员会可由招标单位组织具有相应专长的内部人员组成或同时邀请相关专家参加，也可由专业咨询公司代理。对于评标委员会，有以下规定：

① 有权索取参加投标物业服务企业的有关资料，但必须通过物业管理招标办公室，在开标前不得私自与各参加投标单位联系；

② 有权到投标企业所管理物业实地考察，但必须由招标办公室人员陪同；

③ 评标委员会委员及其亲属不得以任何形式在招标前后接受各参加投标单位的宴请和任何礼品；

④ 评标委员会委员本人及其亲属若与参加投标单位有利害关系并可能影响自己在评标过程中的公平、公正立场，应向物业管理招标办公室提出回避申请；

⑤ 评标委员会委员不得以任何形式向其他委员施加影响；

⑥ 评标委员会成员不得透露对投标文件的评审和比较、中标候选人的推荐情况以及与评标有关的其他情况。

2. 评标程序

(1) 初步审查标书　评标委员会审查的内容主要有：

① 投标人投标资格审查，即审核投标企业是否符合投标条件；

② 投标书内容完整性检查，包括投标书编写的格式与递交方式是否符合招标文件的要求；是否有指定人的签字；是否附有投标企业代理人的身份及授权证明；是否按规定交纳保证金或投标保函；投标文件是否对招标文件作出完全响应，并具有应有的承诺。

一般来说，若实质性内容不完整，则应拒绝收取标书；否则，可要求投标企业加以澄清，将条件补齐后，仍可参加评标。

③ 计算偏差审查，包括查明计算错误；标书中所用数字的大小写是否一致等审查。审查后，如有偏差，评标委员会应在通知投标人并征得其同意的情况下予以更正；若投标人不同意更正，则招标者有权拒绝其投标，并没收其投标保证金。

(2) 详细评审标书，评议物业服务企业的答辩情况　其主要内容包括：

1) 关于企业概况及其信誉的评审。在招标过程的资质预审中，已对企业概况包括其信誉作过审查，在此，要对其内容作进一步核实，尤其是对企业在管理工作中管理者和员工的素质作出考评。另外，应注意考察企业是否确实拥有包括工程师、物业经理、人事培训人员、质量控制人员、各类专业技术人员等在内的良好团队，以及物业服务企业是否拥有良好的运作体系。

2) 关于管理服务方案的评审。管理服务方案是物业服务企业为投标所作的计划与设想，应包括服务机构设置评审、服务措施评审、标价评审等。

① 服务机构设置评审：主要评审其机构设置是否符合招标项目实际需要，其管理人员、工作人员数量、素质、职称结构等是否满足要求。

② 服务措施评审：主要评审其管理方法的选择、各种技术力量的拥有程度、管理设备的配备等方面是否能够保证服务质量，同时具有可行性。

③ 标价评审：主要评审投标报价和标底价是否接近，标价的构成是否合理可靠，标价

是否能满足管理服务需要等内容。

3）评议物业服务企业的答辩情况。主要评议答辩人的答辩情况，包括答辩内容如何，能否正确迅速地回答问题，回答问题是否合理等。

（3）编写评标报告　在作完标书的详细评审及对答辩情况作出评议后，评标工作人员将根据这些记录，整理出评标情况报告，并推荐出前三名候选的中标单位，上报招标方或评标委员会作最终决定。评标报告的主要内容应包括：

列出参加竞标的公司总数及各自名称，以及因各种原因其标书被列为"废标"的投标企业名称；概述评标的具体原则、方法等；评述可能中标的几份标书；分析标价的合理性、与标底价的比较结果；说明标书是否符合招标文件要求；评价投标企业资信及类似经验等。

一般来说，评标委员会或招标方会根据所推荐的投标企业情况，从中选择其标书最合理、最符合实际需要、最经济、并且风险最小的物业服务企业定标。

3. 评标方法

物业管理招投标属于服务性项目招投标，这使其标价的确定具有很强的灵活性。由此，要想实现平等的竞争，体现公正、合理的原则，必须要有科学的评标方法。一般来说，评标方法会因不同的评标人员、不同的招标项目或者不同的物业管理招标环境等而有所不同。目前，我国物业管理评标实践常用的评标方法有如下两种。

（1）低价评标法　该法适用于通过了严格资格预审以及其他评标内容都符合要求的物业服务企业标书的评定。其具体做法是将投标者按报价高低依次排队，取其报价接近标底而略低于标底的投标者若干个，再结合投标文件中的具体实施措施，综合比较，择优定标。

（2）打分法　该法适用于评标人员具有较好的专业判断及丰富经验的招标项目，在目前实际中较多采用。其具体做法是：评标委员会按标准将事先准备的评标内容划分为若干指标，并就每一指标确定其评分标准；然后由评标委员会根据投标企业的投标书，对照招标文件规定的管理目标对该企业每个指标所能达到的满足程度给予评分；最后统计投标者的得分，得出投标企业的总评分。

5.4.3　物业管理定标

1. 定标的概念

定标也称决标，是指业主委员会或开发商根据评标委员会对所有标书进行的筛选评定结果，再次评审，并最终确定中标人的过程。

2. 定标程序

（1）评审

评审包括以下内容。

1）服务质量。主要评审投标企业所提供的服务质量保证措施是否可靠，检查投标书中质量监控体系是否健全，以及该企业以往对同类物业管理的质量监控情况，考察主要管理负责人的素质和以往的管理经验。

2）报价及补充说明。比较分析报价总金额与标底存在差异的主要原因。如果大多数投标报价均与标底相差太大，招标者则应重新审核标底，直至查明主要原因。若招标者在标书中有补充说明报价确定的有关内容，也应记入总标价考虑。

3）主要服务方式与特殊服务。即业主委员会要评价投标企业提供服务的方式是否得当，特殊服务是否能确实到位，必要时可请专家作进一步论证。

（2）定标　定标是决定出中标者的具体过程。一般来说，为体现物业管理招投标公开、公平、公正、合理的原则，定标采用的方法和考虑的主要因素在投标须知中已注明。所以，定标只是广义招标过程的一个组成部分。

1）定标原则：

① 尊重评标结果。物业管理招标人（开发商或业主委员会）一般会对评标委员会的推荐中标者名单予以充分重视，对评标结果给予足够考虑。

② 报价最低原则。一般来说，物业管理招标人会选择报价最低的投标定标，但这并不意味着招标人一定选择最低报价者。在招标文件中，一般招标人会作出"不承诺选择最低报价"的声明。例如，如果投标者的标价最低，但经审查，其服务内容不能符合招标项目要求，这样的标书则不能予以定标。而且如果投标企业报价远远低于招标底价，这时，招标者应对其标价的组成及计算方法给予更多重视，防止发生不正当竞争行为。

2）定标方法。一般来说，招标人会根据评标委员会的评标结果，在遵循上述原则的基础上，采用综合评议法进行定标。一般先选择报价最低的投标书，然后针对投标企业情况及投标书包括报价予以综合评议，认为合理的，才予以定标。若通过综合评议，认为该投标书不能定标，则考虑下一份报价最低的投标书。这样，确定出中标企业。

（3）定标后的工作　定标结束，即选择出中标人后，招标人（业主委员会或开发商）还应作以下工作：

1）针对中标企业的工作

① 向中标企业发出中标通知书。还可向中标企业发出一份授标意向书，授标意向书具有法律约束力；

② 双方进入合同谈判阶段，并签订正式承包协议；

③ 中标企业提交履约保函，收回投标保函；

④ 中标企业派驻人员进驻物业现场，提供投标书中承诺的服务。

2）针对未中标企业的工作

① 向未中标企业发出未中标通知书；

② 退回未中标企业所提交的投标保函或保证金。

3. 定标的有关规定

（1）定标的限制性规定　招标人必须在评标委员会依法推荐的中标候选人以内确定中标人；依法必须招标的项目，若所有投标人被评标委员会否决后，招标人不能在落选的投标人中挑选相对于其他投标人比较符合招标文件要求的作为中标人，也不能另外进行一对一的谈判，擅自确定中标人，而应当根据法律规定的程序重新进行招标。

（2）中标条件的规定　《中华人民共和国招标投标法》明确规定两种中标的条件。

1）能够最大限度地满足招标文件规定的综合评价最佳的投标中标。即按照招标文件事先的规定，按照价格标准和非价格标准对投标文件进行总体评估和比较，以能够最大限度地满足招标文件规定的各项要求的投标作中标。

2）能够满足招标文件的实质性要求，且以经评审的最低投标价中标。这里面包括以下三个含义：

① 满足招标文件的实质性要求，这是投标中标的前提条件，若投标不符合招标文件的

要求，即使投标价格再低，也不在考虑之列。

② 经评审的最低投标价，而不是报价最低的投标。

③ 投标价格不得低于成本。国家鼓励投标人通过提高技术、改进工艺、加强管理来降低成本，但若投标人以低于成本的价格恶意抢夺中标，不能作为中标的考虑对象。

物业管理项目招标投标中，物业管理服务的质量是评标的重点。因此，除投标报价外，投标物业公司的装备、人才、服务质量和综合能力显得更为重要，一般应采用最佳综合评价法，用综合打分的方法，选出最佳的中标人。

(3) 中标单位应当按照合同履行义务 《中华人民共和国合同法》规定，当事人应当按照约定全面履行自己的义务。招标人和中标人签订合同后，中标物业公司应当按照约定亲自履行、全面履行合同义务，保质、保量完成中标物业管理工作。中标物业管理单位不得以任何方式向其他物业公司转让中标物业；也不能将中标物业肢解后分别向其他物业公司转包。

(4) 分包的限制性规定 分包是指对中标物业项目实行总承包的物业单位，将其总承包的中标物业项目的某一部分或者几部分专业工作，再发包给其他的专业公司承包，并与其签订总承包合同下的分包合同的行为。《中华人民共和国招标投标法》明确规定，中标人可以将中标项目分包出去。但对分包作了一些限制性规定。根据该法规定，中标物业公司在实行分包时有如下限制：

1）物业管理项目分包必须经过招标人同意或者按照合同规定；

2）中标物业单位分包的只能是物业管理项目的部分非主体、非关键性工作如各分项专业工作，不能将物业项目的主体和关键性工作分包给其他物业公司完成；

3）接受分包的专业公司应当具备相应的资格条件，以保证整体工作的质量；

4）分包只能进行一次，接受分包的专业公司不能将其分包的工作再次分包；

5）中标物业公司应当就分包的专业工作向招标人负责，接受分包的专业公司就分包项目承担连带责任。也就是说，因分包工程出现的问题，招标人既可以要求中标物业公司承担责任，也可以直接要求分包的专业公司承担责任。

小　　结

物业管理招标是指物业业主或开发商根据市场及物业管理的需要，提出一定的标准条件，向社会或者若干特定的物业服务企业发出投标邀请，经过科学的分析，选取最佳的物业服务企业并与之签订物业服务合同的过程。物业管理招标一般有公开招标、邀请招标和协议招标三种方式。物业管理招标应遵循"公开、公平、公正和诚信"的原则。招标人可以自行组织成立招标机构，也可以委托具有资质的招标代理机构招标。

物业管理投标是指符合招标文件要求的物业服务企业，根据招标文件要求，编制投标文件，参与投标活动的过程。在投标过程中应遵循公开、公平、公正、合理的原则。投标人的投标书内容要真实，不能弄虚作假。投标人遵循职业道德，公平、公正进行竞争，反对不正当的竞争行为。不搞不正当竞争，如实编写投标书，反映自己真实的投标意愿、经营能力和技术水平，不与其他物业服务企业相互勾结，哄抬标价。

招标人采取公开招标的，就必须在规定的媒体上公开地发布招标公告，把所需要达到的服务要求与条件公开告诉一切想参与投标的物业服务企业。在招标文件中向所有投标单位提供的招标条件都是一致的，招标人不得以不合理条件限制或者排斥潜在投标人，不得对潜在投标人实行歧视待遇。在评标过程中，要实事求是、科学准确，定标要合理，招标文件中载明的评标标准和评标方法是衡量所有投标书的尺度。最终选定的投标价格必须合理，不能接受低于正常服务成本的标价。定标以后，招标人和中标人应订立书面服务合同，并诚实履行各自的责任。招标人与中标人不得再行订立违背合同实质性内容的其他协议。

思　考　题

1. 什么是物业管理招标？
2. 什么是物业管理投标？
3. 招标人应该具备哪些条件？
4. 物业管理招标的方式包括哪些？
5. 物业管理招标应遵守哪些基本原则？
6. 对物业管理投标人有哪些行为规范要求？
7. 物业管理开标包括哪些内容？

练　习　题

一、单选题

1. 招标人采取邀请招标方式的，至少要向（　　）个以上具有相应资质的物业服务企业发出投标邀请书。

A. 3　　　　　B. 4　　　　　C. 8　　　　　D. 10

2. 评标委员会由招标人代表和物业管理方面的专家组成，成员为（　　）人以上。

A. 5　　　　　B. 6　　　　　C. 7　　　　　D. 13

3. 评标委员会完成评标后，应按照招标文件规定的评标标准和评标方法，推荐不超过（　　）名排序的合格的中标候选人。

A. 3　　　　　B. 5　　　　　C. 8　　　　　D. 9

4. 自中标通知书发出之日起（　　）日内，招标人应与中标物业服务企业订立书面合同。

A. 10　　　　B. 20　　　　C. 30　　　　D. 45

5. 新建现售商品房项目应当在现售前（　　）日完成物业管理招标投标工作。

A. 10　　　　B. 20　　　　C. 30　　　　D. 60

二、多选题

1. 物业管理招标可以选择的方式有（　　）。

A. 公开招标　　B. 邀请招标　　C. 协议招标　　D. 评标

2. 招标文件主要包括的内容有（　　）。

A. 投标函　　　　　　　　　B. 物业管理方案

C. 投标报价　　　　　　　　D. 招标文件要求提供的其他材料

3. 物业管理投标书应符合下列要求（　　）。

A. 符合招标书的要求　　　　B. 符合本物业项目管理及实际需求

C. 充分反映物业服务企业的特点　　D. 具有投标报价一览表

4. 物业管理招标原则有（　　　）。

A. 公开原则　　　　　　　　B. 公平原则

C. 公正原则　　　　　　　　D. 诚实信用原则

5. 在物业投标过程中禁止的行为有（　　　）。

A. 不得与招标人串通投标　　B. 不得以他人名义投标

C. 不得以低于成本的报价竞标　　D. 禁止向评标委员会行贿

三、判断题（请在正确的题后打√；在错误的题后打×）

1. 业主或业主大会招标的，一般应到县级地方人民政府房地产行政主管部门备案。（　　　）

2. 中标人确定后，应将中标结果通知所有未中标的投标人，但未中标的标书不再返还投标人。（　　　）

3. 中标通知书对招标人和中标人均具有法律效力。（　　　）

4. 中标物业服务企业应当就分包项目向招标人负责，接受分包的人承担连带责任。（　　　）

5. 物业管理投标文件使用两种以上语言文字的，必须有一种是中文。（　　　）

6. 招标人应在出售招标文件前对前来投标的物业服务企业进行资质预审。（　　　）

四、简答题

1. 试列举物业管理招标文件的内容。

2. 简述招标人的行为规范要求。

3. 简述物业管理投标的程序。

4. 简述物业管理定标中应注意的问题。

五、案例分析

【案例1】　某市某住宅小区面向全国公开招标。在招标文件中，开发商明确规定了标价应按确定价格报送，而且物业服务企业应在物业接管验收期间就接管物业开展工作；在服务内容上，除普通的日常管理外，还要求能提供病人照料、老年人护理及儿童上学放学接送等特约服务。在此次招标中收到的投标书中，经审查发现有5份投标书不尽符合要求，具体情况如下：

甲企业的标书：未按要求在部分文件上签字。

乙企业的标书：以固定价格报价，但要求调整报价。

丙企业的标书：注明接管物业日期为物业竣工验收之后的一个月内。

丁企业的标书：没有提出提供特殊服务的保证措施。

根据以上情况，上列中哪些标书不能通过预审？

【案例2】　某市吉苑住宅小区物业管理招标。在开标时，出现以下情况：

甲投标企业与乙投标企业同时委托天泽公司代理递交标书并参加开标会议，但招标者通知天泽公司代表只能代理投递一份标书，请其撤回另一份标书。根据以上事实，回答问题：

1. 天泽公司是否可以同时代理多家投标企业递交标书？

2. 投标者是否可以同时递交多份标书？

在宣布本次投标作废后，招标者说明，应邀参加二次招标的本次投标企业所交纳的保证金一律不予退还，待二次招标结束再根据中标情况予以退还。请问招标者的做法正确吗？

第 **6** 章

物业管理实务法律制度

学习目标

　　本章主要介绍物业管理法律法规运用的主要内容，在学习时应注意相关法律知识。应了解物业接管验收、物业设备管理、物业修缮管理及物业环境管理的基本概念、分类；熟悉物业服务企业在接管验收、设备管理、修缮管理及环境管理中的有关注意事项，物业接管验收和城市房屋修缮的标准；掌握物业接管验收、物业设备管理、物业修缮管理及物业环境管理的内容和物业接管的程序。

关键词

　　物业接管验收　　物业设备管理　　物业修缮管理　　物业环境管理

6.1　物业接管验收的法律制度

　　物业接管验收标志着物业管理工作全面启动，是物业管理中十分关键和重要的环节。物业通过接管验收后，就意味着物业开始正常使用，开发商的建设期结束。此后，物业公司对物业的安全、正常运行等负有义务和拥有管理物业的权利。对物业公司而言，物业接管验收的完成，标志着物业公司实质性管理的开始。为了规范物业接管验收行为，使物业接管验收有章可循、有法可依，国家制定了一系列法规和标准，主要包括：1991 年 7 月 1 日建设部颁发的《房屋接管验收标准》，2001 年 1 月 10 日发布的《建设工程质量管理条例》，1997 年 11 月 23 日建设部颁发的《提高住宅设计质量和加强住宅设计管理的若干意见》，1998 年建设部颁发的《商品住宅实行住宅质量保证书和住宅使用说明书制度的规定》，2002 年建设部颁发的《住宅室内装饰装修管理办法》。

6.1.1　物业接管验收概述

1. 物业接管验收的概念

　　物业接管验收是指物业服务单位对建设单位移交的新建房屋和实行产权转移的原有房屋，根据建设部《房屋接管验收标准》（ZBP30001—1990）及相关新标准进行综合检验，然后收受管理的过程。

　　为保证物业管理工作的正常开展，在物业接管验收过程中，物业公司要依据有关工程接管验收的行业标准，对建设单位或移交单位委托管理的物业进行综合检验，具体可参照《房屋接管验收标准》执行。

2. 物业接管验收与竣工验收的区别

接管验收是以对物业主体结构安全和满足使用功能为主要内容的再检验，其前提条件是物业竣工验收合格，才能进行物业接管验收。物业竣工验收是指一个建设工程项目经过建筑施工和设备安装后，达到了该项目设计文件所规定的要求，具备了使用或投产的条件，由建设单位会同设计单位、施工单位、设备供应单位以及工程质量监督部门，对该项目是否符合法律、技术规范和合同约定的要求进行全面检查验收。两者的主要区别是：

（1）验收主体不同　接管验收是企业行为，是物业服务企业代表全体业主（包括现有业主和未来业主）根据物业服务合同，从确保物业日后的正常使用与维修的角度出发，对物业委托方委托的物业进行的质量验收；竣工验收的主体是房地产开发建设单位和城市建设行政主管部门。

（2）验收性质不同　接管验收是为了再次检验物业主体结构安全与满足使用功能的状况；而竣工验收是为了查验房地产建设工程项目是否达到规划设计文件和建筑施工安装所规定的要求。

（3）验收目的不同　接管验收是物业公司为分清管理责任，对即将进行管理的物业进行质量验收；竣工验收是工程项目建成后，对工程质量合格与否的验收。

（4）移交对象不同　接管验收后，物业由建设单位转交给房管部门或物业公司；竣工验收后，物业由施工单位转交给建设单位。

3. 物业接管验收分类

按接管验收对象的性质分，物业接管验收可分为新建物业的接管验收和原有物业的接管验收。

（1）新建物业的接管验收　新建物业的接管验收发生在开发商与物业公司之间，包括开发商与选聘的社会专业物业公司之间、开发商与其自行组建的物业公司之间两种情况。

（2）原有物业的接管验收　原有物业的接管验收发生在两种情况下：一是发生在原有物业首次招聘物业公司之时；二是发生在物业公司的更换交替之时。原有物业的接管验收较新建物业的接管验收涵盖的内容更多，主要是检查物业外观的变异状态、房屋结构、装修和设备的完好与损坏程度等，工作难度更大。

6.1.2　物业接管验收应提交的资料

在接管验收时，建设单位或原管理单位应提供以下资料：

1. 新建房屋接管验收应提交的资料

（1）产权资料　包括：项目批准文件；用地批准文件；建筑执照；拆迁安置资料等。

（2）技术资料　主要包括：竣工图（包括总平面、建筑、结构、设备、附属工程及隐蔽管线的全套图纸）；地质勘察报告；工程合同及开、竣工报告；工程预决算；图纸会审记录；工程设计变更通知及技术核定单（包括质量事故处理记录）；隐蔽工程验收签证；沉降观察记录；竣工验收证明书；钢材、水泥等主要材料的质量保证书；新材料、构配件的鉴定合格证书；水、电、采暖、卫生器具、电梯等设备的检验合格证书；砂浆、混凝土试块试压报告；供水、供暖试压报告。

2. 原有房屋接管验收应提交的资料

（1）产权资料　主要包括：房屋所有权证书；土地使用权证书；有关司法、公证文书和协议；房屋分户使用清册；房屋设备及定着物、附着物清册等资料。

（2）技术资料　包括：房地产平面图；房屋分间平面图；房屋及设备技术资料。

6.1.3　物业接管验收程序

1. 申请

在物业接管时，建设单位或移交单位应书面提请接管单位接管验收。

2. 审核

在物业接管时，由接管的物业公司首先按照"接管验收应具备的条件"进行审核，再按照"接管验收的建设单位或移交单位提交的资料"进行审核，经审核具备条件的，应在 15日内签发验收通知并约定验收时间。

3. 验收

接管单位会同建设单位或移交单位按照《房屋接管验收标准》中的"质量与使用功能的检验"规定的标准逐项进行验收。检验范围包括：房屋的主体结构、外墙、屋面、楼地面、装修、电气、水卫、消防、采暖、供气、电梯、附属工程及其他项目等。

4. 责任协议

在物业接管验收中如发现存在质量问题，就其责任的承担，双方应达成协议。

（1）房屋接管验收发现质量问题的处理

1）影响房屋结构安全和设备使用安全的质量问题，必须约定期限由建设单位负责进行加固补强返修，直到合格。影响相邻房屋的安全问题，由建设单位负责处理。

2）对于不影响房屋结构安全和设备使用安全的质量问题，可约定期限由建设单位负责维修，也可采取费用补偿的办法，由接管单位处理。

（2）原有房屋接管验收发现质量问题的处理

1）属有危险的房屋，应由移交人负责排除危险后，方可接管。

2）属有损坏的房屋，由移交人和接管单位协商解决，既可约定期限由移交人负责维修；也可采用其他补偿形式。

3）法院判决没收并通知接管的房屋，按法院判决办理。

5. 接管签发

经检验符合要求的物业，接管的物业公司应在 7 日内签署验收合格凭证，并应及时签发接管文件。

6.1.4　物业接管验收标准

1. 新建房屋的接管验收标准

（1）新建房屋主体结构接管验收标准

1）地基基础的沉降不得超过《建筑地基基础设计规范》的允许变形值，不得引起上部结构的开裂或相邻房屋的损坏。

2）混凝土构件产生变形、裂缝，不得超过《混凝土结构设计规范》的规定值。

3）砖石结构必须有足够的强度和刚度，不允许有明显裂缝。

4）木结构应节点牢固，支撑系统可靠，无蚁害，其构件的选材必须符合《木结构工程施工质量验收规范》的有关规定。

5）凡应抗震设防的房屋，必须符合《建筑抗震设计规范》的有关规定。

（2）新建房屋外墙、屋面验收标准

1）外墙验收标准为外墙不得渗水。

2）屋面验收标准为：

① 各类屋面必须符合《屋面工程技术规范》的规定，排水畅通，无积水，不渗漏；

② 平屋面应有隔热保温措施，三层以上房屋在公用部位应设置屋面检修孔；

③ 阳台和3层以上房屋的屋面应有组织排水，出水口、檐沟、落水管应安装牢固、接口严密、不渗漏。

（3）新建房屋地面的验收标准

1）面层与基层必须粘结牢固，不空鼓。整体面层平整，不允许有裂缝、脱皮和起砂等缺陷；块料面层应表面平整、接缝均匀顺直，无缺棱掉角。

2）卫生间、阳台、洗漱间地面与相邻地面的相对标高应符合设计要求，不应有积水，不允许倒泛水和渗漏。

3）木楼地面应平整牢固，接缝密合。

（4）新建房屋装修工程验收标准

1）钢木门窗应安装平正牢固，无翘曲变形，开关灵活，零配件装配齐全，位置准确，钢门窗缝隙严密，木门窗缝隙适度。

2）进户门不得使用胶合板制作，门锁应安装牢固。

3）木装修工程表面光洁，线条顺直，对缝严，不露钉帽，与基层必须打牢。

4）门窗玻璃应安装平整，油灰饱满，粘贴牢固。

5）抹灰应表面平整，不应有空鼓、裂缝和起泡等缺陷。

6）饰面砖应表面洁净，粘贴牢固，阴阳角与线脚顺直，无缺棱掉角。

7）油漆、刷浆应色泽一致，表面不应有脱皮、漏刷现象。

（5）新建房屋电气的验收标准

1）电气线路安装应平整、牢固、顺直，过墙应有导管。导线连接必须紧密，铝导线连接不得采用铰接或绑接。采用管子配线时，连接点必须紧密、可靠，使管路在结构上和电气上均连成整体并有可靠的接地。每回路导线间和对地绝缘电阻值不得小于 $1M\Omega/kV$。

2）应按套安装电表或预留表位，并有电器接地装置。

3）照明器具等低压电器安装支架必须牢固，部件齐全，接触良好，位置正确。

4）各种避雷装置的所有连接点必须牢固可靠，接地电阻值必须符合《电气装置安装工程施工及验收规范》的要求。

5）电梯应能准确地启动运行，选层、平层、停层，曳引机的噪声和振动声不得超过《电气装置安装工程施工及验收规范》的规定值，制动器、限速器及其他安全设备应动作灵敏可靠。安装的隐蔽工程试运转记录、性能检测记录及完整的图纸资料均应符合要求。

6）对电视信号有屏蔽影响的住宅，电视信号场强微弱或被高层建筑遮挡及反射波复杂地区的住宅，应设置电视共用天线。

7）除上述要求外，同时应符合地区性"低压电气装置规程"的有关要求。

（6）新建房屋的水、卫生、消防措施的验收标准

1）管道应安装牢固，控制部件启闭灵活、无滴漏。水压试验及保温、防腐措施必须符

合《采暖与卫生工程施工及验收规范》的要求。应按套安装水表或预留表位。

2）高位水箱进水管与水箱检查口的设置应便于检修。

3）卫生间、厨房内的排污管应分设，出户管长不宜超过 8m，并不能使用陶瓷管、塑料管。地漏、排污管接口、检查口不得渗漏，管道排水必须流畅。

4）卫生器具质量良好，接口不得渗漏，安装应平整、牢固，部件齐全、制动灵活。

5）水泵安装应平稳，运行时无较大振动。

6）消防设施必须符合《建筑设计防火规范》、《高层民用建筑设计防火规范》的要求，并且有消防部门检验合格证。

（7）新建房屋的采暖工程的验收标准

1）采暖工程的验收时间，必须在采暖期以前 2 个月进行。

2）锅炉、箱罐等压力容器应安装平整、配件齐全、不得有变形、裂纹、磨损、腐蚀等缺陷。安装完毕后，必须有专业部门的检验合格签证。

3）炉排必须进行 12 小时以上试运转，炉排之间、炉排与炉铁之间不得互相摩擦，且无杂音，不跑偏，不凸起，不受卡，返转应自如。

4）各种仪器、仪表应齐全精确，安全装置必须灵敏、可靠，控制阀门应开关灵活。

5）炉门、灰门、煤斗闸板，烟、风挡板应安装平整、启闭灵活，闭合严密，风室隔墙不得透风漏气。

6）管道的管径、坡度必须符合《采暖与卫生工程施工及验收规范》的要求，管沟大小及管道排列应便于维修，管架、支架、吊架应牢固。

7）设备、管道不应有跑、冒、滴、漏现象，保温、防腐措施必须符合《采暖与卫生工程施工及验收规范》的规定。

8）锅炉辅机应运转正常，无杂音。消烟除尘、消音减振设备应齐全，水质、烟尘排放浓度应符合环保要求。

9）经过 48 小时连续试运行，锅炉和附属设备的热工、机械性能及采暖区室温必须符合设计要求。

（8）新建房屋的附属工程及其他的验收标准

1）室外排水系统的标高、检查井设置、管道坡度、管径均必须符合《室外排水设计规范》的要求。管道应顺直且排水通畅，井盖应搁置稳妥并设置井圈。

2）化粪池应按排污量合理设置，池内无垃圾杂物，进出水口高差不得小于 5cm。立管与粪池间的连接管道应有足够坡度，并不应超过两个弯。

3）明沟、散水、落水沟头不得有断裂、积水现象。

4）房屋入口处必须做室外道路，并与主干道相通。路面不应有积水、空鼓和断裂现象。

5）房屋应按单元设置信报箱，其规格、位置须符合有关规定。

6）挂物钩、晒衣架应安装牢固。烟道、通风道、垃圾道应畅通，无阻塞物。

7）单体工程必须做到工完料净场地清，临时设施及过渡用房拆除清理完毕。室外地面平整，室内外高差符合设计要求。

8）群体建筑应检验相应的市政、公建配套工程和服务设施，达到应有的质量和使用功能要求。

2. 原有房屋的接管验收

1) 以《危险房屋鉴定标准》和国家有关规定作检验依据。

2) 从外观检查建筑物整体的变异状态。

3) 检查房屋结构、装修和设备的完好与损坏程度。

4) 查验房屋使用情况（包括建筑年代、用途变迁、拆改添建、装修和设备情况）。评估房屋现有价值、建立资料档案。

6.1.5 物业接管验收双方法律责任

1. 建设单位的责任

1) 提前做好房屋交验准备。房屋竣工后要及时提出接管验收申请，未经接管验收的新建房屋一律不得分配使用。

2) 在接管验收时，应严格按照接管验收标准进行验收，验收不合格的负责返修。

3) 房屋接管交付使用后，如发生重大质量事故，应由接管单位会同建设、设计、施工等单位，共同分析研究，查明原因。如属设计、施工、材料的原因由建设单位负责处理；如属使用不当、管理不善的原因，则应由接管单位负责处理。

4) 按规定负责保修，并应向接管单位预付保修保证金和保修费。

5) 新建房屋接管后，应负责在3个月内组织办理承租手续，逾期不办应承担因房屋空置而产生的经济损失和事故责任。

2. 接管单位的责任

1) 对建设单位提出的接管验收申请，应在15日内审核完毕并及时签发验收通知，约定时间验收。

2) 经检验符合要求，应在7日内签署验收合格凭证，并应及时签发接管验收文件。

3) 接管验收时，应严格按照接管验收条件进行验收，对在验收中发现的问题应明确记录在案，并会同建设单位共同协议处理办法，商定复验时间，督促施工单位限期改正。

4) 房屋接管交付使用后，如发生重大质量事故，应会同建设、设计、施工等单位，共同分析研究，查明原因。如属管理不善的原因，应负责处理。

5) 根据协议，可负责代修、保修。接管验收时如有争议，交接双方应尽可能协商解决，如不能协商解决时双方应申请市、县房地产管理机关进行协调或裁决。

6.1.6 物业接管验收应注意的问题

物业接管验收是物业管理委托方与受托方之间发生的法定手续，从法律关系讲，接管验收是物业服务企业履行生效的委托合同所应尽的义务，也是明确交接双方责任、落实物业保修责任、维护业主合法权益、保证今后物业管理工作能够正常开展的纽带。物业公司从建设单位手中接过物业，开始对物业实施经营管理，至此，物业管理的风险责任就从建设单位转移到了物业公司。为防止留下今后纠纷隐患，物业服务企业在接管验收时应当站在业主的立场上和从保证今后物业维护保养管理的角度，注意以下几个方面。

1. 认真按房屋接管验收标准进行逐项验收

验收中发现质量问题，应及时记录在案，请移交单位在记录上签字确认，明确责任，并约定期限督促开发建设单位对存在的物业质量问题维修，加固补强，直至完全合格。对于其他质量问题，可约定期限由开发建设单位负责维修，也可以采用费用补偿的办法，由接管方处理。

2. 落实物业的保修事宜

物业公司应与建设单位签订物业保修实施合同，明确保修项目内容、进度、原则、责任和方式。2000 年 1 月 10 日国务院第 25 次常务会议通过发布施行的《建设工程质量管理条例》第 40 条规定：在正常使用条件下，建设工程的最低保修期限为：

1）基础设施工程、房屋建筑的地基基础工程和主体结构工程为设计文件规定的该工程的合理使用年限。

2）屋面防水工程，有防水要求的卫生间、房间和外墙面的防渗漏为 5 年。

3）供热和供冷系统为 2 个采暖期、供冷期。

4）电气管线、给排水管道、设备安装和装修工程为 2 年。

其他项目的保修期限由发包方与承包方约定。建设工程的保修期，自竣工验收合格之日起计算。就开发建设方与建筑施工单位关系而言，建设工程在保修期限内发生质量问题的，施工单位应当履行保修义务，并对造成的损失承担赔偿责任；但就开发建设方与其物业购买业主、承租使用人的关系而言，开发建设方应负物业保修责任，是物业保修第一责任人。

《城市房地产开发经营管理条例》第 16 条明确规定："房地产开发企业应当对其开发建设的房地产开发项目的质量承担责任"。其具体做法：一是由开发商负责保修；二是由物业服务企业负责保修。两种做法的保修费用均由开发商支付。因此，在接管验收之后，若业主提出物业质量瑕疵问题和保修请求时，应先了解清楚保修责任具体承担者是谁，否则会造成保修责任人的纠纷。

3. 移交工作应办理书面移交手续

建设单位应向物业公司移交物业建设中的整套图纸资料，包括产权资料和技术资料，以便物业公司进行管理、维修和养护。

6.2　物业室内装饰装修管理法律制度

随着人们生活水平的日益提高，生活居住环境普遍受到重视，物业室内装饰装修的改动越来越大，随意拆改房屋主体结构的现象日趋增多，有的直接造成事故，有的使房屋的安全存在隐患。针对这些情况，为加强住宅室内装饰装修管理，保证装饰装修工程质量和安全，维护公共安全和公众利益，国家 2002 年制定了《住宅室内装饰装修管理办法》，提出了装饰活动必须保证建筑物结构和使用安全，规范了家庭居室装饰装修工程承包、发包及施工管理的行为。

6.2.1　住宅室内装饰装修申请

住宅室内装饰装修是指住宅竣工验收合格后，业主或者住宅使用人对住宅室内进行装饰装修的建筑活动。

装修人在住宅室内装饰装修工程开工前，应当向物业服务企业或者房屋管理机构申报登记。申报登记时应当提交下列材料：

1）房屋所有权证；

2）申请人身份证件；

3）装饰装修方案；

4）变动建筑主体或者承重结构的，需提交原设计单位或者具有相应资质等级的设计单位提出的设计方案；

5）需提交有关部门的批准文件，应有相关部门的批准意见；

6）需提交设计方案或者施工方案的，应提供方案；

7）委托装饰装修企业施工的，需提供该企业相关资质证书的复印件。

另外，非业主的住宅使用人，还需提供业主同意装饰装修的书面证明。

6.2.2　住宅室内装饰装修协议

装修人或者装饰装修企业，应当与物业服务单位签订住宅室内装饰装修管理服务协议。住宅室内装饰装修管理服务协议应当包括下列内容：

1）装饰装修工程的实施内容；

2）装饰装修工程的实施期限；

3）允许施工的时间；

4）废弃物的清运与处置；

5）住宅外立面设施及防盗窗的安装要求；

6）禁止行为和注意事项；

7）管理服务费用；

8）违约责任；

9）其他需要约定的事项。

6.2.3　住宅室内装饰装修管理部门

1）国务院建设行政主管部门负责全国住宅室内装饰装修活动的管理工作。

2）省、自治区人民政府建设行政主管部门负责本行政区域内的住宅室内装饰装修活动的管理工作。

3）直辖市、市、县人民政府房地产行政主管部门负责本行政区域内的住宅室内装饰装修活动的管理工作。

4）物业服务单位具体负责所管区域内的装修工作。物业服务单位应当按照住宅室内装饰装修管理服务协议实施管理，发现装修人或者装饰装修企业有违规行为的，或者未经有关部门批准实施，应当立即制止；已造成事实后果或者拒不改正的，应当及时报告有关部门依法处理。对装修人或者装饰装修企业违反住宅室内装饰装修管理服务协议的，追究违约责任。有关部门接到物业管理单位关于装修人或者装饰装修企业有违反本办法行为的报告后，应当及时到现场检查核实，依法处理。

6.2.4　住宅室内装饰装修管理

为了加强住宅室内装饰装修管理工作，规范装修人的行为，对住宅室内装饰装修作出以下规定。

1. 对装修人的管理

1）装修人从事住宅室内装饰装修活动，未经批准，不得有下列行为：

① 搭建建筑物、构筑物；

② 改变住宅外立面，在非承重外墙上开门、窗；

③ 拆改供暖管道和设施；

④ 拆改燃气管道和设施。

2）装修人对住宅进行装饰装修前，应当告知邻里。

3）住宅室内装饰装修超过设计标准或者规范增加楼面荷载的，应当经原设计单位或者具有相应资质等级的设计单位提出设计方案。

4）装修人经原设计单位或者具有相应资质等级的设计单位提出设计方案变动建筑主体和承重结构的，必须委托具有相应资质的装饰装修企业承担。

5）装修人从事住宅室内装饰装修活动，不得侵占公共空间，不得损害公共部位和设施。

2. 对装饰装修企业的管理

1）改动卫生间、厨房间防水层的，应当按照防水标准制定施工方案，并做闭水试验。

2）装饰装修企业必须按照工程建设强制性标准和其他技术标准施工，不得偷工减料，确保装饰装修工程质量。

3）装饰装修企业从事住宅室内装饰装修活动，应当遵守施工安全操作规程，按照规定采取必要的安全防护和消防措施，不得擅自动用明火和进行焊接作业，保证作业人员和周围住房及财产的安全。

4）装饰装修企业从事住宅室内装饰装修活动，不得侵占公共空间，不得损害公共部位和设施。

3. 对物业服务单位的管理

物业服务单位应当将住宅室内装饰装修工程的禁止行为和注意事项告知装修人和装修人委托的装饰装修企业。

6.2.5 住宅室内装饰装修的禁止行为

住宅室内装饰装修活动，禁止下列行为：

1）未经原设计单位或者具有相应资质等级的设计单位提出设计方案，变动建筑主体和承重结构；

2）将没有防水要求的房间或者阳台改为卫生间、厨房间；

3）扩大承重墙上原有的门窗尺寸，拆除连接阳台的砖、混凝土墙体；

4）损坏房屋原有节能设施，降低节能效果；

5）其他影响建筑结构和使用安全的行为。

建筑主体是指建筑实体的结构构造，包括屋盖、楼盖、梁、柱、支撑、墙体、连接接点和基础等。

承重结构是指直接将本身自重与各种外加作用力系统地传递给基础地基的主要结构构件和其连接接点，包括承重墙体、立杆、柱、框架柱、支墩、楼板、梁、屋架、悬索等。

6.2.6 住宅室内装饰装修的法律责任

1）因住宅室内装饰装修活动造成相邻住宅的管道堵塞、渗漏水、停水停电、物品毁坏等，装修人应当负责修复和赔偿；属于装饰装修企业责任的，装修人可以向装饰装修企业追偿。

2）装修人擅自拆改供暖、燃气管道和设施造成损失的，由装修人负责赔偿。

3）装修人因住宅室内装饰装修活动侵占公共空间，对公共部位和设施造成损害的，由城市房地产行政主管部门责令改正；造成损失的，依法承担赔偿责任。

4）装修人未申报登记进行住宅室内装饰装修活动的，由城市房地产行政主管部门责令改正，处 500 元以上 1000 元以下的罚款。

5）装修人违反《住宅室内装饰装修管理办法》规定，将住宅室内装饰装修工程委托给不具有相应资质等级企业的，由城市房地产行政主管部门责令改正，处 500 元以上 1000 元以下的罚款。

6）装饰装修企业自行采购或者向装修人推荐使用不符合国家标准的装饰装修材料，造成空气污染超标的，由城市房地产行政主管部门责令改正；造成损失的，依法承担赔偿责任。

7）住宅室内装饰装修活动有下列行为之一的，由城市房地产行政主管部门责令改正，并处罚款：

① 将没有防水要求的房间或者阳台改为卫生间、厨房间的，或者拆除连接阳台的砖、混凝土墙体的，对装修人处 500 元以上 1000 元以下的罚款，对装饰装修企业处 1000 元以上 10000 元以下的罚款；

② 损坏房屋原有节能设施或者降低节能效果的，对装饰装修企业处 1000 元以上 5000 元以下的罚款；

③ 擅自拆改供暖、燃气管道和设施的，对装修人处 500 元以上 1000 元以下的罚款；

④ 未经原设计单位或者具有相应资质等级的设计单位提出设计方案，擅自超过设计标准或者规范增加楼面荷载的，对装修人处 500 元以上 1000 元以下的罚款，对装饰装修企业处 1000 元以上 10000 元以下的罚款。

8）未经城市规划行政主管部门批准，在住宅室内装饰装修活动中搭建建筑物、构筑物的，或者擅自改变住宅外立面、在非承重外墙上开门、窗的，由城市规划行政主管部门按照《中华人民共和国城市规划法》及相关法规的规定处罚。

9）装修人或者装饰装修企业违反《建设工程质量管理条例》的，由建设行政主管部门按照有关规定处罚。

10）装饰装修企业违反国家有关安全生产规定和安全生产技术规程，不按照规定采取必要的安全防护和消防措施，擅自动用明火作业和进行焊接作业的，或者对建筑安全事故隐患不采取措施予以消除的，由建设行政主管部门责令改正，并处 1000 元以上 10000 元以下的罚款；情节严重的，责令停业整顿，并处 10000 元以上 30000 元以下的罚款；造成重大安全事故的，降低资质等级或者吊销资质证书。

11）物业服务单位发现装修人或者装饰装修企业有违反《住宅室内装饰装修管理办法》规定的行为不及时向有关部门报告的，由房地产行政主管部门给予警告，可处装饰装修管理服务协议约定的装饰装修管理服务费 2～3 倍的罚款。

12）有关部门的工作人员接到物业服务单位对装修人或者装饰装修企业违法行为的报告后，未及时处理，玩忽职守的，依法给予行政处分。

6.3　物业设备管理法律规定

物业设备管理是指物业公司对物业中主体构造以外的附属于建筑物的各类设备的管理活动。物业设备管理水平的好坏，直接关系到人们正常的生活、工作或从事的其他活动能否顺利进行。物业设备的完善程度、合理程度、先进程度，标志着物业管理水平的高低，同时也决定了物业的使用价值和商业价值。

为加强物业设备的管理，国家先后颁布了一系列技术规范和技术标准，主要包括 1992 年 3 月建设部的《关于提高电梯质量的若干规定》和 1994 年 9 月建设部发布的《城市区域锅炉供热管理办法》；1994 年 11 月建设部、国家经济贸易委员会、国家技术监督局联合发布的《关于加强电梯管理的暂行规定》；1995 年 3 月建设部发布的《关于加强电梯管理的暂行规定实施细则》；1990 年 6 月建设部印发《房地产经营、维修、管理企业划分类型试行标准》、《从事电梯安装、维修业务的企业资质条件》等。此外，涉及调整物业设备管理的技术法律规范，也属于物业设备管理法律规范，例如，《电梯安装验收规范》等。这些法律规定和技术标准规范了物业设备管理，保障了物业小区内人们正常的生活和工作秩序。

6.3.1　物业设备的概念

物业设备是指附属于建筑的各类设备的总称，它是构成房屋建筑实体的不可分割的有机组成部分，是发挥物业功能和实现物业价值的物质基础和必要条件。

随着经济的发展和科技的提高，新型的物业设备种类日益增多，使用领域不断拓宽，为人们的住用提供更加优越的条件。尤其是随着一些现代化高科技设备以及综合式智能房屋的出现，使房屋建筑及附属设备向多样化、综合化的设备系统发展。

6.3.2　电梯安装、运行、维护原则

1. 电梯的安装

根据建设部颁布的《关于加强电梯管理的暂行规定实施细则》对电梯的管理实行"一条龙"制度，即对电梯制造、安装、维修等环节的质量责任由电梯生产企业负责，将电梯大修、改造的质量责任也落实于电梯生产企业，电梯销售、安装、运行中出现的质量问题，也将由电梯生产企业负责。科学准确的安装可以保证电梯安全的运行。为此国家对电梯安装作了如下规定：

1）电梯生产企业要保证电梯安装、调试质量。电梯生产企业跨地区安装本企业生产的电梯时，应到当地建设行政主管部门办理注册手续。如委托其他企业安装，被委托企业应取得电梯生产企业《委托代理书》方可安装电梯生产企业的电梯。被委托代理企业无权对电梯安装进行再委托或转包。

2）在电梯安装过程中，电梯安装企业须保证电梯安装质量，确保电梯安装设备和人员的安全。

3）电梯安装后，由负责电梯安装的企业进行质量自检，合格后，出具电梯产品质量检测报告，交电梯使用单位。使用单位向建设行政主管部门提出验收申请，由建设行政主管部门按照《电梯安装验收规范》组织验收。验收合格后，发给全国统一的《电梯准用证》，交

付使用。其他部门不再重复检验发证。未取得《电梯准用证》的电梯不准使用。电梯产品的质量争议问题，原则上由双方协商解决。协商不成时由国家技术监督局批准的电梯检测单位重新进行检测并出具检测报告，交由当地技术监督部门直至国家技术监督局仲裁。电梯生产企业或被委托代理企业在出具电梯产品检测报告时，必须经企业质量检测部门的检测专业工程师签字并加盖本企业质量检测专用章。

2. 电梯的委托代理制

国家对电梯销售、安装、维修过程实行"委托代理制"，具体规定如下：

1）电梯生产企业在经营活动中，如需委托其他企业从事本企业电梯销售、安装、维修时，允许实行委托代理制。电梯生产企业与被委托代理的企业是平等、互惠、互利的关系。电梯生产企业应在技术、管理、质量保证等方面对被委托代理的企业进行培训、指导，提供有关技术资料；被委托代理的企业应按委托的电梯生产企业对电梯质量的要求，对所销售、安装、维修电梯的质量、运行安全向委托的电梯生产企业负责。

2）电梯生产企业实行委托代理制时，必须遵循以下原则：

① 被委托代理的企业必须具备国家建设行政主管部门认可的资质条件；

② 必须明确被委托代理的企业代理的业务范围和经营区域；

③ 企业必须制定"实行委托代理制的管理办法"和"资格评估标准"。明确对委托代理企业质量管理方面的要求；明确从事企业电梯安装、维修技术队伍与技工队伍素质的要求；明确安装、维修电梯的质量验收要求；明确电梯安装、维修服务的要求等。

3. 电梯准用证制度

电梯是建筑物内部上下运输的交通工具，其质量的好坏，直接关系到人们的安全。因电梯运行不正常而发生的事故，必定是涉及人身伤亡的重大事故。国家为了保护公共利益的安全用强制行政许可的手段来建立"电梯准用证"制度，以确保合格电梯投入运行。

《关于加强电梯管理的暂行规定实施细则》规定：电梯安装后，由安装单位出具电梯产品质量检测报告，交电梯使用单位。使用单位向建设行政主管部门提出验收。经建设行政主管部门验收合格后，发给全国统一的《电梯准用证》。未取得《电梯准用证》的电梯不可使用。

《电梯准用证》由建设部统一印制。各省、自治区、直辖市和各计划单列市建设行政主管部门要明确《电梯准用证》的负责发放机关，由专人签发，加盖专用章。《电梯准用证》自发放之日起，1年内有效。

4. 电梯质量保修与维修原则

（1）电梯质量保修原则 电梯生产企业对本企业生产的电梯负有保修义务，为此，国家对新安装电梯质量保修期有如下规定：新安装电梯质量保修期，从验收合格之日起，由电梯生产企业保修1年，但不超过交货后18个月。由于电梯使用单位管理使用不当所造成的损坏，由电梯使用单位负责，生产企业可予以有偿修复。

（2）电梯的维修原则 为了保证电梯长期安全地运行，电梯生产企业需要定期对电梯进行维修和保养。为此国家对电梯的维修管理有如下规定：

1）电梯维修是保证电梯长期安全正常运行的重要环节，也是电梯生产企业售后服务的主要内容，所有电梯使用单位必须与其电梯生产企业或被委托代理企业签订维修合同。

2）使用单位必须按规定在每年的年检后，凭年检合格证书、维修合同到建设行政主管部门办理下一年度的《电梯准用证》。建设行政主管部门要在 1 周内派检测人员实地检查，合格后，发给《电梯准用证》。

3）使用单位自行维修保养电梯必须得到电梯生产企业的委托代理。

4）使用单位发生变化，不再是与电梯生产企业签订合同的单位而移交或转售另一单位时，原使用单位必须负责向电梯生产企业办理维修保养合同转让手续。

5）电梯生产企业或被委托代理企业必须按照维修合同及时处理电梯故障与事故；每个月对电梯的所有设备至少进行一次检修；1 年进行一次电梯的年检。

6）电梯生产企业或被委托代理企业应根据本企业电梯产品销售情况和本企业在用电梯的情况，建立维修保养网络，负责本企业新装电梯和在用电梯的维修保养工作。维修网络的维修人员必须严格按照生产企业的《电梯维修技术规程》、《电梯保养技术规程和检验标准》和《维修保养合同》的规定按时维修保养，逐台电梯做好维修保养记录，建档备查。

7）电梯维修费用原则上由负责电梯维修的企业与电梯使用单位在维修合同中协商确定。

8）电梯的大修、改造和更新，均按电梯安装的条款执行。

6.3.3　物业设备管理的注意事项

物业设备的正确使用和完善管理，是发挥物业设备使用价值的重要环节。物业设备管理是一项技术性、专业性较高的工作，既涉及到对物业设备的管理，同时也涉及对物业设备管理人员的管理。另外，物业设备的更新也要跟上物业使用发展的需要。因此，对物业设备管理，管理单位、管理部门应当注意以下四项工作：

1. 物业设备管理、检修人员要经过专业培训、专业教育，持证上岗、持证作业

设备管理人员的素质直接关系到设备管理水平的高低，不断提高设备管理人员的专业知识、专业技能是提高设备管理水平的关键。国家建设部、有关专业管理部门、地方各级人民政府的专业管理部门根据本地区、本行业的特点，相继制定了一系列设备管理人员专业培训、持证上岗制度，如电梯检修人员、电梯操作工、水电检修人员、燃气设备检修人员、制冷设备检修人员等都实行执证上岗制度。有关各设备管理单位应当认真贯彻国家有关规定，切勿使用无证、无资质的人员和队伍从事专业物业设备的维修和管理。

2. 物业设备管理工作应建章立制

为了使物业设备充分发挥其正常使用功能，物业公司必须建立必要的、切实可行的物业设备管理制度。如：物业小区内家用水电设备出现故障，或物业区域内通信设施不能正常使用，按照设备管理制度规定，应由物业公司负责还是由专业管理部门负责在制度中应详细载明。国内外一些先进的、成功的物业公司，其内部都有完善的物业设备管理制度。因此，建立合理的、健全的物业设备管理制度可以保证物业设备安全、有效地运行，同时也使业主或使用人正常的工作和生活得以顺利进行。

3. 物业设备管理服务收费要有章可循

物业设备管理服务收费主要是指维修物业设备的收费。涉及这类收费，收费单位应当遵循以下原则：国家有规定的按照国家规定；国家有规定又允许当事人约定的，收费单位和缴费人应在允许约定范围内约定；国家没有收费标准的，当事人可以协商确定。收费单位切忌重复收费，擅自提高国家收费标准，不该收费的私设收费项目。

6.4 物业修缮管理法律制度

物业修缮是物业管理中最重要的环节之一，对保障房屋的使用安全，控制和减缓房屋破损速度，延长房屋的使用年限，改善居住条件，美化生活环境，保持和提高房屋的完好程度及物业的保值和升值具有重要的意义。在物业修缮中，如何正确划分物业修缮责任直接关系到物业公司与业主的切身利益，是物业得到及时修缮的保证和前提，同时也是房地产业生存和发展的重要组成部分。

为了加强城市房屋修缮工作的管理，使修缮工作做到及时、保质、保量。国家先后出台了一系列有关房屋修缮的法律法规，主要包括：城乡建设环境保护部 1984 年 11 月 8 日颁发的《房屋修缮工程施工管理规定》、《房屋修缮技术管理规定》、《房屋修缮范围和标准》、《房屋修缮工程质量检验评定标准》；建设部 1991 年 4 月 22 日颁发的《古建筑修建工程质量检验评定标准》，1993 年 5 月 3 日颁发的《民用房屋修缮工程施工规程》，1995 年 4 月 22 日颁发的《房屋渗漏修缮技术规程》，1997 年 4 月 3 日颁发的《关于加强公有住房售后维修养护管理工作的通知》等。从而使我国城市房屋修缮工作走上了法制化的轨道。

6.4.1 概述

物业修缮管理是指物业服务企业对所经营管理的房屋进行修复、维护和改建的管理活动。通过对房屋的正常维护和保养，不仅可以防止和控制房屋在使用过程中受各种因素的影响，还可以保障业主或使用人的安全和正常使用。

房屋在使用过程中，由于各种因素的影响使房屋出现不同程度的破损。造成房屋破损的主要因素有：

1）自然因素。主要是大气条件对其外部构件侵蚀而造成的风化、老化的影响。

2）地理因素。主要是由于房屋地基土质差异而引起房屋结构不均匀沉降，有的地方土质盐碱化程度较高，还会引起基础和构件的破坏。

3）生物因素。主要是诸如白蚁等虫害、霉菌等菌类作用，使得建筑物构件损坏，强度降低等。

4）灾害因素。主要是指天灾（如地震、火灾、战争等）对房屋造成的破坏。

5）使用因素。主要是人们在工作、学习、生活等使用活动中对房屋所造成的损坏。

由于这些因素对房屋的相互作用，造成房屋逐渐破损，使用功能逐步降低乃至丧失。通过物业的修缮，全面或部分地维持和恢复房屋原有的质量和失去的功能，以保障使用者的安全和正常使用。因此，物业修缮是物业服务企业最经常、最具体、最持久、最基本的工作内容之一。

6.4.2 房屋的修缮责任

1）房屋所有人应当履行修缮房屋的责任。异产毗连房屋的修缮，其所有人依照《城市异产毗连房屋管理规定》承担责任。

2）租赁房屋的修缮，由租赁双方依法约定修缮责任。

3）因使用不当或者人为造成房屋损坏的，由其行为人负责修复或者给予赔偿。

4）在已经批准的建设用地范围内，产权已经转移给建设单位的危险房屋其拆除前的修缮由建设单位负责。

5）房屋所有人和其他负有房屋修缮责任的人（以下简称修缮责任人），应当定期查勘房屋，掌握房屋完损情况，发现损坏及时修缮；在暴风、雨、雪等季节，应当做好预防工作，发现房屋险情及时抢险修复。

6）对于房屋所有人或者修缮责任人不及时修缮房屋或者因他人阻碍，有可能导致房屋发生危险的，当地人民政府房地产行政主管部门可以采取排险解危的强制措施。排险解危的费用由当事人承担。

6.4.3 城市房屋修缮范围和标准

1. 修缮范围

1）房屋的修缮范围在以下三种情况时，由用户自行负责，一般情况按照租赁合同的约定和其他规定执行。

① 用户因使用不当，超载或其他过失引起的损坏，应由用户负责维修。

② 用户因特殊需要对房屋或设备进行增、搭、拆、扩、改时，必须报经经营管理单位同意，除有单项协议专门规定者外，其费用由用户自理；

③ 因擅自在房基附近挖掘而引起的损坏，用户应负责修复。

2）市政污水（雨水）管道及处理装置、道路及桥涵、房屋进户水电表之外的管道线路、燃气管道及灶具、城墙、人防设施等的修缮，由各专业管理部门负责。

3）城市房屋修缮还应注意做到：

① 与抗震设防相结合。在抗震设防地区，凡房屋进行翻修、大修时，应尽可能按抗震设计规范和抗震鉴定加固标准进行设计、施工，中修工程也应尽可能采取抗震加固构造措施；

② 与白蚁防治相结合。在白蚁危害地区，各类修缮工程均应贯彻"以防为主、修防结合"的原则；

③ 与预防火灾相结合。在大、中修时，对砖木结构以下的房屋应尽可能提高其关键部位的防火性能；在住户密集的院落要尽可能留出适当通道；

④ 与抗洪防风相结合。在经常发生水淹、山洪、台风等灾害的地区，要采取防患措施，提高房屋抗灾能力；

⑤ 与防范雷击相结合。在易受雷击地区的房屋要有避雷装置，并定期检查修理。

2. 修缮工程分类

根据房屋完损状况，修缮工程分为五类：翻修、大修、中修、小修、综合维修。

（1）翻修工程 凡需全部拆除、另行设计、重新建造的工程为翻修工程。翻修工程主要适用于：

1）主体结构严重损坏，丧失正常使用功能，有倒塌危险的房屋。

2）因自然灾害破坏严重，不能再继续使用的房屋。

3）地处陡峭斜坡地区的房屋，或地势低洼长期积水无法排出地区的房屋。

4）无修缮价值的房屋。

5）基本建设规划范围内需要拆迁重建的房屋。

翻修工程的基本要求：应尽量利用旧料，其费用应低于该建筑物同类结构的新建造价。翻修后的房屋必须符合完好房屋标准要求。

（2）大修工程　凡需牵动或拆换部分主体构件，但不需全部拆除的工程为大修工程。大修工程主要适用于严重损坏房屋。

大修工程的基本要求：一次费用在该建筑物同类结构新建造价的 25％以上。大修后的房屋必须符合基本完好或完好标准的要求。

（3）中修工程　凡需牵动或拆换少量主体构件，但保持原房屋的规模和结构的工程为中修工程。中修工程主要适用于一般损坏房屋。

中修工程的基本要求：一次费用在该建筑物同类结构新建造价的 20％以下。中修后的房屋 70％以上必须符合基本完好或完好的要求。

（4）小修工程　凡以及时修复小损小坏，保持房屋原来完损等级为目的的日常养护工程为小修工程。

小修工程的基本要求：综合年均费用为所修房屋现时造价的 1％以下。

（5）综合维修工程　凡成片多幢（大楼为单幢）大、中、小修一次性应修尽修的工程为综合维修工程。

综合维修工程的基本要求：一次费用应在该片（幢）建筑物同类结构新建造价的 20％以上。综合维修后的房屋必须符合基本完好或完好标准的要求。综合维修的竣工面积数量在统计时进入大修工程。

3. 房屋修缮标准

（1）修缮标准的设定　按照不同的结构、设备条件，将房屋分成"一等"和"二等以下"两类。

一等房屋的条件为：

1）结构：包括砖木（含高级纯木）、混合和混凝土结构，其中，凡承重墙柱不得有用空心砖、半砖、乱砖和乱石砌筑。

2）地面：地面不得用普通水泥或三合土做面层。

3）门窗：正规门窗，有纱门窗或双层窗。

4）墙面：中级或中级以上粉饰。

5）设备：独厨，有水、电、卫生设备，采暖地区有暖气。

凡低于以上所列条件者为二等以下房屋。

修缮标准按全部房屋分解为主体工程，木门窗及装修工程，地面工程，屋面工程，抹灰工程，油漆粉饰工程，水、电、卫、暖设备工程，金属构件及其他工程来确定的。对一、二等房屋有不同修缮要求时，可在有关款项中单独规定。

（2）房屋各项工程的修缮标准

1）房屋主体工程的修缮标准有两项。

① 屋架、柱、梁等在修缮时应查清隐患，损坏变形严重的，应加固、补强或拆换。不合理的旧结构、节点，若影响安全使用的，大修时应整修改做。损坏严重的木构件在修缮时要尽可能用砖石砌体或混凝土构件代替。对混凝土构件，如有轻微剥落、破损的，应及时修补。混凝土碳化、产生裂缝、剥落、钢筋锈蚀较严重的，应通过检测计算，鉴定构件承载力，采取加固或替代措施；

② 基础不均匀沉降，影响上部结构的，砌体弓凸、倾斜、开裂、变形，应查清原因，有针对性地予以加固或拆砌。

2）房屋木门窗及装修工程的修缮标准有七项。

① 木门窗开关不灵活、松动、腐烂损坏的，应修理接换，小五金应修换配齐。大修时，内外玻璃应一次配齐。木门窗损坏严重、无法修复的，应更换；一等房屋更换的门窗尽量与原门窗一致。材料有困难的，可用钢门窗或其他较好材料的门窗替代；

② 纱门窗、百叶门窗属一般损坏的，均应修复。属严重损坏的，一等房屋及幼儿园、托儿所、医院等特殊用户可更换；二等以下房屋可拆除。原没有的，一律不新装；

③ 木楼梯损坏的，应修复。楼梯基下部腐烂的，可改做砖砌踏步。扶手栏杆、楼梯基、平台阁栅应保证牢固安全。损坏严重、条件允许的，可改为砖混楼梯；

④ 条墙、薄板墙及其他轻质隔墙损坏的，应修复；损坏严重、条件允许的，可改砌砖墙；

⑤ 阳台、木晒台一般损坏的，应修复；损坏严重的，可拆除，但应尽量解决晾晒问题；

⑥ 挂镜线、窗帘盒、窗台板、筒子板、壁橱、壁炉等装修，一般损坏的，应原样修复。严重损坏的，一等房屋应原样更新，或在不降低标准、不影响使用的条件下，用其他材料代用更新；二等以下房屋可改换或拆除；

⑦ 踢脚板局部损坏、残缺、脱落的，应修复；大部损坏的，改做水泥踢脚板。

木门窗修缮应开关灵活，接缝严密，不松动；木装修工程应牢固、平整、美观、接缝严密。

3）房屋楼地面工程的修缮标准有四项。

① 普通木地板的损坏占自然间地面面积 25％以下的，可修复；损坏超过 25％以上或缺乏木材时，可改做水泥地坪或块料地坪；房屋及幼儿园、托儿所、医院等特殊用房的木地板、高级硬木地板及其他高级地坪损坏时，应尽量修复，实无法修复的，可改作相应标准的高级地坪；

② 木楼板损坏、松动、残缺的，应修复；如磨损过薄、影响安全的，可局部拆换；条件允许的，可改做混凝土楼板。一等房屋的高级硬木楼板或其他材料的高级楼板面层损坏时应尽量修复；实无法修复的，可改作相应标准的高级楼面。夹沙楼面（"夹沙楼面"指木基层、混凝土或三合土面层的楼面）损坏的，可夹接加固木基层、修补面层，也可改作混凝土楼面。木楼楞腐烂、扭曲、损坏、刚度不足的，应抽换、增添或采取其他补强措施；

③ 普通水泥楼地面起砂、空鼓、开裂的，应修补或重做。一等房屋的水磨石或块料地面损坏时，应尽量修复；实无法修复的，可改作相应标准地面；

④ 砖地面损坏、破碎、高低不平的，应拆补或重铺。室内潮湿严重的，可增设防潮层或做水泥及块料地面。

4）房屋屋面工程的修缮标准有六项。

① 屋面结构有损坏的，应修复或拆换；不稳固的，应加固。如原结构过于简陋，或流水过长、坡度小等造成渗水漏雨严重时，按原样修缮仍不能排除屋漏的，应翻修改建；

② 屋面上的压顶、出线、屋脊、泛水、天窗、天沟、檐沟、斜沟、水落管、水管等损坏渗水的，应修复；损坏严重的，应翻做。大修时，原有水落管、水管要修复配齐，二层以上房屋原无水落管、水管，条件允许可增做；

③ 女儿墙、烟囱等屋面附属构件损坏严重的，在不影响使用和市容条件下，可改修或拆除；

④ 混凝土平屋面渗漏，应找出原因，针对损坏情况采用防水材料嵌补或做防水层；结构坏的，应加固或重做；

⑤ 玻璃顶棚、老虎窗损坏漏水的，应修复；损坏严重的，可翻做，但一般不新做；

⑥ 屋面上原有隔热保温层损坏的，应修复。

5）房屋抹灰工程的修缮标准有四项。

① 外墙抹灰起壳、剥落的，应修复；损坏面积过大的，可全部铲除重抹，重抹时，如原抹灰材料太差，可提高用料标准。一等房屋和沿主要街道、广场的房屋的外抹灰损坏，应原样修复；复原有困难的，在不降低用料标准、不影响色泽协调的条件下，可用其他材料替代；

② 清水墙损坏，应修补嵌缝；整垛墙风化过多的，可做抹灰；

③ 内墙抹灰起壳、剥落的，应修复；每面墙损坏超过一半以上的，可铲除重抹。原无踢脚线的，结合内墙面抹灰应加做水泥踢脚线。各种墙裙损坏应根据保护墙身的需要予以修复或抹水泥墙裙。因室内外高差或沟渠等影响，引起墙面长期潮湿，影响居住使用的，可做防水层；

④ 顶棚抹灰损坏，要注意检查内部结构，确保安全。抹灰层松动，有下坠危险的，必须铲除重抹。原线脚损坏的，按原样修复。损坏严重的复杂线脚全部铲除后，如系一等房屋应原样修复，或适当简略；二等以下房屋可不修复。

6）房屋油漆粉刷工程的修缮标准有五项。

① 木门窗、纱门窗、百叶门窗、封檐板、裙板、木栏杆等油漆起壳、剥落、失去保护作用的，应周期性地进行保养；上述木构件整件零件拆换，应油漆；

② 钢门窗、铁晒衣架、铁皮落水管、铁皮屋面、钢屋架及支撑、铸铁污水管或其他各类铁构件（铁栅、铁栏杆、铁门等），其油漆起壳、剥落或铁件锈蚀，应去锈，刷防锈涂料或油漆。钢门窗或各类铁件油漆保养周期一般为3～5年；

③ 木楼地板原油漆褪落的，一等房屋应重做；二等以下房屋可视具体条件处理；

④ 室内墙面、顶棚修缮时可刷新。其用料，一等房屋可采取新型涂料、胶白等，二等以下房屋，刷石灰水。高级抹灰损坏，应原样修复；

⑤ 高层建筑或沿主要街道、广场的房屋外墙原油漆损坏的，应修补，其色泽应尽量与原色一致。

7）房屋水、电、卫、暖设备工程的修缮标准有四项。

① 电气线路的修理，应遵守供电部门的操作规程。原无分户电表的，除各地另有规定者外，一般可提供安装服务，但电表及附件应由用户自备；每一房间以一灯一插座为准，平时不予改装；

② 上、下水及卫生设备的损坏，堵塞及零件残缺，应修理配齐或疏通，但人为损坏的，其费用由住户自理。原无卫生设备的，是否新装由各地自定；

③ 附属于多层、高层住宅及其群体的压力水箱、污水管道及水泵房、水塔、水箱等损坏，除与供水部门有专门协议者外，均应负责修复；原设计有缺陷或不合理的，应改变设计，改道重装。水箱应定期清洗；

④ 电梯、暖气、管道、锅炉、通风等设备损坏时，应及时修理，零配件残缺的，应配齐全；长期不用且今后仍无使用价值的，可拆除。

8）房屋金属构件的修缮标准有三项。

① 金属构件锈烂损坏的，应修换加固；

② 钢门窗损坏、开关不灵、零件残缺的，应修复配齐；损坏严重的，应更换；

③ 铁门、铁栅、铁栏杆、铁扶梯、铁晒衣架等锈烂损坏的，应修理或更换；无保留价值的，可拆除。

9）房屋其他工程的修缮标准有三项。

① 水泵、电动机、电梯等房屋正在使用的设备，应修理、保养，避雷设施损坏、失效的，应修复；高层房屋附近无避雷设施或超出防护范围的，应新装；

② 原有院墙、院墙大门、院落内道路、沟渠下水道损坏或堵塞的，应修复或疏通。原无下水系统，院内积水严重，影响居住使用和卫生的，条件允许的，应新做。院落里如有共用厕所，损坏时应修理；

③ 暖炕、火墙损坏的，应修理。如需改变位置布局，平时一般不考虑，若房屋大修，可结合处理。

6.4.4　城市房屋修缮资金管理

1. 房屋修缮资金的来源

房屋修缮资金依房屋的产权不同，规定不同来源。

（1）直管公房修缮资金的筹措

1）房租收入中应当用于房屋修缮的部分。

2）从城市维护建设资金中适当划拨。

3）本系统多种经营收入的部分盈余。

4）法规和政策允许用于房屋修缮的其他资金。

（2）单位自管房的修缮资金　其主要由单位自行解决。

（3）私有房屋的修缮资金　其由房屋所有人自行解决。

2. 房屋修缮资金的安排

房屋修缮资金的使用应遵循下列原则：

1）保证住用安全。

2）翻修危险房屋。

3）保证房屋具备正常的使用功能。

4）在可能的情况下改善住房条件。

6.4.5　物业修缮管理的注意事项

物业修缮工作带有一定的技术性和专业性，又是最直接、最经常的服务工作。因此，在物业修缮质量、从业人员素质、修缮费用方面应注意以下问题：

1. 物业修缮质量，要达到一定标准

物业服务企业修缮的房屋竣工后，中修以上的房屋修缮工程应向房屋所在地质量监督机构办理申报监督手续，依照《房屋修缮范围和标准》组织质量检验评定。凡检验评定不合格

的，必须返工，不得交付使用。另外，物业修缮质量管理中重要的环节之一就是要有一支具备相应资质的施工队伍，所有施工人员都必须具备相关的岗位证书。无论是物业公司自己的施工队伍，还是实行招标的施工队伍，都要达到这一要求，这是提高物业修缮质量的关键所在。

2. 合理收取物业修缮费用，提高养护服务意识

由于物业服务企业对房屋修缮和养护活动实行有偿服务，所以，业主或使用人对维修与养护费用标准以及服务过程中的服务态度、服务效率、服务质量等都有一定的要求。按照有关规定，物业服务企业未能按时提供维修服务造成业主和使用人损失的应承担赔偿责任。因此，物业服务企业必须制定合理的收费标准，并且通过培训等方式不断提高从业人员的素质和服务水平，来加强物业修缮管理。

6.5　物业环境管理法律制度

物业环境管理是整个物业管理的一个重要组成部分，物业环境管理水平的高低，直接关系到业主和使用人的生活质量、环境质量。

国家为了加强物业环境管理，制定了一系列法律法规，主要包括：1992 年 6 月国务院发布的《城市市容和环境卫生管理条例》；1992 年 6 月发布的《城市绿化条例》；2007 年 4 月发布的《城市生活垃圾管理办法》等。

在物业管理不断走向完善的今天，物业管理既要把物业本身管理好，保证物业的经久耐用，发挥好物业的使用价值，也要管理好物业的周边环境，确保物业保值和增值。

6.5.1　物业环境管理的概念

物业环境是指在一个物业区域内，围绕和影响业主或使用人工作、正常生活的各种因素的总称。物业公司通过绿化建设、环卫管理、环保手段，不仅可以为业主或使用人创造一个清洁的环境，而且还可以提高城市的整体形象。物业环境包括以下含义：

1）相对于全体业主和使用人来说，是物业小区内所有公共场所周围的各种物质因素，包括空气、绿化、公共设施。

2）相对于每一个业主和使用人来说，业主或使用人之间以及业主或使用人与各服务单位之间是相互联系、相互影响的人为因素。

物业环境管理是指物业公司通过物业区域环境的管理，宣传教育，执法检查及履约监督，防止和控制已经发生和可能发生的对物业环境的损害，减少已经发生的环境损害对业主或使用人带来的消极影响。

6.5.2　城市市容和环境卫生管理

为了加强城市的环境卫生管理，维护城市整洁，保障人民身体健康，给城市居民创造一个更好的居住环境，国家对城市市容和环境卫生管理作如下规定：

一切单位和个人都应当保持建筑物的整洁、美观。在城市人民政府规定街道的临街建筑物的阳台和窗外，不得堆放、吊挂有碍市容的物品。搭建或者封闭阳台必须符合城市人民政府市容环境卫生行政主管部门的有关规定。

多层和高层建筑应当设置封闭式垃圾通道或者垃圾储存设施，并修建清运车辆通道。

城市街道两侧，居住区域或者人流密集地区，应当设置封闭式垃圾容器、果皮箱等设施。

一切单位和个人，都应当依照城市人民政府市容环境卫生行政主管部门规定的时间、地点、方式，倾倒垃圾、粪便。

对垃圾、粪便应当及时清运，逐步做到垃圾、粪便的无害化处理和综合利用。

对城市生活废弃物应当逐步做到分类收集、运输和处理。

6.5.3 物业小区的环境卫生管理

物业小区环境卫生保洁是指物业小区内公共场所与公用部位的保洁。具体地说是指物业公司运用专业的清洁工具对辖区内进行定时、定点、定人的规范化的日常保洁以及废弃物的收集和清运，以维持所有公共场所和公共部位的清洁卫生。环境卫生管理指物业小区内的公共场所环境卫生与公共部位的卫生管理。它不仅指小区环境保洁，还包括物业服务企业或政府有关机构，依照一定的政策法规对居民进行宣传教育，并加强小区卫生环境、空气资源、水资源、噪声状况等检查、控制、监督以及执法。

我国尚无专门有关物业环卫管理的规定。目前，物业区域环境卫生的通用标准是"五无"，即无裸露垃圾，无垃圾死角，无明显积尘积垢，无蚊蝇孳生地，无"脏乱差"顽疾。建设部颁布的《全国城市马路清扫质量标准》也可以作为物业区域道路清扫保洁质量的参考：如道路每天普扫两遍，每日保洁，达到"六不"、"六净"标准，即不见积水，不见积土，不见杂物，不漏收堆，不乱倒垃圾和不见人畜粪；路面净、路沿净、人行道净、雨水口净、树坑墙根净和废物箱净。同时，分散在物业管理政策法规中的有关管理规定、物业管理相关法规政策的专业条例的规定和物业管理组织与单位的有关物业卫生管理规定中都对物业小区环境卫生管理提出了基本要求。

《全国城市物业管理优秀住宅小区达标评分细则》对物业小区环境卫生管理有以下五条规定：

1）小区内环卫设施完备，设有垃圾箱、果皮箱、垃圾中转站等保洁设备。

2）小区实行标准化清扫保洁，垃圾日产日清。

3）小区内不得违反规定饲养家禽、家畜及宠物。

4）房屋的公共楼梯、扶栏、走道、地下室等部位保持清洁，不得随意堆放杂物与占用。

5）居民日常生活所需要的商业网点管理有序，无乱设摊点、广告牌，乱贴、乱画现象。

6.5.4 城市绿化管理

绿化养护与管理工作是治理环境污染和改善生活环境的重要措施，也是提高环境质量和保护生态环境的一个有效途径。为此国家对城市绿化管理作了如下规定：

城市公共绿地和居住区绿地的建设，应当以植物造景为主，选用适当的树木花草，并适当配置泉、石、雕塑等景物。

城市绿化规划应当因地制宜地规划不同类型的防护绿地。各有关单位应当依照国家有关规定，负责本单位管界内防护绿地的绿化建设。

单位附属绿地的绿化规划和建设，由该单位自行负责，城市人民政府城市绿化行政主管部门应当监督检查，并予以技术指导。

各单位管界内的防护绿地和单位附属绿地的绿化，由该单位按照国家有关规定管理；单位自建的公园和单位附属绿地的绿化，由该单位管理；居住区绿地的绿化，由城市人民政府城市绿化行政主管部门根据实际情况确定的单位管理；城市苗圃、草圃和花圃等，由其经营单位管理。

城市的绿地管理单位，应当建立、健全管理制度，保持树木花草繁茂及绿化设施完好。

为了切实维护好物业区域内的绿化，物业服务企业可以从以下方面制定管理的有关规定：

1）爱护绿地，人人有责。

2）不准损坏和攀折花木。

3）不准在树木上敲钉拉绳晾晒衣物。

4）不准在树木上及绿地内设置广告招牌。

5）不准在绿地内违章搭建。

6）不准在绿地内堆放物品和停放车辆。

7）不准往绿地内倾倒污水或乱扔垃圾。

8）不准行人或各种车辆践踏、跨越和通过绿地。

9）不准损坏绿化的围栏设施和建筑小品。

10）凡人为造成绿化及设施损坏的，根据政府的有关规定和物业服务合同和管理规约的有关条文进行赔偿处理。如属儿童所为，应由家长负责支付款项。

6.5.5 物业小区保安、消防管理

1. 保安管理的基本内容

1）配备必要的保安硬件设施。根据保安工作的实际要求，为业主配备防盗门、防盗锁、防盗警钟警铃系统、闭路电视监控系统、电子报警保险箱、电子对讲可视装置等，为保安人员配备应急手控灭火器、对讲机、应急灯、手电筒及统一的制服和标识等。

2）建立有效的保安制度。有效的保安制度必须做到以下几方面：

① 确定保安人员的数目。根据物业布局和物业总面积数、幢数、出入口数、公共设施数、业主户数，配齐保安固定岗和巡逻岗；

② 确定保安巡逻的范围和线路。特别注意出入口、隐蔽地方、保管上锁地方、仓库堆栈、自行车棚等处；

③ 确定保安工作时间。建立 24 小时固定值班岗和巡逻制度，巡逻时间力争每 2 小时一次；

④ 确定保安工作的要求，包括服务规范和业务技能等；

3）房屋出租人的治安责任。为了加强租赁物业治安管理，公安部于 1995 年颁布了《租赁房屋治安管理规定》，明确规定房屋的出租人应该承担出租房屋的治安责任，具体内容如下：

① 不准将房屋出租给无合法有效证件的承租人；

② 与承租人签订租赁合同，承租人是外来暂住人员的，应当带领其到公安派出所申报暂住户口登记，并办理暂住证；

③ 对承租人的姓名、性别、年龄、常住户口所在地、职业或者主要经济来源、服务处

所等基本情况进行登记并向公安派出所备案；

④ 发现承租人有违法犯罪活动或者有违法犯罪嫌疑的，应当及时报告公安机关；

⑤ 对出租的房屋经常进行安全检查，及时发现和排除不安全隐患，保障承租人的居住安全；

⑥ 房屋停止租赁的，应当到公安派出所办理注销手续；

⑦ 房屋出租单位或者个人委托代理人管理出租房屋的，代理人必须遵守有关规定，承担相应责任。

4）房屋承租人的治安责任。为了加强租赁物业治安管理，《租赁房屋治安管理规定》明确规定房屋的承租人应该承担出租房屋的治安责任，具体内容如下：

① 承租人必须持有本人居民身份证或者其他合法身份证件；

② 租赁房屋住宿的外来暂住人员，必须按户口管理规定，3 日内到公安派出所申报暂住户口登记；

③ 将承租房屋转租或者转借他人的，应当向当地公安派出所申报备案；

④ 安全使用出租房屋，如发现承租的房屋有不安全隐患，应当及时告知出租人予以消除；

⑤ 承租的房屋不准用于生产、储存、经营易燃、易爆、有毒等危险物品；

⑥ 集体承租或者单位承租房屋的，应当建立安全管理制度。

2. 消防管理的主要内容

根据《中华人民共和国消防法》的规定，物业服务企业对居民住宅区应当履行下列消防安全职责。

1）制定消防安全制度、消防安全操作规程。

2）实行防火安全责任制，确定本单位和所属各部门、岗位的消防安全责任人。

3）针对本单位的特点对职工进行消防宣传教育。

4）组织防火检查，及时消除火灾隐患。

5）按照国家有关规定配置消防设施和器材，设置消防安全标志，并定期组织检验、维修，确保消防设施和器材完好、有效。

6）保持疏散通道、安全出口畅通，并设置符合国家规定的消防安全疏散标志。物业公司未履行消防安全职责的，公安消防机构有权责令其限期改正；逾期不改正的，对其直接负责的主管人员和其他直接责任人员依法给予行政处分或者警告处分。

3. 消防设施、电器产品的使用及管理规定

《中华人民共和国消防法》对消防设施、消防通道及电器产品、燃气用量的使用和管理有原则性规定，具体内容如下：

1）任何单位、任何个人不得损坏或者擅自挪用、拆除、停用消防设施、器材，不得埋压、圈占消防栓，不得占用防火间距，不得堵塞消防通道。公用和城建等单位在修建道路以及停电、停水、截断通信线路时有可能影响消防队灭火救援的，必须事先通知当地公安消防机构。

2）电器产品、燃气用具的质量必须符合国家标准或者行业标准。电器产品、燃气用具的安装、使用和线路、管道的设计、敷设，必须符合国家有关消防安全技术的规定。

3）消防法规定，对不按照国家有关规定配置消防设施和器材的，不能保障疏散通道、安全出口畅通的，公安消防机构有权责令限期改正；逾期不改正的，责令停产停业，可以并处罚款，并对其直接负责的主管人员和其他直接责任人员处以罚款。对电器产品、燃气用具的安装或者线路、管道的敷设不符合消防安全技术规定的，公安消防机构有权责令限期改正，逾期不改正的，责令停止使用。

6.5.6 物业小区的车辆交通管理

随着社会经济发展及人们生活水平的提高，物业小区车辆的流量在逐年增加。建立健全物业小区的车辆交通管理制度，搞好物业小区的车辆交通管理，确保道路交通的畅通安全，防止车辆乱停乱靠及车辆丢失，是物业公司不容忽视的工作。

1. 门卫管理制度

物业小区的门卫管理制度包括大门门卫制度和停车场门卫制度。物业小区的大门门卫制度主要目的是控制进入物业区域的车辆，除救护车、消防车、警车、清洁车、各商业网点送货车等特许车辆外，其他外来车辆必须经门卫验证允许后方可驶入驶出，对可疑车辆要拒绝通行，并报有关部门处理。停车场门卫制度主要是做好停车场的车辆的出入、停放。其门卫的主要职责是：

1）严格履行交接班制度。

2）指挥车辆的进出和停放，对违章车辆及时制止和纠正。

3）对进出车辆作好登记、收费和车况检查记录。

4）搞好停车场的清洁卫生，发现停放车辆有漏水、漏油等现象要及时通知车主。

5）定期检查消防设施，如有损坏，要及时申报维修更换，保证100%完好状态。不准使用消防水源洗车。

6）不做与值班执勤无关的事。勤巡逻、细观察，随时注意进入车场的车辆及车主情况，发现问题及时处理或上报。

2. 车辆管理制度

停放车辆的车主应与物业公司签订管理服务合同，明确双方的责任。

（1）机动车辆管理规定

1）所有外来车辆未经许可不得进入辖区；进入辖区的车辆不得乱停乱放。

2）车辆必须按规定的行驶路线行驶，不得逆行，不得在人行道、绿化道上行驶，不得高速行驶和按喇叭，进入车位时限速5公里以下。

3）长期在辖区内停放的车辆，要办理立户定位手续，办理车辆保险，领取停放证，对号停放，凭证出入，按月缴费。如停止使用车位，应及时办理注销手续。

4）车辆停放后，关好门窗，注意车辆和车位清洁。不准停放漏水，漏油，携带易燃、易爆、腐蚀及污染品的车辆。

5）车辆如损坏路面和公共设施，应照价赔偿。

（2）摩托车、助动车及自行车管理规定

1）到小区管理处办理立户登记手续，领取存车牌，挂于车上，凭此享受按月收费待遇。

2）车辆进入管理范围内，车主应向门卫领取车号牌挂于车上，并按车位存放，当车辆离开时交回车号牌。

停车场门卫的工作受业主的监督，其失职行为可向物业公司反映。

3. 道路管理规定

1）小区内道路不准乱占、乱挖不准在其上乱堆、乱放。

2）不可在路边、坡边挖坑取土。

3）不可在路上试刹车、学倒车或当路停车。

4）不可在公共通道上私自修筑车辆出入通道或私设摊位。

5）不可在道路范围内修筑地下构筑物。

6）小区干道路基承载力一般在 2 吨，所以载重车不准进入。损坏路面，照价赔偿。

7）临时占用及开挖公共道路，物业公司需报市政管理部门审批，经批准后方可施工，并按规定缴纳修复费用。

8）临时占用和开挖道路，应设明显标志，污泥杂物按规定堆放，并按规定时间清理场地，分层回填整实。

6.5.7　物业环境管理应注意的问题

物业公司对物业环境的管理除了依据有关的法规、政策，还要根据法规结合本地区的具体情况制定相应的地方性规章制度，这就必须注意以下三个问题：

1. 规章制度不得与法规、政策相抵触

法规、政策是国家制定的，规章制度不得与法规、政策相抵触。具体是指：

1）法规、政策有具体规定的，规章制度只可引用相应的规定，不可另作不同的规定。

2）法规、政策只有原则性规定，没有具体规定的；或者法规、政策有原则性规定，又允许当事人在一定幅度内再作具体规定的，当事人就应在不违反原则的前提下具体规定，或者在允许的一定幅度内作具体规定。

3）法规、政策没有规定的情况下，规章制度可作具体规定，以弥补法规、政策的不足，但不得违反国家利益和社会公共利益，不得显失公平。

2. 规章制度不可设定处罚权

"处罚"是一种政府的行政行为，只有政府才是行使处罚权的主体，只有国家的立法机关才可以设定处罚权。物业公司是服务型的经营企业，既无权设定处罚，也无权行使处罚权。如果业主和使用人的行为违反规定，损害了社会和物业的公共利益，物业公司可以向房地产行政主管部门报告，由政府机关出面解决，行使行政管理权；或者结合"物业服务合同"的"违约责任"来处理。这样，就可以把错误的设定处罚权、行使处罚权的"行政关系"调整为追究违反合同的"民事责任"，使得物业公司的管理既合理、又合法，既规范业主、使用人的行为，也规范物业公司的服务行为。

3. 规章制度要自成体系、相互衔接

物业环境管理涉及多方面的管理，如在"房屋装修管理规定"中会涉及装修中的建筑垃圾的处理，涉及施工人员进出小区的制度，涉及夜间施工的时间规定。这些规定，要分别与"物业保洁管理规定"、"物业保安管理规定"和"物业防止噪声污染管理规定"的有关内容衔接配套，防止出现矛盾。

6.6　案例分析

【案例 1】 2006 年 6 月 10 日，某市宏运开发商建设的阳光小区交付验收，接管物业公司与宏运公司办理了相关手续。但 2006 年 11 月 10 日，小区内一栋住宅楼的采暖系统出现问题。在供暖时，有十几户的室内温度不能达到要求，住户请求物业公司修理时，物业公司告诉住户，根据《房屋接管验收标准》，建设单位交付的物业不但要符合规定标准，而且，对物业的照明、上下水管线、供暖等负有保修义务。但住户强调这是物业公司的责任。试问物业公司必须承担维修采暖设备的法律责任吗？

案例分析：根据《建设工程质量管理条例》第 40 条规定，在正常使用条件下，供热和供冷系统最低保修期限为 2 个采暖期、供冷期。建设工程的保修期，自竣工验收合格之日起计算。

就开发建设方与建筑施工单位关系而言，建设工程在保修期限内发生质量问题的，施工单位应当履行保修义务，并对造成的损失承担赔偿责任。但就开发建设方与其物业购买业主、承租使用人的关系而言，开发建设方应负物业保修责任，是物业保修第一责任人。《城市房地产开发经营管理条例》第 16 条第 2 款明确规定："房地产开发企业应当对其开发建设的房地产开发项目的质量承担责任"。具体做法：一是由开发商负责保修；二是由物业服务企业负责保修。两种做法的保修费用均由开发商支付。

本案阳光小区于 2006 年 6 月 10 日交付验收，2006 年 11 月 10 日，小区内住宅楼的采暖系统就出现问题，即是在保修期限内发生的质量问题，其保修责任人为宏运开发商。因此，该住宅小区采暖系统出现的问题可以由宏运开发商负责维修，也可以由物业服务企业负责维修，但其费用只能由开发商支付。也就是说，该小区内的采暖系统出现的问题只能由宏运开发商负法律责任。

【案例 2】 2006 年，某工业区 A 栋发生了一起电梯伤人的事故。那天在四楼的业主张家两兄弟因为进货要使用电梯，但因电梯的楼层显示装置坏了，无法判明电梯的位置，两人只好在各楼层找，找到五楼，走在前面的弟弟看见电梯门开着，里面黑洞洞的，于是便一脚迈了进去，坠入电梯井死亡。

事发后，物业公司检查了电梯，发现五楼的电梯门锁有"外力破坏"的新鲜痕迹，怀疑是业主急于使用电梯强行推开电梯门，因用力过猛失去重心从而导致事故发生。而业主则称，他们从今年上半年开始在此办公，迄今为止没有收到过一份物业服务企业关于电梯使用方面的文件或通知。出事时，他并不知道电梯停在哪里，怎么可能无故地去五楼搞坏电梯呢？张家起诉至法院，要求物业公司赔偿。试问电梯伤人事故应该由谁负责？

案例分析：这是一起因电梯事故引起的人身损害赔偿案件，问题的焦点是对原、被告是否存在过错的认定，及被告的过错与其人身损害后果是否存在联系，是否须承担责任。

本案中，物业公司作为工业区 A 栋大厦的管理人，负有保障电梯安全运行的法定义务。从案情来看，其行为存在严重的过错，应承担赔偿的民事责任，表现在：

1）物业公司没有在电梯轿厢内和电梯前厅张贴电梯安全使用说明和乘客乘电梯注意事项。根据规定，物业公司应在电梯轿厢内和电梯前厅张贴电梯安全使用说明和乘客乘电梯注意事项，但物业公司却未作任何说明。

2）物业公司未能及时检查、排除电梯故障。电梯的运行是靠其精密设备，安全装置及安全技术操作，严格的安全管理制度、保养制度来保证安全的。物业公司作为电梯的管理人，应当执行有关电梯安全使用、安全管理、检查、检验的规定，但其却疏忽大意未及时排除故障，以致电梯的楼层显示装置不能正常显示，乘客无法判明电梯所在位置。

3）物业公司的过错与张弟的死亡有因果关系。物业公司的过错是导致电梯不能正常使用的直接原因，张弟的死亡正是电梯不能正常使用所致，所以物业公司的侵权责任成立，物业公司应当承担主要责任。

4）张弟的过错责任问题。张弟是有行为能力的成年人，应当预见到电梯的楼层显示装置坏了，继续乘电梯的危险性，但其却执意寻找电梯。在五楼，他已看到电梯门开着且里面黑洞洞的，也应当预见到进梯的危险性，但其却疏忽大意，主观上存在疏忽大意的过失，其过错是明显的，也应承担相应的责任。

【案例 3】　2007 年 10 月，天津市汤某决定对自己的住房进行装修，先对原暖气管道改线，以增加冬季洗澡的温度，造成供暖水流阻滞；然后将分隔承重墙用冲击钻打进一个高 2m，宽 1m 的长方形空间，准备设置一个"隐形酒柜"。其装修的结果使楼下的五户居民暖气温度一直上不去，室温甚至不到 10℃；隔壁业主张某家中已经贴好的壁画出现鼓包、破裂现象，给楼房安全造成了隐患。经反复调解无效后，业主将汤某和物业公司告上了法庭。试问法院如何审理此案？

案例分析：根据建设部 2002 年《住宅室内装饰装修管理办法》，本案作如下分析：

1）汤某将原暖气管道改线及在分隔承重墙上做隐形酒柜是违法的。因为，进行家庭居室装饰装修，不得随意在承重墙上穿洞、拆除连阳台门窗的墙体、扩大原有门窗尺寸或者另建门窗；不得随意增加楼地面静荷载，在室内砌墙或超负荷吊顶、安装大型灯具及吊扇；不得任意刨凿顶板、不经穿管直接埋设电线或者改线；不得破坏或者拆除厨房、厕所的地面防水层，以及水、暖、电、煤气等配套设施；不得大量使用易燃装饰装修材料等。

2）此外，房屋所有人、使用人进行家庭居室装饰装修，凡涉及拆改主体结构和明显加大荷载的，必须向房屋所在地的房地产行政主管部门提出申请，并由房屋安全鉴定单位对装饰装修方案的安全性进行审定。房屋装饰装修申请人持批准书向建设行政主管部门办理报建手续，并领取施工许可证。汤某在分隔承重墙上做隐形酒柜已涉及拆改主体结构，但其既未向有关部门出申请，也未取得施工许可证，属非法作业。汤某的此种违法行为已危及到整个建筑物的安全，必须为此承担法律责任。

3）物业公司在这起纠纷中也应该承担责任。《住宅室内装饰装修管理办法》规定：物业公司有监督业主装修行为的义务。据此，物业公司可以要求拟装修业主进行登记备案。"对违反本规定的违章装修行为，物业管理单位均应制止、责令改正，并应报请有关主管部门予以处罚"。本案中，物业公司未及时制止汤某的违法装修行为，受害业主可以要求物业公司制止汤某的违法行为或要求其承担赔偿责任。

小　　结

物业接管验收是指物业服务企业对建设单位移交的新建房屋和实行产权转移的原有房屋，根据相关新标准进行综合检验，然后收受管理的过程。

物业接管验收标志着物业管理工作全面启动，物业通过接管验收后，意味着物业开始正常使用，开发商的建设期结束。此后，就由物业公司对物业的安全、正常运行等负有义务和拥有管理物业的权利。物业接管验收的完成，标志着物业公司实质性管理的开始。

物业住宅室内装饰装修是指住宅竣工验收合格后，业主或者住宅使用人对住宅室内进行装饰装修的建筑活动。室内装饰装修中随意拆改房屋主体结构等会造成事故，或者使房屋的安全存在隐患。为加强住宅室内装饰装修管理，保证装饰装修工程的质量和安全，维护公共安全和公众利益，《住宅室内装饰装修管理办法》提出，装饰活动必须保证建筑物结构和使用安全，规范了家庭居室装饰装修工程承包、发包及施工管理的行为。

物业设备管理是指物业公司对物业中主体构造以外的附属于建筑物的各类设备的管理活动。物业设备管理水平的好坏，直接关系到人们正常的生活、工作或从事其他活动能否顺利进行。物业设备的完善程度、合理程度、先进程度，标志着物业管理水平的高低，同时也决定了物业的使用价值和商业价值。

物业设备是指附属于建筑的各类设备的总称，它是构成房屋建筑实体的不可分割的有机组成部分，是发挥物业功能和实现物业价值的物质基础和必要条件。随着现代化高科技设备以及综合式智能房屋的出现，使房屋建筑及附属设备向多样化、综合化的设备系统发展。

物业修缮是物业管理中最重要的环节之一，对保障房屋的使用安全，控制和减缓房屋破损速度，延长房屋的使用年限，改善居住条件，美化生活环境，保持和提高房屋的完好程度及物业的保值和升值具有重要的意义。

物业修缮管理是指物业管理部门对所经营管理的房屋进行修复、维护和改建的管理活动。通过对房屋的正常维护和保养，不仅可以防止和控制房屋在使用过程中受各种因素的影响，还可以保障业主或使用人的安全和正常使用。物业修缮工作带有一定的技术性和专业性。因此，应注意物业修缮质量是否达到标准、物业修缮费用收取是否合理。

物业环境是指在一个物业区域内，围绕和影响业主或使用人工作、正常生活的各种因素的总称。物业公司通过绿化建设、环卫管理、环保手段，不仅可以为业主（或使用人）创造一个清洁的环境，而且还可以提高城市的整体形象。

物业环境管理是指物业公司对物业区域环境的管理。物业环境管理是整个物业管理的一个重要组成部分，物业环境管理水平的高低，直接关系到业主和使用人的生活质量、环境质量。

思 考 题

1. 什么是物业接管验收？
2. 什么是物业修缮？
3. 新建房屋与原有房屋接管验收的区别是什么？
4. 接管验收与竣工验收的区别和联系是什么？
5. 电梯的安装有哪些规定？
6. 物业设备在使用管理过程中应注意哪些事项？
7. 室内装饰装修应当注意哪些事项？
8. 业主进行室内装饰装修是否需要申请？
9. 物业环境管理工作应注意哪些事项？

练 习 题

一、单选题

1. 采暖工程的验收时间，必须在采暖期以前（   ）个月进行。

A. 2　　B. 3　　C. 4　　D. 1

2. 电梯生产企业或被委托代理企业必须（　　）年进行一次电梯检验。

A. 1　　B. 2　　C. 3　　D. 4

3. 屋面等涉及防水工程的部位保修期为（　　）年。

A. 1　　B. 2　　C. 3　　D. 5

4. 新安装电梯从质量验收合格之日起，由电梯生产企业保修（　　）。

A. 半年　　B. 1 年　　C. 2 年　　D. 3 年

5. 在物业小区中，车辆进入车位时一般限速为（　　）公里以下。

A. 10　　B. 5　　C. 3　　D. 1

二、多选题

1. 房屋修缮资金的使用应遵循的原则有（　　）。

A. 保证住用安全　　　　　　　　B. 翻修危险房屋

C. 保证房屋具备正常的使用功能　　D. 在可能的情况下改善住房条件

2. 物业环境管理包括（　　）。

A. 园林绿化管理　　　　　　　　B. 宠物饲养管理

C. 消防公安管理　　　　　　　　D. 违章搭建管理

3. 根据房屋完损状况，修缮工程分为（　　）。

A. 翻修工程　　　　　　　　　　B. 大修工程

C. 综合维修工程　　　　　　　　D. 小修工程

4. 关于电梯设备说法正确的有（　　）。

A. 被委托安装电梯的企业无权对电梯安装进行再委托

B. 电梯实行全国统一的《电梯使用证》

C. 电梯生产企业或委托代理企业每个月对电梯的所有设备至少进行一次检修

D. 电梯应有使用说明书

5. 新建房屋接管验收应具备（　　）条件。

A. 工程施工完毕　　　　　　　　B. 房屋幢号、编号经有关部门确认

C. 竣工验收合格　　　　　　　　D. 供电、采暖等设备和设施能正常使用

三、判断题（在正确的题后打√，在错误的题后打×）

1. 物业公司在管理制度中不可以设定处罚款项。（　　）

2. 综合维修工程一次费用应在该建筑物同类结构新建造价的 20％以下。（　　）

3. 未取得全国统一《电梯准用证》的电梯不得使用。（　　）

4. 物业接管验收必须在工程竣工，并验收合格的基础上进行。（　　）

5. 供热和供冷系统，保修期为 2 年。（　　）

四、案例分析

【案例 1】　2006 年 4 月 30 日，某城市天成物业住宅小区内的道路发生塌陷，严重影响小区居民正常生活，小区居民多次找到天成物业公司，但公司称小区道路在保修期内，应由原建筑单位负责，让居民去找建筑开发商。2006 年 7 月 2 日晚，该小区居民张某在回家时，不慎被塌陷的路绊倒摔伤，被送进医院，当张某家人找到天成物业公司，让其赔偿误工费和医药费时，天成物业公司称该责任应由原建筑开发商负责。于是，张某家人起诉到人民法

院。请问：此案应如何处理？

【案例2】 2006年4月2日，某市建业住宅小区使用的电梯，在运行过程中发生了严重事故，造成李某、张某二人严重伤害，李某和张某被送进医院抢救。2006年4月4日，李某、张某的家人找到负责建业小区的顺泰物业公司，顺泰物业公司立即派人前去医院看望受害人，并给受害人留下5000元钱。但同年5月3日，受害人家属再次找到顺泰物业公司，要求赔偿损失时，顺泰公司声称，这次电梯出现事故，主要是由于电梯厂家没有按时保修，此次事故应由电梯厂家负责。后经有关部门鉴定，该电梯事故发生原因是电梯产品本身问题，不是操作问题。这样，物业公司让受害人去找电梯厂家，但受害人坚持让顺泰公司赔偿损失，多次交涉，双方没有达成协议，于是受害人起诉至人民法院。根据以上事实，请回答下列问题：

1. 本次事故，电梯厂家是否应承担责任？

2. 受害人的损失，小区物业公司是否有责任赔偿？

3. 法院应如何处理此案？

【案例3】 2005年5月，某镇居民马某将闲置的房屋其中的两间租给钟某居住，双方约定：每月租金300元，租期两年。钟某居住后不久，马某就找钟某要求解约，钟某以租期未到拒绝。2005年8月12日，钟某租赁的两间房屋出现漏雨，要求马某修理。马某拒绝修理，且说既然房子不能住了，你找房搬家吧。钟某起诉到法院，要求马某修缮房屋，在审理中马某提出解除租赁合同。试问：本案应如何处理？

第 **7** 章

物业服务合同与收费管理法律制度

> **学习目标**
>
> 　　本章主要介绍物业服务合同与物业服务费用的相关法律知识。应了解物业服务合同、物业服务费用对于改善业主和使用人生活工作环境、保障物业公司正常经营与发展的重要意义；了解物业服务合同的概念、特征和种类，了解物业服务费用收取的一般程序；理解物业服务合同无效的条件、物业服务合同的违约责任及物业服务合同的变更和解除；掌握物业服务合同的主要内容及管理，掌握物业服务费的构成。
>
> **关键词**
>
> 　　合同　　物业服务合同　　物业服务费用　　包干制　　酬金制　　专项维修资金

7.1　物业服务合同

7.1.1　物业服务合同概述

1. 物业服务合同的概念

物业服务合同是指物业服务企业与业主委员会或建设单位订立的，规定由物业服务企业提供对房屋及其配套设备、设施和相关场地进行专业化维修、养护、管理以及维护相关区域内环境卫生和公共秩序，由业主支付报酬的服务合同。

2. 物业服务合同的特征

1) 物业服务合同是建立在平等、自愿基础上的民事合同。

2) 物业服务合同是一种特殊的委托合同。物业服务合同的产生是基于业主大会、业主委员会或建设单位的委托，与一般的委托合同存在着差异。根据《中华人民共和国合同法》（以下简称《合同法》）第 396 条的规定，委托合同是指委托人与受托人约定，由受托人处理委托人事务的合同。委托合同是建立在当事人之间的相互信任的基础上，委托合同的任何一方失去对对方的信任，都可随时解除委托关系。但在物业服务合同的履行过程中，物业公司、业主、业主大会、业主委员会以及建设单位均不得以不信任为由擅自解除物业服务合同，只有在符合法律规定或合同约定的解除条件时，才可依法解除物业服务合同。另外，委托合同可以是有偿的，也可以是无偿的，可以是口头的，也可以是书面的，但物业服务合同只可能是书面的、有偿的合同。

3) 物业服务合同是以劳务为标的的合同。物业服务企业的义务是提供合同约定的劳务

123

服务，如房屋维修、设备保养、治安保卫、清洁卫生、园林绿化等。物业服务企业在完成了约定义务以后，有权获得报酬。

4）物业服务合同是诺成合同、有偿合同、双务合同、要式合同。物业服务合同自业主委员会或建设单位与物业服务企业就合同条款达成一致意见即告成立，无须以物业的实际交付为要件。因此，物业服务合同是诺成合同；物业服务企业是以营利为目的的企业法人，服务收费是正常的。因此，物业服务合同是有偿合同；建设单位、业主、业主大会、业主委员会、物业服务企业都享有权利和义务。因此，物业服务合同是双务合同；物业服务合同须报物业管理行政主管部门备案，因此，其为要式合同。

3. 物业服务合同的分类

1）根据物业的性质不同，物业服务合同可以分为居住物业服务合同和经营性物业服务合同。

2）按照服务提供的所在阶段不同，可以分为前期物业服务合同和物业服务合同。前者是指在物业销售前，由建设单位与其选聘的物业服务企业签订的合同；后者是指在建设单位销售并交付的物业达到一定数量时，依法成立业主委员会，由业主委员会与业主大会选聘的物业公司签订的合同。前期物业服务合同在业主委员会与物业服务企业签订的物业服务合同生效时终止。

7.1.2 物业服务合同主体

物业服务合同主体是指物业服务合同权利的享有者和义务的承担者。物业服务合同主体包括建设单位、业主委员会、物业服务企业。

1. 建设单位

建设单位是指物业的开发单位。《物业管理条例》规定，在业主、业主大会选聘物业服务企业之前，建设单位选聘物业服务企业的，应当签订书面的前期物业服务合同。建设单位在与物业买受人订立物业买卖合同时，应将前期物业服务合同中的内容纳入物业买卖合同中。前期物业服务合同可以约定期限；但是，期限未满、业主委员会与物业服务企业签订的物业服务合同生效，前期物业服务合同终止，此时，业主委员会取代了建设单位的地位，建设单位不再是合同主体。

2. 业主委员会

业主委员会是经业主大会选举产生的，是业主大会的执行机构。它代表业主利益，实行自治管理，维护业主合法权益。业主委员会有权代表业主与物业服务企业签订物业服务合同，并有权监督物业服务企业的服务水准、服务合同的执行情况，物业服务收费及其使用情况。

3. 物业服务企业

物业服务企业是指取得物业服务企业资质证书和工商营业执照，接受建设单位或业主或者业主大会的委托，根据物业服务合同进行专业管理，实行有偿服务的企业。物业服务企业有权依照物业管理办法和物业服务合同对物业实施管理，有权依照物业服务合同收取服务费用，有权选聘专业服务公司承担物业管理区域内的专项服务业务，但不得将整项服务业务全部委托他人。

7.1.3 物业服务合同订立程序

物业服务合同订立过程主要包括要约和承诺两个阶段。

1. 要约

要约是指物业服务合同主体一方以书面、口头、电子信件等方式向另一方作出的希望与其订立物业服务合同的意思表示。该意思表示应当符合两个条件：一是内容具体确定；二是表明经受要约人承诺，要约人即受该意思表示的约束。由此可见，在物业管理招投标过程中的招标公告不属于要约而为要约邀请，而各物业服务企业的投标书则符合要约条件，属于要约。此外，物业公司作出的商业广告、为业主提供特约服务的价目表一般都不属于要约。

2. 承诺

承诺是指受要约人同意要约的意思表示。承诺的法律效力在于承诺一经作出，并送达要约人，合同即告成立，要约人不得加以拒绝。一项合格承诺应具备以下条件：

1）承诺应由受要约人或其代理人作出。

2）承诺内容应当与要约的内容一致，不得有实质性变更。

3）承诺一般应当以通知的方式作出，行为方式的承诺，只有在依据交易习惯或者要约表明可以通过行为作出承诺时才可适用，而默示或不作为不能构成有效的承诺。

4）承诺须在合理的期限内作出。

在物业管理招投标过程中，业主委员会通过开标、评标、定标发给某物业服务企业的中标通知书则属于承诺，双方应在此基础上订立书面的物业服务合同。中标通知书发出后，招标人改变中标结果的，或者中标人放弃中标项目的，应当依法承担法律责任。

7.1.4 物业服务合同的形式

虽然我国《合同法》规定合同可以采取书面形式、口头形式和其他形式，但是物业服务合同与双方的工作、生活密切相关，涉及的权利义务关系复杂，合同履行期长。因此，《物业管理条例》规定，物业服务合同应采取书面形式。书面形式是指合同书、信件和数据电文（包括电报、电传、传真、电子数据交换和电子邮件）等可以有形地表现所载内容的形式。

此外，物业服务合同应当报有关物业管理行政主管部门备案，以便行政部门更好地监督和指导。

7.1.5 物业服务合同的主要内容

根据《合同法》和物业管理法规，物业服务合同的主要内容包括：

1. 双方当事人的名称和住所

物业服务合同的一方通常为某物业管理区域的业主委员会，另一方为某物业服务企业。住所指业主委员会和物业服务企业主要办事机构所在地，一般均设在物业管理区域内。

2. 物业管理区域范围

这是指受管理的物业的名称、物业类型、坐落位置、四至界限、占地面积、建筑面积等。一般在物业服务合同中简要说明，另以附件形式附录委托管理的物业构成细目。

3. 物业服务的事项

物业服务的事项可根据具体情况而不同，一般可以委托管理的物业服务事项包括以下方面：

1）物业的维修、养护、运行和管理，包括房屋建筑共用部位、共用设施设备和附属建筑物、构筑物、附属配套建筑和设施等有形物的维护性管理。

2）公共生态环境的管理，可分为绿化类美化事务和公共环境卫生事务两种。

3）监控公共秩序的管理，包括对物业使用秩序、车辆交通和停放秩序、公共安全秩序三种秩序的监控管理。

4）代为物业经营和财务管理的事务，包括将管辖区内属于全体业主共有的商业网点用房、文化体育娱乐场所、停车场地依业主委员会授权代为出租经营，代为向业主和物业使用人收取水、电、有线电视费，代管业主委员会具体财务工作等。

5）代为组织和开展社区文化娱乐活动之事务。

6）业主、物业使用人的个体委托事务的有偿承办，例如业主和物业使用人房屋自用部位、自用设施设备的维修、养护，在其提出委托时，物业公司应接受委托并合理收费。

物业服务合同双方应在物业服务合同中对物业服务事项作出明确的规定，否则可能导致不必要的纠纷。

4. 物业服务质量

物业服务应坚持方便业主和住户、文明服务的原则，具体要求根据业主要求和物业服务企业服务能力确定。如在保洁服务方面可约定"居住区内道路、楼梯每天清扫一次，垃圾每天清运一次，及时清理居住区内公共场所的废弃杂物，及时清扫积水和积雪，及时组织清理乱堆乱放物品、乱张贴宣传品"；在绿化服务方面可约定"绿地无杂物，无侵占现象，基本无裸露土地，花草、树木修剪及时，无明显枯枝及病虫害现象，树木基本无钉栓捆绑现象"等。

5. 物业服务费用

业主与物业服务企业可以采取包干制或者酬金制等形式约定物业服务费用。

（1）包干制　实行物业服务费用包干制的，物业服务费用由三部分构成：一是物业服务企业受托提供服务所必需的服务成本费用，二是物业服务企业完成服务后有权获得的报酬，三是法定税费。对物业服务费用的约定是物业服务合同不可缺少的内容，在各有关物业管理法律法规中，对物业服务费也作了相关的规定。

（2）酬金制　实行物业服务费用酬金制的，预收的物业服务资金包括物业服务支出和物业服务企业的酬金。

特约服务费属于物业服务企业自营业务范围，因特约服务发生的报酬由业主、物业使用人与物业服务企业另行约定，不在物业服务合同规定范围。

6. 物业服务期限

双方可以约定物业服务的期限，但不得违反法律法规的有关规定。

7. 双方的权利和义务

业主委员会有权审议物业服务企业制定的对本物业管理区域的年度管理计划、住宅区配套工程和重大的维修工程项目，有权审议物业服务费用的收费标准，有权监督物业服务企业在本物业管理区域内的物业管理工作。

物业服务企业有权根据法律法规，结合实际情况，制定本物业管理区域的物业管理办法，收取有关服务费用，制止业主或使用人违反物业管理规定的行为以及有权选聘专营公司承担专项服务业务。为避免纠纷，双方可以在物业服务合同中明确约定双方的权利和义务。

8. 违约责任

违约责任是指双方可约定不履行或不完全履行物业服务合同时，违约方应向对方承担的责任。

9. 其他事项

如合同的终止条件，纠纷的解决方式等双方认为应该约定的事项。

以上所述，物业服务合同的内容并不是强制性规定。双方可以根据具体情况，对物业服务合同内容进行约定，同时对以上事项的欠缺也不是必然导致物业服务合同无效的要件。但为了避免纠纷，物业服务合同主体应尽可能对有关事宜作出约定。

7.1.6 物业服务合同示范文本

为了使物业服务合同具有公正性、完备性、适应性和严肃性，建设部于 2004 年颁发了《前期物业服务合同（示范文本）》，反映了在物业管理委托活动中，各环节必须明确的当事人双方权利义务关系。

前期物业服务合同（示范文本）

甲方：＿＿＿＿＿＿＿＿＿＿＿＿＿；

法定代表人：＿＿＿＿＿＿＿＿＿＿＿；

住所地：＿＿＿＿＿＿＿＿＿＿＿＿＿＿；

邮编：＿＿＿＿＿＿＿＿＿＿＿＿＿＿。

乙方：＿＿＿＿＿＿＿＿＿＿＿＿＿；

法定代表人：＿＿＿＿＿＿＿＿＿＿＿＿；

住所地：＿＿＿＿＿＿＿＿＿＿＿＿＿＿；

邮编：＿＿＿＿＿＿＿＿＿＿＿＿＿；

资质等级：＿＿＿＿＿＿＿＿＿＿＿＿；

证书编号：＿＿＿＿＿＿＿＿＿＿＿。

根据《物业管理条例》和相关法律、法规、政策，甲乙双方在自愿、平等、协商一致的基础上，就甲方选聘乙方对＿＿＿＿＿＿＿＿＿＿＿＿（物业名称）提供前期物业管理服务事宜，订立本合同。

第 1 章 物业基本情况

第一条 物业基本情况：

物业名称＿＿＿＿＿＿＿＿＿＿＿＿；

物业类型＿＿＿＿＿＿＿＿＿＿＿＿；

坐落位置＿＿＿＿＿＿＿＿＿＿＿＿；

建筑面积＿＿＿＿＿＿＿＿＿＿＿＿。

物业管理区域四至：

　东至＿＿＿＿＿＿＿＿＿＿＿＿；

　南至＿＿＿＿＿＿＿＿＿＿＿＿；

西至_____；

北至_____。

（规划平面图见附件一，物业构成明细见附件二）。

第2章　服务内容与质量

第二条　在物业管理区域内，乙方提供的前期物业管理服务包括以下内容：

1. 物业共用部位的维修、养护和管理（物业共用部位明细见附件三）；

2. 物业共用设施设备的运行、维修、养护和管理（物业共用设施设备明细见附件四）；

3. 物业共用部位和相关场地的清洁卫生，垃圾的收集、清运及雨、污水管道的疏通；

4. 公共绿化的养护和管理；

5. 车辆停放管理；

6. 公共秩序维护、安全防范等事项的协助管理；

7. 装饰装修管理服务；

8. 物业档案资料管理。

第三条　在物业管理区域内，乙方提供的其他服务包括以下事项：

1. _____；

2. _____；

3. _____。

第四条　乙方提供的前期物业管理服务应达到约定的质量标准（前期物业管理服务质量标准见附件五）。

第五条　单个业主可委托乙方对其物业的专有部分提供维修养护等服务，服务内容和费用由双方另行商定。

第3章　服务费用

第六条　本物业管理区域物业服务收费选择以下第____种方式：

1. 包干制

物业服务费用由业主按其拥有物业的建筑面积交纳，具体标准如下：

多层住宅：_____元/（月·m²）；

高层住宅：_____元/（月·m²）；

别墅：_____元/（月·m²）；

办公楼：_____元/（月·m²）；

商业物业：_____元/（月·m²）；

_____物业：_____元/（月·m²）。

物业服务费用主要用于以下开支：

（1）管理服务人员的工资、社会保险和按规定提取的福利费等；

（2）物业共用部位、共用设施设备的日常运行、维护费用；

（3）物业管理区域清洁卫生费用；

（4）物业管理区域绿化养护费用；

（5）物业管理区域秩序维护费用；

（6）办公费用；

（7）物业管理企业固定资产折旧；

（8）物业共用部位、共用设施设备及公众责任保险费用；

（9）法定税费；

（10）物业管理企业的利润；

（11）_____。

乙方按照上述标准收取物业服务费用，并按本合同约定的服务内容和质量标准提供服务，盈余或亏损由乙方享有或承担。

2. 酬金制

物业服务资金由业主按其拥有物业的建筑面积预先交纳，具体标准如下：

多层住宅：_____元/（月·m²）；

高层住宅：_____元/（月·m²）；

别墅：_____元/（月·m²）；

办公楼：_____元/（月·m²）；

商业物业：_____元/（月·m²）；

____物业：_____元/（月·m²）。

预收的物业服务资金由物业服务支出和乙方的酬金构成。

物业服务支出为所交纳的业主所有，由乙方代管，主要用于以下开支：

（1）管理、服务人员的工资、社会保险和按规定提取的福利费等；

（2）物业共用部位、共用设施设备的日常运行、维护费用；

（3）物业管理区域清洁卫生费用；

（4）物业管理区域绿化养护费用；

（5）物业管理区域秩序维护费用；

（6）办公费用；

（7）物业管理企业固定资产折旧；

（8）物业共用部位、共用设施设备及公众责任保险费用；

（9）_____。

乙方采取以下第_____种方式提取酬金：

（1）乙方按_____（每月/每季/每年）_____元的标准从预收的物业服务资金中提取。

（2）乙方_____（每月/每季/每年）按应收的物业服务资金_____%的比例提取。

物业服务支出应全部用于本合同约定的支出。物业服务支出年度结算后结余部分，转入下一年度继续使用；物业服务支出年度结算后不足部分，由全体业主承担。

第七条　业主应于_____之日起交纳物业服务费用（物业服务资金）。

纳入物业管理范围的已竣工但尚未出售，或者因甲方原因未能按时交给物业买受人的物业，其物业服务费用（物业服务资金）由甲方全额交纳。

业主与物业使用人约定由物业使用人交纳物业服务费用（物业服务资金）的，从其约定，业主负连带交纳责任。业主与物业使用人之间的交费约定，业主应及时书面告知乙方。

物业服务费用（物业服务资金）按_____（年/季/月）交纳，业主或物业使用人应在_____（每次缴费的具体时间）履行交纳义务。

第八条　物业服务费用实行酬金制方式计费的，乙方应向全体业主公布物业管理年度计划和物业服务资金年度预决算，并每年＿＿＿＿＿＿次向全体业主公布物业服务资金的收支情况。

对物业服务资金收支情况有争议的，甲乙双方同意采取以下方式解决：

1. ＿＿＿＿＿＿＿＿＿＿＿＿＿＿＿＿＿＿＿＿＿；

2. ＿＿＿＿＿＿＿＿＿＿＿＿＿＿＿＿＿＿＿＿＿。

第4章　物业的经营与管理

第九条　停车场收费分别采取以下方式：

1. 停车场属于全体业主共有的，车位使用人应按露天车位＿＿＿＿＿＿＿＿＿元/（个·月）、车库车位＿＿＿＿＿＿＿＿＿元/（个·月）的标准向乙方交纳停车费。

乙方从停车费中按露天车位＿＿＿＿＿＿＿元/（个·月）、车库车位＿＿＿＿＿＿＿元/（个·月）的标准提取停车管理服务费。

2. 停车场属于甲方所有、委托乙方管理的，业主和物业使用人有优先使用权，车位使用人应按露天车位＿＿＿＿＿＿＿＿＿元/（个·月）、车库车位＿＿＿＿＿＿＿＿＿元/（个·月）的标准向乙方交纳停车费。

乙方从停车费中按露天车位＿＿＿＿＿＿＿元/（个·月）、车库车位＿＿＿＿＿＿＿元/（个·月）的标准提取停车管理服务费。

3. 停车场车位所有权或使用权由业主购置的，车位使用人应按露天车位＿＿＿＿＿＿＿＿＿元/（个·月）、车库车位＿＿＿＿＿＿＿＿＿元/（个·月）的标准向乙方交纳停车管理服务费。

第十条　乙方应与停车场车位使用人签订书面的停车管理服务协议，明确双方在车位使用及停车管理服务等方面的权利义务。

第十一条　本物业管理区域内的会所属＿＿＿＿＿＿＿＿＿（全体业主/甲方）所有。

会所委托乙方经营管理的，乙方按下列标准向使用会所的业主或物业使用人收取费用：

1. ＿＿＿＿＿＿＿＿＿＿＿＿＿＿＿＿＿＿＿＿＿；

2. ＿＿＿＿＿＿＿＿＿＿＿＿＿＿＿＿＿＿＿＿＿。

第十二条　本物业管理区域内属于全体业主所有的停车场、会所及其他物业共用部位、公用设备设施统一委托乙方经营，经营收入按下列约定分配：

1. ＿＿＿＿＿＿＿＿＿＿＿＿＿＿＿＿＿＿＿＿＿；

2. ＿＿＿＿＿＿＿＿＿＿＿＿＿＿＿＿＿＿＿＿＿。

第5章　物业的承接验收

第十三条　乙方承接物业时，甲方应配合乙方对以下物业共用部位、共用设施设备进行查验：

1. ＿＿＿＿＿＿＿＿＿＿＿＿＿＿＿＿＿＿＿＿＿；

2. ＿＿＿＿＿＿＿＿＿＿＿＿＿＿＿＿＿＿＿＿＿；

3. ＿＿＿＿＿＿＿＿＿＿＿＿＿＿＿＿＿＿＿＿＿。

第十四条　甲乙双方确认查验过的物业共用部位、共用设施设备存在以下问题：

1. ＿＿＿＿＿＿＿＿＿＿＿＿＿＿＿＿＿＿＿＿＿；

2. ＿＿＿＿＿＿＿＿＿＿＿＿＿＿＿＿＿＿＿＿＿；

3. ＿＿＿＿＿＿＿＿＿＿＿＿＿＿＿＿＿＿＿＿＿。

甲方应承担解决以上问题的责任，解决办法如下：

1. _____ ;
2. _____ ;
3. _____ 。

第十五条　对于本合同签订后承接的物业共用部位、共用设施设备，甲乙双方应按照前条规定进行查验并签订确认书，作为界定各自在开发建设和物业管理方面承担责任的依据。

第十六条　乙方承接物业时，甲方应向乙方移交下列资料：

1. 竣工总平面图，单体建筑、结构、设备竣工图，配套设施、地下管网工程竣工图等竣工验收资料；

2. 设施设备的安装、使用和维护保养等技术资料；

3. 物业质量保修文件和物业使用说明文件；

4 _____ 。

第十七条　甲方保证交付使用的物业符合国家规定的验收标准，按照国家规定的保修期限和保修范围承担物业的保修责任。

第 6 章　物业的使用与维护

第十八条　业主大会成立前，乙方应配合甲方制定本物业管理区域内物业共用部位和共用设施设备的使用、公共秩序和环境卫生的维护等方面的规章制度。

乙方根据规章制度提供管理服务时，甲方、业主和物业使用人应给予必要配合。

第十九条　乙方可采取规劝、_____、_____等必要措施，制止业主、物业使用人违反本临时公约和物业管理区域内物业管理规章制度的行为。

第二十条　乙方应及时向全体业主通告本物业管理区域内有关物业管理的重大事项，及时处理业主和物业使用人的投诉，接受甲方、业主和物业使用人的监督。

第二十一条　因维修物业或者公共利益，甲方确需临时占用、挖掘本物业管理区域内道路、场地的，应征得相关业主和乙方的同意；乙方确需临时占用、挖掘本物业管理区域内道路、场地的，应征得相关业主和甲方的同意。

临时占用、挖掘本物业管理区域内道路、场地的，应在约定期限内恢复原状。

第二十二条　乙方与装饰装修房屋的业主或物业使用人应签订书面的装饰装修管理服务协议，就允许施工的时间、废弃物的清运与处置、装修管理服务费用等事项进行约定，并事先告知业主或物业使用人装饰装修中的禁止行为和注意事项。

第二十三条　甲方应于_____（具体时间）按有关规定向乙方提供能够直接投入使用的物业管理用房。

物业管理用房建筑面积_____ m²，其中：办公用房_____ m²，位于_____；住宿用房_____ m²，位于_____；_____用房_____ m²，位于_____。

第二十四条　物业管理用房属全体业主所有，乙方在本合同期限内无偿使用，但不得改变其用途。

第 7 章　专项维修资金

第二十五条　专项维修资金的缴存_____ 。

第二十六条　专项维修资金的管理_____ 。

第二十七条　专项维修资金的使用_____ 。

第二十八条　专项维修资金的续筹＿＿＿＿＿＿＿＿。

第8章　违约责任

第二十九条　甲方违反本合同第十三条、第十四条、第十五条的约定，致使乙方的管理服务无法达到本合同第二条、第三条、第四条约定的服务内容和质量标准的，由甲方赔偿由此给业主和物业使用人造成的损失。

第三十条　除前条规定情况外，乙方的管理服务达不到本合同第二条、第三条、第四条约定的服务内容和质量标准，应按＿＿＿＿＿＿的标准向甲方、业主支付违约金。

第三十一条　甲方、业主或物业使用人违反本合同第六条、第七条的约定，未能按时足额交纳物业服务费用（物业服务资金）的，应按＿＿＿＿＿＿的标准向乙方支付违约金。

第三十二条　乙方违反本合同第六条、第七条的约定，擅自提高物业服务费用标准的，业主和物业使用人就超额部分有权拒绝交纳；乙方已经收取的，业主和物业使用人有权要求乙方双倍返还。

第三十三条　甲方违反本合同第十七条的约定，拒绝或拖延履行保修义务的，业主、物业使用人可以自行或委托乙方修复，修复费用及造成的其他损失由甲方承担。

第三十四条　以下情况乙方不承担责任：

1. 因不可抗力导致物业管理服务中断的；

2. 乙方已履行本合同约定义务，但因物业本身固有瑕疵造成损失的；

3. 因维修养护物业共用部位、共用设施设备需要且事先已告知业主和物业使用人，暂时停水、停电、停止共用设施设备使用等造成损失的；

4. 因非乙方责任出现供水、供电、供气、供热、通信、有线电视及其他共用设施设备运行障碍造成损失的；

5. ＿＿＿＿＿＿＿＿＿＿＿＿＿＿＿＿。

第9章　其他事项

第三十五条　本合同期限自＿＿＿＿年＿＿月＿＿日起至＿＿＿＿年＿＿月＿＿日止；但在本合同期限内，业主委员会代表全体业主与物业管理企业签订的物业服务合同生效时，本合同自动终止。

第三十六条　本合同期满前＿＿＿＿月，业主大会尚未成立的，甲、乙双方应就延长本合同期限达成协议；双方未能达成协议的，甲方应在本合同期满前选聘新的物业管理企业。

第三十七条　本合同终止时，乙方应将物业管理用房、物业管理相关资料等属于全体业主所有的财物及时完整地移交给业主委员会；业主委员会尚未成立的，移交给甲方或＿＿＿＿＿＿代管。

第三十八条　甲方与物业买受人签订的物业买卖合同，应当包含本合同约定的内容；物业买受人签订物业买卖合同，即为对接受本合同内容的承诺。

第三十九条　业主可与物业使用人就本合同的权利义务进行约定，但物业使用人违反本合同约定的，业主应承担连带责任。

第四十条　本合同的附件为本合同不可分割的组成部分，与本合同具有同等法律效力。

第四十一条　本合同未尽事宜，双方可另行以书面形式签订补充协议，补充协议与本合同存在冲突的，以本合同为准。

第四十二条　本合同在履行中发生争议，由双方协商解决，协商不成，双方可选择以下第_____种方式处理：

　　1. 向_____仲裁委员会申请仲裁；

　　2. 向人民法院提起诉讼。

　　第四十三条　本合同一式_____份，甲、乙双方各执_____份。

　　　甲方（签章）　　　　　　　　　　乙方（签章）

　　　法定代表人　　　　　　　　　　　法定代表人

　　　　　　　　　　　　　　　　　　　_____年___月___日

附件（略）。

《前期物业服务合同（示范文本）》使用说明

　　1. 本示范文本仅供建设单位与物业管理企业签订《前期物业服务合同》参考使用。

　　2. 经协商确定，建设单位和物业管理企业可对本示范文本的条款内容进行选择、修改、增补或删减。

　　3. 本示范文本第六条、第七条、第八条、第九条第二款和第三款、第二十条、第二十一条、第二十二条、第二十四条所称业主，是指拥有房屋所有权的建设单位和房屋买受人；其他条款所称业主，是指拥有房屋所有权的房屋买受人。

7.1.7　无效的物业服务合同

　　根据我国《合同法》第 52 条的规定，有下列情形之一的，合同无效。

　　1）一方以欺诈、胁迫的手段订立合同，损害国家利益的。

　　2）恶意串通，损害国家、集体或者第三人利益的。

　　3）以合法形式掩盖非法目的的。

　　4）损害社会公共利益的。

　　5）违反法律、行政法规的强制性规定的。

　　值得注意的是并不是所有以欺诈、胁迫的手段订立的物业服务合同都是无效合同，只有一方以欺诈、胁迫的手段订立的且损害国家利益的物业服务合同是无效合同。如果物业服务企业以欺诈、胁迫的手段订立的物业服务合同损害的是众业主的利益，该合同属于可撤销的合同，不属于无效合同。业主委员会可以在一定的期限内通过行使合同撤销权使物业服务合同归于无效。

　　无效的物业服务合同得不到法律保护，这意味着不能产生当事人订立合同时所预期的效果，但并不说明无效的物业服务合同不产生任何法律后果。根据有关法律规定，合同无效后，因该合同取得的财产，应当予以返还；不能返还或者没有必要返还的，应当折价补偿。有过错的一方应当赔偿对方因此所受到的损失，双方都有过错的，应当各自承担相应的责任。当事人恶意串通，损害国家、集体或者第三人利益的，因此取得的财产收归国家所有或者返还集体、第三人。

在物业管理实践中，比较常见的无效物业服务合同主要有物业公司不具备主体资格（如物业公司未经工商行政主管部门登记或超越其管理资质水平）签订的物业服务合同，物业公司在物业管理招投标过程中以行贿、串通投标等不正当竞争手段获取的物业服务合同，房地产开发公司违背业主意愿与物业公司签订的物业服务合同，非法成立的业主委员会与物业公司签订的物业服务合同等。

值得注意的是，物业服务合同无效并不影响合同中独立存在的有关争议解决方式的条款的效力。

7.1.8 物业服务合同的违约责任

物业服务合同的违约责任是指物业服务合同当事人一方不履行物业服务合同义务或者履行合同义务不符合约定的，依法应当承担继续履行、采取补救措施或者赔偿损失等责任。承担物业服务合同违约责任的主要方式有：

1. 继续履行

继续履行是指在一方当事人违反物业服务合同的情况下，另一方当事人有权请求违约方按照合同履行义务，除了法律另有规定外，违约方应当继续履行。在物业管理实践中，业主委员会违法解除物业服务合同时，物业服务企业有权要求继续履行合同。

2. 采取补救措施

采取补救措施是指在违约方给对方造成损失后，为了防止损失的进一步扩大，由违约方依法采取重做、修理、更换等补救措施承担违约责任。

3. 赔偿损失

当事人一方不履行物业服务合同规定义务或者履行合同义务不符合约定的，在履行义务或者采取补救措施后，对方还有其他损失的，应当赔偿损失。损失赔偿额应当相当于因违约所造成的损失，包括物业服务合同履行后可以获得的利益，但不得超过违反物业服务合同一方订立合同时预见到或者应当预见到的因违反合同可能造成的损失。

4. 违约金

当事人可以约定一方违约时应当根据违约情况向对方支付一定数额的违约金，也可以约定因违约产生的损失赔偿额的计算方法。约定的违约金低于造成的损失的，当事人可以请求人民法院或者仲裁机构予以增加；约定的违约金过分高于造成的损失的，当事人可以请求人民法院或者仲裁机构予以适当减少。当事人就迟延履行约定违约金的，违约方支付违约金后，还应当履行债务。

根据法律的有关规定，当事人既约定违约金，又约定定金的，一方违约时，对方可以选择适用违约金或者定金条款。

值得注意的是，因当事人一方的违约行为，侵害对方人身、财产权益的，受损害方有权选择依照违约方承担违约责任的法律，也可选择依照其他法律要求其承担侵权责任。如某小区的一位业主在物业管理区域内滑倒摔伤，其直接原因是物业公司没有及时对物业管理区域内的积雪进行清扫。此时，该业主可按照对他有利的条件选择要求物业公司承担违约责任或承担侵权责任。两者在确定法院的管辖、适用法律、赔偿的范围和数额等方面都存在差异。

7.1.9　物业服务合同的变更、解除

1. 物业服务合同的变更

物业服务企业接管物业以后，可能会由于业主的要求或环境的变化导致合同的部分内容不再符合实际，这时，在物业服务企业和业主委员会协商一致的情况下，可以变更原合同的内容，对有关条款予以修订和更改。物业服务合同变更后，应到有关物业管理行政主管部门办理备案手续。如果原合同进行了公证，那么变更后的合同只有经过公证才产生变更效力。物业服务合同一经变更后，双方应严格按照变更后的合同来履行，但变更后的合同对履行部分无追溯力。

2. 物业服务合同的解除

物业服务企业和业主委员会经协商一致，可以解除物业服务合同。双方可以在物业服务合同中约定一方解除物业服务合同的条件。解除合同的条件成立时，可以解除合同。

我国《合同法》第 94 条规定，有下列情形之一的，当事人可以解除合同：

1）因不可抗力致使不能实现合同目的的。

2）在履行期限届满之前，当事人一方明确表示或者以自己的行为表明不履行主要债务的。

3）当事人一方迟延履行主要债务，经催告后在合理期限内仍未履行的。

4）当事人一方迟延履行债务或者有其他违约行为致使不能实现合同目的的。

在物业管理实践中，如果业主委员会违反约定，不履行自己的义务致使物业服务企业无法完成规定的管理目标时，物业服务企业有权要求解除合同；如果物业服务企业提供的服务质量低下，不能达到约定的管理目标，业主委员会也有权解除合同。

物业服务合同解除后，尚未履行的，终止履行；已经履行的，根据履行的情况，当事人可以要求恢复原状、采取其他补救措施，并有权要求赔偿损失。

7.2　物业服务费用

物业服务费用是物业服务企业实际运作的基础，也是物业服务合同中一项重要的内容。一方面，对物业的内部和外部以及公共设施、设备的适时更新和维修是实现物业价值和使用价值，并保值增值的重要条件，而对物业的适时更新和维修需要一定的资金作保证；另一方面，业主委托物业服务企业提供物业管理服务也应该支付相应的服务报酬。这一切都以物业服务费用的形式表现出来。为规范城市物业管理服务的收费行为，维护国家利益和物业服务企业以及业主、物业使用人的合法权益，促进物业服务行业的健康发展，2004 年 1 月，国家发展和改革委员会同建设部依据《中华人民共和国价格法》，印发了《物业服务收费管理办法》，对物业服务收费的有关问题进行了规范。

7.2.1　物业服务费用的概念

物业服务费用是指物业服务企业接受业主、使用人委托对物业管理区域内有关房屋建筑及其设备、公共设施、绿化、卫生、交通、治安和环境容貌等项目开展日常维护、修缮、整治服务及提供其他相关的服务所收取的费用。

根据《物业服务收费管理办法》规定，按照服务性质的不同，物业服务收费分三种情况。

1. 公共性服务收费

公共性服务收费即日常管理费。具体包括管理、服务人员的工资和按规定提取的福利费；公共设施、设备日常运行维修及保养费；绿化管理费；清洁卫生费；保安费；办公费；物业管理单位固定资产折旧费；法定税费。

2. 公众代办性服务收费

公众代办性服务收费，即物业服务企业代有关部门收取水费、电费、燃（煤）气费、有线电视费、电话费等所获得的手续费。物业服务企业代收代缴费用，是一项方便广大居民、提高办事效率和服务质量的工作。

3. 特约性服务收费

这是为满足业主、物业使用人个别需要而应其约定提供专门服务所收取的费用。如代购车船票、接送小孩、看护病人、室内装潢等特殊服务的收费。特约服务费由业主与物业服务企业协商确定，报价格管理部门备案。

7.2.2 物业服务收费的定价

根据物业服务企业提供服务的性质和特点，国家对物业服务收费分别实行以下几种定价方式：

（1）政府定价 政府定价主要适用于两种情况，一是为业主、物业使用人提供的公共卫生清洁、公共设施的维修保养和保安、绿化等具有公共性的服务收费；二是以代收代缴水电费、燃（煤）气费、有线电视费等公众代办性质的服务收费。根据《中华人民共和国价格法》第六条的规定，服务价格除重要的公益性服务适用政府指导价或政府定价外，一般的服务价格都实行市场调节价。《物业服务收费管理办法》规定，对上述两类收费实行政府定价或政府指导价。其具体价格管理形式，由省、自治区、直辖市物价部门根据当地经济发展水平和物业管理市场发育程度来确定。

实行政府定价的物业服务收费标准由物业服务企业根据实际提供的服务项目和各项费用开支情况，向物价部门申报，由物价部门征求物业管理行政主管部门的意见后，以独立小区为单位核定。

（2）政府指导价 政府指导价主要适用于对高级公寓、别墅区等高标准住宅小区的公共性和公众代办性服务收费。

实行政府指导价的物业服务收费，物业服务企业可在政府指导价格规定的幅度范围内确定具体收费标准。

（3）经营者定价 经营者定价主要适用于物业服务企业为业主、物业使用人的个别需求提供的特约服务。

实行经营者定价的物业服务收费标准，由物业服务企业与业主委员会或业主代表、使用人代表协商议定。但应将收费项目和收费标准向当地物价部门备案。物业服务费用的具体标准应由业主和物业服务企业按照合理、公开以及费用与服务水平相适应的原则，协商确定。

7.2.3 物业服务收费的方式

物业服务企业收取服务费用的方式主要有两种：

（1）包干制　包干制指以固定数标准收取费用，提供服务，以降低费用支出取得余额作为利润的服务收费方式。

（2）酬金制　酬金制指由业主决定服务的水平及收费的标准，物业服务企业提供的所有服务的实际成本均由业主承担，物业服务企业按提供服务的成本计算收取一定比例的酬金（佣金）作为利润的服务收费方式。酬金可以按固定数额提取，也可按比例提取。酬金制有利于竞争。如在香港特别行政区，大部分物业服务企业采取酬金制的管理模式。一般的酬金提取比例是提供服务的成本的 10%～15%，住宅物业的提取比例是 10%，商业物业的提取比例是 15%。在我国大陆，目前主要采取包干制。

物价部门在核定收费标准时，应充分听取物业服务企业和业主管理委员会或业主、使用人的意见，既要有利于物业管理服务的价值补偿，也要考虑物业业主、使用人的经济承受能力，以物业管理所发生的费用为基础，结合物业服务企业的服务内容和服务质量来核定。对核定后的物业服务收费标准，物价部门要根据物业服务费用的变化适时进行调整。

7.2.4　物业服务费用的收取

依据有关法律法规的规定，物业服务企业有权依法向业主收取物业服务费用，以开展日常维修、修缮、保洁服务以及提供其他与居民生活相关的服务活动。同时，物业服务企业也依法负有以下义务：

1）物业服务企业应将经物价部门核定的或由物业服务企业与业主委员会或业主代表、使用人代表协商议定的收费项目、收费标准和收费办法明文约定在物业服务合同中。未受业主委员会或者业主、使用人委托，物业服务企业自行提供服务收费的，业主或者使用人可以不支付。

2）物业服务收费实行明码标价，收费项目、收费标准和收费办法，应在经营场所或收费地点公布。

3）物业服务企业应定期向住户公布收费的收入和支出账目，公布物业服务企业年度计划和项目物业管理的重大措施，接受业主委员会或业主、使用人的监督。物业服务企业单独开设的该物业管理区域的账户不同于业主基金账户（即业主交纳的维修基金的存储账户），也不同于物业服务企业的法人账户。不能用物业服务企业的法人账户代替项目物业管理的账户，专户专用可以防止物业服务企业挪用、混用项目资金，并增加了该账户的财务透明度。

4）物业服务企业应当严格遵守国家的价格法规和政策，执行规定的收费办法和收费标准，努力提高服务质量，向住户提供质价相称的服务，不得只收费不服务或多收费少服务。

5）物业服务企业在物业服务合同终止或解除后，应与业主委员会对预收的物业服务费用按实结算，多收的部分予以退还，并报有关行政主管部门备案。

物业服务企业违反有关法规的规定，越权定价，擅自提高收费标准的；擅自设立收费项目乱收费的；不按规定实行明码标价的；提供服务质价不符的；只收费不服务、多收费少服务的，都应承担法律责任，政府价格监督检查机关将依照有关规定予以处罚。

业主、物业使用人应按物价部门核定的收费项目和标准，按时向物业服务企业交付物业服务费用，不按规定交物业服务费用的，物业服务企业有权依照双方所签订的物业服务合同进行追偿。

7.2.5 物业服务收费纠纷的处理

如果出现客户拖欠物业服务费用或拒绝交纳物业服务费用的情况，物业服务企业应区别不同情况采取处理措施。

客户未按期交费的原因一般有两种：一种是客户有履行合同交费义务的能力却拒绝交费；另一种是客户已经丧失了履行合同交费义务的能力。

对于前者，物业服务企业应派专人与客户进行沟通和协商，了解客户拒绝交费的原因，通过解释工作取得客户对物业收费的理解和配合。如果通过反复沟通仍不能取得客户的理解，对无不正当理由不按时交纳规定的物业费的，物业服务企业有权责令其限期交纳，逾期仍不交纳的，可按日收取1‰～3‰的滞纳金；连续3个月不交纳的，物业服务企业可以按照法律、法规、管理规约和物业服务合同的规定进行催交或依据《中华人民共和国民事诉讼法》的规定向人民法院申请支付令。如客户欠交费用情况非常严重，物业服务企业可单方面停止服务、解除合同，并通过诉讼程序追索拖欠的物业服务费用和造成的其他损失。

对于客户已丧失了履行合同交费义务的能力的，也可按前面程序办理，但考虑到不是客户主观方面的问题，可以采取延缓、减、免等方法，达到损失最小。

7.3 案例分析

【案例1】 某公寓项目是以A房地产开发公司名义立项开发建设的高层商住综合楼，属于内销商品房。A公司与B房地产开发公司签订有联建协议，但未办理有关联建报批手续及土地使用权变更登记。2003年，A公司与某物业公司签订了该公寓的物业服务合同，约定由A公司将其投资建设的某公寓委托某物业公司管理，并约定由A公司向物业公司一次性交纳上述楼宇的专项维修资金共计人民币300万元，物业公司向业主收取按出售合同购房总价款的2%作为专项维修资金，所交纳的专项维修资金由物业公司专户存入银行专款专用，使用情况定期公布。合同期为两年，从2003年2月1日起至2005年1月31日止。2005年7月27日，该公寓业主委员会成立，并于2005年8月18日在银行设立了物业管理基金专用存款账户。业主委员会与物业公司签订了《物业服务合同》，由业主委员会委托物业公司对该公寓进行物业管理，委托期限从2005年8月1日至2007年7月30日。因A公司没有交纳物业专项维修资金，物业公司和公寓业主委员会向法院起诉，请求判令A公司和B公司立即支付物业专项维修资金300万元及延期付款违约金43.5万元。根据以上案情，回答下列各问题：

1. 法院是否会支持物业公司和公寓业主委员会的请求？说明理由。

2. 物业专项维修资金该由谁承担？

案例分析：通过对物业服务合同主体的理解，可对上述案例作出如下评析：

（1）本案中2003年签订的物业服务合同主体为A公司和某物业公司，2005年签订的物业服务合同主体应为某物业公司和某公寓业主委员会。各方均应按照合同及有关法律享有权利和承担义务。根据《物业管理条例》的规定，房地产开发公司在出售住宅小区房屋前，应当选聘物业公司承担小区住宅管理，并与其签订物业服务合同。本案中A公司与某物业公司签订的物业服务合同是符合有关规定的，无疑是合法有效的。A公司未依合同规定交纳物业专项维修资金300万元，是违约行为。因此A公司应承担给付某物业公司专项维修资金的义务，并承担延迟付款的违约责任。一方面由于双方在合同中未明确何时应交纳物业专项维修资金，因而应以合同期满为最后期限计算利息，利息应当按照当期的银行存款利率计算；另一方面管理物业专项维修资金的权利属于全体业主共有，应当设立专项账户管理使用，现行有关法规已经明确规定"在业主委员会成立后，以业主委员会名义存入金融机构，设立专项账户"，因此，虽然受业主委员会委托管理的物业公司有权代表业主主张要求给付维修资金的权利，但此款项应当存入某公寓业主委员会的物业管理资金账户。

（2）对于B公司是否应承担专项维修资金给付的义务，首先应认定B公司是否是物业服务合同主体，如果是，它就应承担给付专项维修资金的义务，相反，如果不是就涉及合同对第三人是否有约束力的问题。合同是特定的人之间为设定彼此间的权利义务关系，而在法律允许的范围内设立的法律行为，合同是一种债的关系，基于合同所成立的债权具有相对性，仅债权人有权向债务人请求履行给付义务或附随义务，其他第三人在合同所确定的法律关系中既不享有权利，又不承担义务。本案中B公司不是物业服务合同当事人，因为其并没有实质性的参与开发某公寓项目，且它与A公司的联建并没办理相关的审批手续，所以不应当承担物业专项维修资金的给付义务。

【案例2】 2003年，某实业公司购得桑塔纳轿车一辆，同年，在某大厦购买A座408号一套房屋，经向某物业公司申请，在该小区获得车位一个，并按月向物业公司缴纳车辆出租费90元。每次汽车出入某大厦均按规定交收出入证。出入证管理规定，汽车进入某大厦小区须领取此证方可入内，汽车驶出某大厦小区须交回此证方可放行。2004年8月7日，公司将该车辆向保险公司投保，签订了机动车辆保险单，规定车辆失窃险限额为20万元。2005年8月6日下午，李某开车返回某大厦，入门时从门卫处保安人员手中领取36号车辆出入证，大厦保安人员张某、朱某当即登记该车进入某大厦。当晚10点，保安人员张某、朱某看见有人将该车开出某大厦时，要求司机交出入证，司机说出去接人就回来，保安人员未收回出入证就将车道闸放开，让汽车开出去。李某于8月7日上午发现车辆被盗，及时通知被告物业公司，并向公安机关报案，并通知保险公司。事后，要求物业公司承担经济赔偿责任，物业公司不同意赔偿，保险公司也未予赔偿，于是诉诸法院。试问车辆被盗，物业公司是否承担经济赔偿责任？

案例分析：根据《合同法》中租赁合同和保管合同的有关规定，小区租车位收费但如无其他约定，车辆被盗的，物业公司并不承担法律责任，但有约定的除外。

本案中，物业公司与承租人有约定，即每次汽车出入某大厦均按规定交收出入证。出入证规定，汽车进入某大厦小区须领取此证方可入内，汽车驶出某大厦小区须交回此证方可放行。而当晚10点，保安人员张某、朱某看见有人将该车开出大厦时，要求司机交出入证，司机说出去接人就回来，保安人员未收回出入证就将车道闸放开，让汽车开出去，则违背了合同的约定。所以，物业公司应承担经济赔偿责任。

【案例3】 2003年5月，某投资公司将其开发的某住宅小区的住宅预售给业主。2003年9月，该住宅小区建成，迁入320家住户。2004年1月31日，投资公司和某物业公司签订《物业服务合同》，约定：投资公司将其开发的某住宅小区第一期37栋高级公寓的物业管理承包给某物业公司，承包期5年，承包金按实际住房面积计算，每月每平方米1元；合同签订后10日内，物业公司应向投资公司支付履行保证金50万元。同年5月12日，投资公司又和物业公司签订了《维修承包合同》，约定：某小区 1—37 栋楼房在保修期内的维修任务由投资公司总承包给物业公司，总承包工程款 31 万元。为此，物业公司向投资公司支付了履行保证金 50 万元。投资公司也陆续向物业公司交付了物业管理房产面积 61028.25m² 及有关附属设施。物业公司在实施物业管理行为期间，向住户收取了物业服务费、专项维修资金、水电费等。试问投资公司与物业公司的承包合同是否有效？

案例分析：根据《前期物业管理招标投标管理暂行办法》的规定，房地产开发公司与物业公司可以签订物业服务合同。所以，作为开发商的投资公司与物业公司的承包合同是有效的。

【案例 4】 2006 年 2 月 4 日，李某与上海市某物业公司签订一份《物业服务合同》，将其位于上海市区的房屋委托给该物业公司进行管理。双方约定，委托期限为 2006 年 2 月 6 日至 2009 年 12 月 31 日，委托管理项目包括：房屋共用部位、共用设备的修缮和管理；消防、电梯、机电设备、园林绿化地、道路、停车场等公用设施的维修、养护和管理；清洁卫生、安全保卫及其他物业管理事项。双方还对各自的权利义务和违约责任作了约定，双方约定自 2006 年起缴纳物业服务费用。2007 年某日，李某在其所住大楼的电梯内遭受不法分子的袭击受伤，李某以物业公司未尽物业管理职责，未履行其在电梯中设置电梯工的承诺，导致伤害后果的发生为由提起诉讼，要求物业公司承担违约责任，并要求解除物业服务合同。

试问物业公司是否要承担违约责任，物业服务合同能否解除？

案例分析：根据《物业管理条例》，物业管理是对物业进行维护、修缮、管理，对物业区域内的公共秩序、交通、消防、环境等提供协助或服务活动。因此"安全保卫"应该理解成为物业使用创造方便条件，以及维护小区公共秩序的良好与稳定，而不是指广义上的社会安全。物业服务企业不承担业主、使用人的人身安全保险责任。对于业主、使用人的人身安全财产损害赔偿责任，可由物业公司与业主在物业服务合同中特别约定，如果双方对此项内容没有特别约定，物业公司不承担责任。对于本案中，李某要求解除物业服务合同的要求，也不予支持。

【案例 5】 2004 年 9 月底，某县物业公司与该县某住宅小区业主委员会签订了物业服务合同。2005 年 1 月，物业公司通知住户缴纳物业服务费，收费标准为县物价局核定的每户每月 10 元人民币。但住户刘某没有缴纳。物业公司又分别于 2005 年 3 月 10 日和 2005 年 7 月 5 日，向刘某发出两次催缴费用的通知。刘某以自己未与物业公司签订合同，未接受物业公司服务为由拒绝支付物业服务费。2006 年 4 月 3 日，物业公司将刘某告上法院，要求其支付所欠物业服务费 210 元。试问此案应如何审理？

案例分析：根据《物业管理条例》，业主委员会是在物业管理区域内代表全体业主对物业实施自治管理的组织。它由业主大会或业主代表大会选举产生，有权招聘小区的物业公司。本案中物业公司与业主委员会是平等的民事主体关系，双方通过协商签订的物业服务合同是合法有效的。物业公司有权依照相关物业管理法规及物业服务合同对小区进行管理，同时有权要求业主缴纳有关物业服务费。其经过县物价局核定的每月每户 10 元的物业管理费是合法合理的。

刘某作为该小区的业主，有义务遵守管理规约及业主委员会依法与物业公司签订的物业服务合同，不得以自己没有签订物业服务合同及没有接受物业公司的服务为由拒绝交费。如果他对物业公司的服务有不满可以依法向有关部门投诉，或通过业主委员会与物业公司协商解决。

小　　结

　　物业服务合同是指物业服务企业与业主委员会或建设单位订立的，规定由物业服务企业提供对房屋及其配套设备、设施和相关场地进行专业化维修、养护、管理以及维护相关区域内环境卫生和公共秩序，由业主支付报酬的服务合同。

　　物业服务合同订立过程主要包括要约和承诺两个阶段。要约是指物业服务合同主体一方以书面、口头、电子信件等方式向另一方作出的希望与其订立物业服务合同的意思表示。承诺是指受要约人同意要约的意思表示。承诺的法律效力在于承诺一经作出，并送达要约人，合同即告成立，要约人不得加以拒绝。

　　在物业管理招投标过程中，业主委员会通过开标、评标、定标发给某物业服务企业的中标通知书则属于承诺，双方应在此基础上订立书面的物业服务合同。中标通知书发出后，招标人改变中标结果的，或者中标人放弃中标项目的，应当依法承担法律责任。中标后签订的物业服务合同应采取书面形式。书面形式是指合同书、信件和数据电文（包括电报、电传、传真、电子数据交换和电子邮件）等可以有形地表现所载内容的形式。

　　此外，物业服务合同应当报有关物业管理行政主管部门备案，以便行政部门更好地监督和指导。

　　根据《合同法》和有关物业管理法规，物业服务合同的主要内容包括：①双方当事人的名称和住所；②物业管理区域范围；③物业服务的事项；④物业服务质量；⑤物业服务费用；⑥物业服务期限；⑦双方的权利和义务；⑧违约责任；⑨其他事项，如合同的终止条件、纠纷的解决方式等双方认为应该约定的事项。

　　物业服务合同的内容并不是强制性规定。双方可以根据具体情况，对物业服务合同内容进行约定，同时对以上事项的欠缺也不是必然导致物业服务合同无效的要件。但为了避免纠纷，物业服务合同主体应尽可能对有关事宜作出约定。

　　物业服务费用是指物业服务企业接受业主、使用人委托对物业管理区域内有关房屋建筑及其设备、公共设施、绿化、卫生、交通、治安和环境等项目开展日常维护、修缮、整治服务及提供其他相关的服务所收取的费用。根据《物业服务收费管理办法》规定，按照服务性质的不同，物业服务收费分三种情况：①公共性服务收费；②公众代办性服务收费；③特约性服务收费。

　　物业服务费用是物业服务企业实际运作的基础，也是物业服务合同中一项重要的内容。对物业的更新和维修需要一定的资金作保证；业主委托物业服务企业提供物业管理服务也应该支付相应的服务报酬。这一切都以物业服务费用的形式表现出来。这有利于物业及公共设施、设备的更新和维修，实现物业价值的保值增值。

　　物业服务企业收取服务费用的方式主要有两种：①包干制，指以固定数标准收费提供服务，以降低费用支出，取得余额作为利润的服务收费方式；②酬金制，指由业主决定服务的水平及收费的标准，物业服务企业提供的所有服务的实际成本均由业主承担，物业服务企业按提供服务的成本计算收取一定比例的酬金（佣金）作为利润的服务收费方式。

思 考 题

1. 什么是物业服务合同？它具有哪些法律特征？

2. 什么是物业服务费用？

3. 物业服务合同解除要具备哪些条件？

4. 哪些物业服务合同无效？无效物业服务合同应该如何处理？

5. 物业服务合同包括哪些内容？法律对物业服务费用的管理有何规定？

练 习 题

一、单选题

1. 业主逾期缴纳物业费的，物业服务企业有权责令其限期缴纳，逾期仍不缴纳的，可按时收取（   ）的滞纳金。

A. 1%～3%　　B. 0.2%～0.3%　　C. 0.3%～0.5%　　D. 0.5%

2. 业主欠费后，在收到法院支付令后（   ）日内既不提出书面异议，又不履行支付令的，物业公司可以向人民法院申请执行。

A. 5　　B. 10　　C. 15　　D. 30

3. 下面关于物业服务合同说法错误的是（   ）。

A. 有偿合同　　　　　　　B. 双务合同

C. 要式合同　　　　　　　D. 诺成合同

4. 物业服务合同违约责任不包括（   ）。

A. 继续履行　　B. 更换　　C. 赔偿损失　　D. 违约金

二、多选题

1. 物业服务企业应在管理区域内显著位置设置公告牌，将（   ）等有关情况进行公示。

A. 服务内容　　　　　　　B. 服务标准

C. 收费项目　　　　　　　D. 收费标准

2. 物业服务成本构成一般包括以下（   ）部分。

A. 服务人员的工资，社会保险和按规定提取的福利费

B. 物业服务企业固定资产折旧费

C. 物业管理区域清洁卫生费

D. 物业管理区域秩序维护费用

3. 物业服务收费纠纷解决的途径包括（   ）。

A. 调解　　B. 仲裁　　C. 诉讼　　D. 行政复议

4. 物业服务合同的主要内容包括（   ）。

A. 双方当事人的名称　　　　B. 物业管理区域范围

C. 物业服务的项目　　　　　D. 物业服务质量

三、判断题（在正确的题后打√，在错误的题后打×）

1. 物业公司公众代办性服务收费是向业主收取的手续费。（　　）

2. 物业服务合同只能采取书面形式。（　　）

3. 物业服务合同无效并不影响合同中有关争议解决方式的条款的效力。（　　）

4. 物业共用部位、共用设施、设备的大修和中修费用，不得计入物业服务支出或者物业服务成本。（　　）

5. 业主与物业使用人约定由物业使用人缴纳物业服务费用的，业主可以不缴纳物业费。（　　）

6. 物业服务合同应当报有关物业管理行政主管部门备案，否则合同无效。（　　）

四、案例分析

【案例1】　某住宅小区由某物业公司进行管理，住户每月缴纳物业服务费共计24元，其中卫生费5元，公务费3元，房屋公共维修费4元，公共设施维修费3元，治安费3元，供水设施维修费3元，供电设施维修费3元。在物业服务合同中，物业公司承诺"负责小区的治安保卫、防盗、人身安全，承诺对小区进行24小时的封闭管理，对进出人员进行盘问等"。1998年3月，有小偷于夜晚将大门链条锁剪断潜入小区，偷走数辆住户的摩托车。被盗摩托车的业主在与物业公司就有关赔偿事宜协商未成的情况下，将物业公司诉诸于法院。业主认为，既然物业公司每月收取了物业服务费和治保费，并承诺实行24小时的封闭管理，就应对小区的治安和财产安全负责。而物业公司认为，他们所提供的物业管理服务中不包括摩托车保管项目，也没有收取业主的摩托车保管费，因此其不应对住户丢车一事负责。在诉讼过程中，物业公司举证，该市物价局颁布的《某市城市住宅小区物业管理服务收费实施细则（试行）》的第7条第2款规定，摩托车停放保管服务费为每月每辆25元。

试问：本案应如何处理？

【案例2】　某小区的居民向有关部门投诉：该小区的物业公司要求每户交入住保证金5000元才能办理入住手续，物业公司称这5000元包括装修保证金、预收的水电费、清洁费押金，不交这笔钱的不给通水电。

试问：该物业公司的做法有无依据？为什么？

第 **8** 章

物业交易管理法律制度

学习目标

　　本章主要介绍物业交易管理相关法律知识。应了解物业交易的概念、特点和原则；熟悉三种物业交易合同的主要内容，物业转让、物业抵押登记制度和物业租赁登记备案制度；掌握物业转让、物业租赁和物业抵押的条件、基本程序和交易双方的权利和义务。

关键词

　　物业交易　　物业转让　　物业抵押　　物业租赁

8.1　物业交易概述

　　本书所讲的物业包含的范畴主要是房产和地产。因此，这里的物业交易主要是指地产交易和房产交易两个方面，并且主要讨论的是房产交易。当然任何房产交易均不可能离开地产交易，而且，房产交易往往是与地产交易相关联的。我国现行法律明确规定：房地产转让、抵押时，房屋所有权和该房屋占用范围内的土地使用权同时转让、抵押。

　　1. 物业交易的概念

　　物业交易是指以物业为对象进行的转让、租赁和抵押等各种经营活动的总称。物业交易既包括房产使用权的转让，也包括房产所有权的交易。《中华人民共和国城市房地产管理法》（以下简称《城市房地产管理法》）规定：城市房地产交易包括房地产转让、房地产抵押和房屋租赁三种形式。

　　2. 物业交易的特点

　　就物业交易行为而言，物业交易与普通商品交易均为平等主体之间的民事法律行为，交易双方之间的关系是民事法律关系，在交易中应遵守平等、自愿、公平、等价有偿、诚实信用等原则，但是，与普通商品交易相比，物业交易又具有以下特点：

　　（1）物业交易对象的特殊性　一般商品交换，其标的物通常要发生空间的移动，即商品要从出让者手中转让到受让者手中，所有权等权利的转移与商品自身的转移结合紧密。物业交易则不同，它的标的物房产和地产是不动产，不能移动或者一旦移动将导致物的性质与用途发生改变，乃至经济价值的减少或丧失。因此，无论是交易中或交易后，也无论这种交易以何种形式进行，交易的对象都不会发生空间上的移动。交易完成的标志是房地产权利主体的依法变更。

（2）物业交易形式的多样性　物业交易的形式包括物业转让、物业抵押和物业租赁。因此，在法律上必须先确定物业交易的具体类型，然后才能确定可适用的物业交易规范。

（3）物业交易行为的复杂性　物业交易比一般商品交易复杂得多，交易的顺利完成，通常需要有关中介服务机构和专业人员的介入。交易环节必须通过各种书面交易合同的形式确认，由此引发的物业权属的变动必须办理登记手续，才能完成物业权属的转移。交易的最终完成以过户登记手续为依据。

（4）物业交易的合法性　物业交易中要注重交易的合法性。如主体资格的合法；交易对象必须合法；交易目的和结果必须合法；交易场所必须合法等。

（5）物业交易的局限性　物业交易受到很多方面的局限。如受到地理位置的局限；受到的法律限制较多；涉及公共利益时，受到国家征收方面的限制；受到使用年限的限制；受到市场供需的局限。

3. 物业交易的原则

物业交易主体是平等的主体，交易双方之间的关系属于民事法律关系，在交易过程中要遵守平等、自愿、公平、等价有偿、诚实信用等一般原则。但是，物业作为一种特殊的商品，交易还应遵守下列原则。

1）物业转让、抵押时，房屋所有权和土地使用权必须同时转让、抵押的原则：

① 转让土地使用权时，同时转让土地上的房屋所有权；

② 转让房屋所有权时，房屋所占用范围内的土地使用权一同转让；

③ 房地产抵押时，房屋所有权与土地使用权应同时抵押。

2）以出让合同为依据，交易中权利义务承接的原则：

① 物业交易时，土地使用权出让合同载明的权利、义务随之转移；

② 物业交易中，各产权人的权利义务按序承接。

3）物业转让和抵押必须依法办理登记手续的原则：依法登记原则就是房地产转让与抵押必须依法办理法定登记手续，房屋租赁必须向房产管理部门登记备案。国家实行土地使用权和房屋所有权登记发证制度，这是由房地产本身的特殊性决定的，房地产的权属状态不是通过占有表现出来的，而是通过权属的登记表现出来的。因此，无论是何种形式的房地产交易，都必须通过房地产行政主管部门登记。

8.2　物业转让

8.2.1　物业转让概述

1. 物业转让的概念

物业转让是指物业权利人通过买卖、赠与或者其他合法方式将其物业转移给他人的行为。这个概念包含了以下几层含义：

1）物业转让的主体是房地产权利人，物业转让是对房地产的处分行为，只有所有权人才能行使这项权利。

2）物业转让的客体是房屋的所有权以及该房屋所占用范围的土地使用权。因为房屋和土地在物质形态上是不可分割的，房地产的所有权人在转让房屋所有权时，该房屋占用范围内的土地使用权必须同时转让。

3）物业转让的后果是房地产权属发生转移。房地产转让后，房地产的转让人不再是房地产的权利人，而受让人成为房地产的权利人。

2. 物业转让的形式

物业转让的形式包括房地产买卖、赠与及其他合法方式。

1）房地产买卖是指转让人将房地产转移给受让人所有，受让人取得房地产权利并支付相应价款的行为，这是房地产转让的主要方式。

2）房地产赠与是指赠与人将其房地产无偿转移给受赠人的行为。

3）房地产转让的其他合法方式包括：

① 以物业作价入股，与他人成立企业法人，物业权属发生变更的；

② 一方提供土地使用权，其他方提供资金，合资、合作开发经营房地产，而使房地产权属发生变更的；

③ 企业被收购、兼并或合并，物业权属随之转移的；

④ 以物业抵债的；

⑤ 法律、法规规定的其他情形。

8.2.2 物业转让的条件

1. 物业允许转让的条件

根据《中华人民共和国民法通则》的规定，物业转让的行为应具备三个条件：一是行为人具有相应民事行为能力；二是意识表示真实；三是不违反法律或社会公共利益。但除此之外，物业转让的行为还应具备以下条件：

（1）以出让方式取得的土地使用权的物业转让的必备条件　根据《城市房地产管理法》规定，以出让方式取得土地使用权的，应当符合下列条件方可转让：

1）按出让合同约定已经支付全部土地使用权出让金，并取得土地使用权证书。

2）以出让方式取得土地使用权用于投资开发的，属于房屋建设工程的，应完成开发投资总额的25％以上；属于成片开发土地的，应依照规划对土地进行开发建设，完成供排水、供电、供热、道路交通、通信等市政基础设施、公用设施的建设，达到场地平整，形成工业用地或者其他建设用地条件。

3）转让房地产时房屋已经建成的，应当持有房屋所有权证书。

（2）以划拨方式取得土地使用权的物业转让

1）以划拨方式取得土地使用权的物业转让时，应当符合下列条件：

① 土地使用者为企业、公司、其他经济组织和个人；

② 领有国有土地使用权证；

③ 具有地上建筑物、其他附着物合法产权证明；

④ 必须经有审批权的人民政府审批。

2）以划拨方式取得土地使用权的物业转让有两种不同的处理方式：

① 办理土地使用权出让手续，变划拨土地使用权为出让土地使用权，由受让方缴纳土地使用权出让金；

② 不改变原划拨土地的性质，不补办土地使用权出让手续，但必须将转让所获收益中

的土地收益上缴国家或作其他处理。

依照《城市房地产转让管理规定》，以划拨方式取得土地使用权的物业转让属下列情形之一的，可以不补办出让手续，按土地收益上缴或处理的办法办理。

① 经城市规划行政主管部门批准，转让的土地用于：国家机关用地和军事用地，城市基础设施用地和公益事业用地，国家重点扶持的能源、交通、水利等项目用地，法律和行政法规规定的其他用地；

② 私有住宅转让后，仍用于居住的；

③ 按国务院房改有关规定出售公有住宅的；

④ 同一宗土地上部分房屋转让而土地使用权不可分割转让的；

⑤ 转让的房地产暂时难以确定土地使用权出让用途、年限和其他条件的；

⑥ 根据城市规划土地使用权不宜出让的；

⑦ 县级以上人民政府规定暂时无法或不需要采取土地使用权出让方式的其他情形。

对于暂不办理土地使用权出让手续的，应当将土地收益上缴国家或作其他处理，并在合同中注明。

2. 物业禁止转让的条件

《城市房地产管理法》明确规定，下列房地产不得转让。

1) 以出让方式取得土地使用权，不符合以出让方式取得的土地使用权的物业转让的必备条件。

2) 司法机关和行政机关依法裁定、决定查封或者以其他形式限制房地产权利的。

3) 依法收回土地使用权的。

4) 共有房地产，未经其他共有人书面同意的。

5) 权属有争议的。在这种情况下，房地产若被转让，真正权利人的合法权益会受到侵犯。

6) 未依法登记领取权属证书的。未依法登记领取权属证书，表明当事人还没有获得权利转让的合法凭证。这样，也不能使受让人成为合法的权利人。

7) 法律、行政法规规定禁止转让的其他情形。

3. 物业限制转让的条件

1) 房地产开发商开发经营的商品房，属于内销商品房的只准卖给法人或个人，属于外销商品房的，持其《外销商品房销售许可证》或外销批文，应当卖给境外的法人或个人。

2) 房屋所有权人出卖已出租的城市私有房屋，须提前 3 个月通知承租人，在同等条件下，承租人有优先购买权。出租人未按此规定出卖房屋，承租人可以请求人民法院宣告该房屋买卖行为无效。

3) 城市私房共有人出卖共有房屋的，在同等条件下，其共有人有优先购买权。

8.2.3 物业转让的程序

根据《城市房地产管理法》和《城市房地产转让管理规定》，物业转让一般要经过以下程序：

1. 洽谈

洽谈是指转让双方就转让标的的转让条件，包括标的的坐落、面积、价款等进行的协商。

2. 签约

签约是指物业转让当事人签订书面转让合同。

3. 审核

1）物业转让当事人在物业转让合同签订后 90 日内持房地产权属证书、当事人的合法证明、转让合同等有关文件向房地产所在地的房地产管理部门提出申请，并申报成交价格。

2）房地产管理部门对提供的有关文件进行审查，并在 7 日内作出是否受理申请的书面答复，7 日内未作书面答复的，视为同意受理。

3）房地产管理部门核实申报的成交价格，并根据需要对转让的物业进行现场勘察和评估。

4. 缴纳税费

物业转让当事人按照规定缴纳有关税费。

5. 办理权属登记手续

房地产管理部门办理房屋权属登记手续，核发房地产权属证书。

凡物业转让的，必须按照规定的程序先到当地房地产管理部门办理交易手续，申请转移登记，然后凭变更后的房屋所有权证书向同级人民政府土地管理部门申请土地使用权转移登记。

8.2.4 物业转让合同

1. 物业转让合同的含义

物业转让合同是指物业转让当事人之间签订的用于明确各方权利义务关系的协议。物业转让时，应当签订书面转让合同。

2. 物业转让合同的内容

物业转让合同由当事人协商拟定，一般应当包括以下内容：

1）双方当事人的姓名或名称、住所。

2）物业权属证书名称和编号。

3）物业坐落位置、面积和四至界限。

4）土地宗地号、土地使用权取得的方式及年限。

5）物业用途或使用性质。

6）成交价格及支付方式。

7）物业交付使用的时间。

8）违约责任。

9）双方约定的其他事项。

8.2.5 物业转让中的商品房销售

1. 商品房和商品房销售的概念

商品房是指由开发公司综合开发、建成后出售，或正在建设预先出售给买受人的住宅、商业用房及其他建筑物。商品房销售包括商品房预售和商品房现售。

2. 商品房销售的条件

(1) 商品房预售的条件　商品房预售实行预售许可证制度。商品房预售,应当符合下列条件:

1) 已交付全部土地使用权出让金,取得土地使用权证书。

2) 持有建设工程规划许可证和施工许可证。

3) 按提供预售的商品房计算,投资人开发建设的资金达到工程建设总投资的 25% 以上,并已经确定施工进度和竣工交付日期。

4) 开发企业向城市、县人民政府房地产管理部门办理预售登记,取得商品房预售许可证明。

商品房具备预售条件后,房地产开发经营企业需预售商品房的,应当到县级以上人民政府房地产管理部门办理预售登记,申请《商品房预售许可证》。商品房预售许可证的办理程序是:

① 提交有关证件和资料,提出申请。房地产开发企业办理《商品房预售许可证》应当向城市房地产管理部门提交下列证件和资料:土地使用权证书;建设工程规划许可证和施工许可证;投入开发建设的资金已达工程建设总投资的 25% 以上的证明材料;开发经营企业的《营业执照》和企业资质等级证书;工程施工合同;商品房预售方案。预售方案应当说明商品房的位置、装修标准、竣工交付日期、预售总面积、交付使用后的物业管理等内容,并应当附商品房预售总平面图和分层平面图。

② 审核发证。房地产管理部门在接到开发企业申请后,应当详细查验各项证件和资料,并到现场进行查勘,对符合预售条件的,应在接到申请后的 10 日内核发《商品房预售许可证》。

房地产开发企业取得《商品房预售许可证》后方可进行商品房预售宣传,预售广告和说明书必须载明《商品房预售许可证》的批准文号。

(2) 商品房现售的条件　根据《城市商品房销售管理办法》,商品房现售,应当符合以下条件:

1) 现售商品房的房地产开发企业应当具有企业法人营业执照和房地产开发企业资质证书。

2) 取得土地使用权证书或者使用土地的批准文件。

3) 持有建设工程规划许可证和施工许可证。

4) 已通过竣工验收。

5) 拆迁安置已经落实。

6) 供水、供电、供热、燃气、通信等配套基础设施具备交付使用条件,其他配套基础设施和公共设施具备交付使用条件或者已确定施工进度和交付日期。

7) 物业管理方案已经落实。

(3) 房地产开发企业销售商品房的禁止事项　为了规范商品房销售行为,保障商品房交易双方当事人的权益,《城市商品房销售管理办法》规定了房地产开发企业销售商品房的以下禁止性规定:

1) 不符合商品房销售条件的,房地产开发企业不得销售商品房,不得向买受人收取任何预订款性质的费用。

2）房地产开发企业不得在未解除商品房买卖合同前，将作为合同标的物的商品房再行销售给他人。

3）房地产开发企业不得采取返本销售或者变相返本销售的方式销售商品房。返本销售是指房地产开发企业以定期向买受人返还购房款的方式销售商品房的行为。

4）房地产开发企业不得采取售后包租或者变相售后包租的方式销售未竣工商品房。售后包租是指房地产开发企业以在一定期限内承租或者代为出租买受人所购该企业商品房的方式销售商品房的行为。

5）商品住宅必须按套销售，不得分割拆零销售。分割拆零销售是指房地产开发企业将成套的商品住宅分割为几个部分分别出售给买受人的方式销售商品住宅的行为。

此外，根据《城市商品房预售管理办法》规定，房地产开发企业未按规定办理预售登记，取得商品房预售许可证明预售商品房的，责令停止预售，补办手续，没收违法所得，并可处以已收取的预售款1%以下的罚款；开发企业不按规定使用商品房预售款项的，由房地产管理部门责令限期纠正，并可处以违法所得3倍以下但不超过3万元的罚款。

3. 商品房销售合同

商品房销售时，房地产开发企业和买受人应当订立书面商品房买卖合同。为了确保开发企业或中介服务机构所发布的商品房宣传广告真实、合法、科学、准确，广告和宣传资料所明示的事项，当事人应当在商品房买卖合同中约定。此外，商品房买卖合同应当明确以下主要内容：

1）当事人名称或者姓名和住所。

2）商品房基本状况。

3）商品房销售方式。

4）商品房价款的确定方式及总价款、付款方式、付款时间。

5）交付使用条件及日期。

6）装饰、装修标准承诺。

7）供水、供电、供热、燃气、通信、道路、绿化等配套基础设施和公共设施的交付承诺和有关权益、责任。

8）公共配套建筑的产权归属。

9）面积差异的处理方式。

10）办理产权登记有关事宜。

11）解决争议的方法。

12）违约责任。

13）双方约定的其他事项。

为逐步实现商品房销售合同签订的规范化，建设部、国家工商行政管理局联合制定了《商品房买卖合同（示范文本）》。此外，各地房地产行政主管部门和地方工商行政管理部门根据当地的实际情况，也制定了适合当地情况的地方性商品房销售"示范文本"。

4. 商品房的价格管理及商品房销售价格的计价方式

（1）商品房的价格管理　根据规定，国家对物业交易价格实行直接管理与间接管理相结合的原则，建立主要由市场形成价格的机制，保护正当的价格竞争，禁止垄断和哄抬物价。同时还规定物业交易价格根据不同情况分别实行政府定价和市场调节价。对新建的经济适用住房价格实行政府指导价，按保本微利原则确定。其中经济适用住房的成本包括征地和拆迁补偿费、勘察设计和前期工程费、建安工程费、住宅小区基础设施建设费（含小区非营业性配套公建费）、管理费、贷款利息和税金等 7 项因素，利润控制在 3% 以下。商品房销售价格由当事人协商议定，对实行市场调节的物业交易价格，城市人民政府可依据各类房屋重置价格或其所公布的市场参考价格进行间接调控和引导，必要时，可实行最高或最低限价。

（2）商品房销售价格的计价方式　商品房销售有三种计价方式，即按套（单元）计价、按套内建筑面积计价和按建筑面积计价。

1）按套（单元）计价的，商品房买卖合同中应当注明建筑面积和分摊的共有建筑面积。按套（单元）计价的现售房屋，当事人对现售房屋实地勘察后可以在合同中直接约定总价款。按套（单元）计价的预售房屋，房地产开发企业应当在合同中附所售房屋的平面图。平面图应当标明详细尺寸，并约定误差范围。房屋交付时，套型与设计图纸一致，相关尺寸也在约定的误差范围内，维持总价款不变；套型与设计图纸不一致或者相关尺寸超出约定的误差范围，合同中未约定处理方式的，买受人可以退房或者与房地产开发企业重新约定总价款。买受人退房的，由房地产开发企业承担违约责任。

2）按套内建筑面积计价的，商品房买卖合同中应当注明建筑面积和分摊的共有建筑面积。按套内建筑面积计价的，当事人应当在合同中载明合同约定面积与产权登记面积发生误差的处理方式。

3）按建筑面积计价的，当事人应当在合同中约定套内建筑面积和分摊的共有建筑面积，并约定建筑面积不变而套内建筑面积发生误差以及建筑面积与套内建筑面积均发生误差时的处理方式。

5. 商品房建筑面积计算

（1）商品房建筑面积计算规则　根据《商品房销售面积计算及公用建筑面积分摊规则》的规定，商品房的销售面积由套内建筑面积和分摊的共有建筑面积组成，套内建筑面积部分为独立产权，分摊的共有建筑面积部分为共有产权。

$$商品房销售面积＝套内建筑面积＋分摊的共有建筑面积$$

1）套内建筑面积。套内建筑面积指套内使用面积、套内墙体面积及套内阳台建筑面积之和；套内使用面积指房屋户内全部可供使用的空间面积，按房屋的内墙线水平投影计算。

套内墙体指商品房各套内使用空间周围的维护和承重墙体，有共用墙和非共用墙两种。商品房各套之间的分隔墙、套与公用建筑空间之间的分隔墙以及外墙均为共用墙，共用墙墙体水平投影面积的一半计入套内墙体面积。非共用墙墙体水平投影面积全部计入套内墙体面积。套内阳台建筑面积指套内各阳台建筑面积之和。

$$套内建筑面积＝套内使用面积＋套内墙体面积＋阳台建筑面积$$

2）共有建筑面积。房屋共有建筑面积指各产权人共同占用或共同使用的建筑面积。共有建筑面积由以下部分组成：电梯井、楼梯间、垃圾道、变电室、设备间、公共门厅和过道、地下室、值班警卫室以及其他功能上为整幢建筑服务的公共用房和管理用房建筑面积。凡已作为独立使用空间销售或出租的地下室、车棚等，不应计入共有建筑面积部分，作为人防工程的地下室也不计入共有建筑面积。

整幢建筑物的建筑面积扣除整幢建筑物各套套内建筑面积之和，并扣除已作为独立使用空间销售或出租的地下室、车棚及人防工程等建筑面积，即为整幢建筑物的共有建筑面积。

整幢建筑物的共有建筑面积与整幢建筑物的各套套内建筑面积之和的比值，即为共有建筑面积分摊系数。

$$共有建筑面积分摊系数＝分摊的共有建筑面积÷套内建筑面积$$

（2）商品房建筑面积误差处理　商品房销售过程中，按套内建筑面积或者按建筑面积计价的，当事人应当在合同中载明合同约定面积与产权登记面积发生误差的处理方式，合同未作约定的，按以下原则处理：

1）面积误差比绝对值在3％以内（含3％）的，据实结算房价款。

2）面积误差比绝对值超出3％时，买受人有权退房。买受人退房的，房地产开发企业应当在买受人提出退房之日起30日内将买受人已付房价款退还给买受人，同时支付已付房价款利息。买受人不退房的，产权登记面积大于合同约定面积时，面积误差比在3％以内的（含3％）部分的房价款由买受人补足；超出3％部分的房价款由房地产开发企业承担，产权归买受人。产权登记面积小于合同约定面积时，面积误差比绝对值在3％以内（含3％）部分的房价款由房地产开发企业返还给买受人；面积误差比绝对值超出3％部分的房价款由房地产开发企业双倍返还买受人。

$$面积误差比＝\frac{产权登记面积－合同约定面积}{合同约定面积}×100\%$$

6. 规划、设计变更

根据《城市商品房销售管理办法》的规定，房地产开发企业应当按照批准的规划、设计建设商品房，商品房销售后，房地产开发企业不得擅自变更规划、设计。经规划部门批准的规划变更、设计单位同意的设计变更导致商品房的结构形式、户型、空间尺寸、朝向变化，以及出现合同当事人约定的其他影响商品房质量或者使用功能情形的，房地产开发企业应当在变更确立之日起10日内，书面通知买受人。买受人有权在通知到达之日起15日内作出是否退房的书面答复。买受人在通知到达之日起15日内未作书面答复的，视同接受规划、设计变更以及由此引起的房价款的变更。房地产开发企业未在规定时限内通知买受人的，买受人有权退房；买受人退房的，由房地产开发企业承担违约责任。

7. 商品房交付

（1）按约交付　房地产开发企业应当按照合同约定，将符合交付使用条件的商品房按期交付给买受人。未能按期交付的，房地产开发企业应当承担违约责任。因不可抗力或者当事人在合同中约定的其他原因，需延期交付的，房地产开发企业应当及时告知买受人。

房地产开发企业销售商品房时设置样板房的，应当说明实际交付的商品房质量、设备及装修与样板房是否一致，未作说明的，实际交付的商品房应当与样板房一致。

（2）《住宅质量保证书》和《住宅使用说明书》　为了保障住房消费者权益，加强商品住宅售后服务管理，1998年建设部下发了关于印发《商品住宅实行质量保证书和住宅使用说明书制度的规定》的通知，规定自1998年9月1日起，房地产开发企业在向用户交付销售的新建商品住宅时，必须提供《住宅质量保证书》和《住宅使用说明书》，《住宅质量保证书》可以作为商品房购销合同的补充规定。实行"两书"制度，对于规范销售行为，减少交易纠纷，保护买受人的合法权益，有着重要的意义。

《住宅质量保证书》应当包括以下内容：

1）工程质量监督部门核验的质量等级。

2）地基基础和主体结构在合理使用寿命年限内承担保修。

3）正常使用情况下各部位、部件保修内容与保修期。

4）用户报修的单位、答复和处理的时限。

《住宅使用说明书》应当对住宅的结构、性能和各部位（部件）的类型、性能、标准等作出说明，并提出使用注意事项，一般应当包含以下内容：

1）开发单位、设计单位、施工单位，委托监理的应注明监理单位。

2）结构类型。

3）装修、装饰注意事项。

4）上水、下水、电、燃气、热力、通信、消防等设施配置的说明。

5）有关设备、设施安装预留位置的说明和安装注意事项。

6）门、窗类型，使用注意事项。

7）配电负荷。

8）承重墙、保温墙、防水层、阳台等部位注意事项的说明。

住宅中配置的设备、设施生产厂家另有使用说明书的，应附于《住宅使用说明书》中。

8.3 物业租赁

8.3.1 物业租赁概述

1. 物业租赁的概念

物业租赁是指物业所有权人作为出租人将其房屋出租给承租人使用，由承租人向出租人支付租金的行为。根据《城市房屋租赁管理办法》的规定，房屋所有权人将房屋出租给承租人居住或提供给他人从事经营活动及以合作方式与他人从事经营活动，都视为房屋租赁行为。

2. 物业租赁的特征

物业租赁作为一种民事法律行为，具有以下主要法律特征：

（1）承租人只享有物业的使用权 物业租赁的承租人，对物业享有的是一种占有权和使用权，对物业没有处分权，更没有所有权。因而承租人不能擅自将租赁的物业转租，如果在租赁期间内要将物业转租，必须经过出租人的同意，否则属违法行为。

（2）租赁合同应采用书面形式 租期超过 6 个月的应签订书面合同，书面形式利于约定各方的权利和义务，口头协议无法解决权利义务关系，也不利于纠纷的解决。租赁期限不得超过 20 年，超过 20 年的，超过部分无效。

（3）物业租赁合同必须依法备案 物业租赁不允许私下进行交易，租赁合同订立后，双方当事人应到房产管理部门登记备案。登记备案是政府对物业租赁行为实施管理的一种重要的行政管理手段。

（4）物业租赁不受出租房屋所有权转移的影响 在物业租赁关系存续期间，即使出租人将房屋转让给他人，对租赁关系也不产生任何影响。买受人不能以其成为租赁房屋的所有人为由否认原租赁关系的存在并要求承租人返还承租的房屋。

8.3.2 物业租赁的条件

公民、法人或其他组织对享有所有权的物业和国家授权管理和经营的物业可以依法出租。物业所有权人可以将物业出租给承租人居住或提供给他人从事经营活动及以合作方式与他人从事经营活动。但下列情形的房屋不得出租：

1）未依法取得《房屋所有权证》的。

2）司法机关和行政机关依法裁定，决定查封或者以其他形式限制房地产权利的。

3）共有房屋未取得共有人同意的。

4）权属有争议的。

5）属于违章建筑的。

6）不符合安全标准的。

7）已抵押，未经抵押权人同意的。

8）不符合公安、环保、卫生等主管部门有关规定的。

9）有关法律、法规规定禁止出租的其他情形。

8.3.3 物业租赁的政策

1）住宅用房和非住宅用房区别对待、分别管理的政策。住宅用房的租赁，执行国家和房屋所在地城市人民政府规定的租赁政策，租用房屋从事生产经营活动的，由租赁双方协商议定租金和其他租赁条款。

2）无论是住宅用房的租赁还是非住宅用房的租赁，只要是房屋所有人以营利为目的，将以划拨方式取得的使用权的国有土地上建成的房屋出租的，出租人在出租房屋时，应将房屋租金中所含的土地收益上缴国家。

3）公有房屋租赁，出租人必须持有《房屋所有权证》和城市人民政府规定的其他证明文件，承租人必须持有房屋所在地城市人民政府规定的租房证明和身份证明；私房出租人必须持有《房屋所有权证》，承租人必须持有身份证明。

4）《城市房屋租赁管理办法》规定：住宅用房承租人在租赁期内死亡的，其共同居住两年以上的家庭成员可以继续承租。《合同法》也规定：承租人在房屋租赁期间死亡的，与其生前共同居住的人可以按照原租赁合同租赁该房屋。

5）共有房屋出租时，在同等条件下，其他共有人有优先承租权。

6）租赁期限内，房屋所有权人转让房屋所有权，原租赁协议继续履行。

8.3.4 物业租赁合同

物业租赁合同是出租人与承租人签订的，用于明确租赁双方权利义务关系的协议。物业租赁租期超过6个月的，当事人应当签订书面租赁合同。

1. 物业租赁合同的内容

房屋租赁，出租人和承租人应当签订书面租赁合同，约定租赁期限、租赁用途、租赁价格、修缮责任等条款，以及双方的其他权利和义务，并向房产管理部门登记备案。具体规定如下：

1）当事人姓名或者名称及住所。

2）房屋的坐落、面积、装修及设施状况。

3）租赁用途、租赁期限、租金及交付方式。

4）房屋修缮责任。

5）转租的约定、变更和解除合同的条件、违约责任。

6）当事人约定的其他条款。

在上述条款中，租赁期限、租赁用途、租金及交付方式、房屋的修缮责任是《城市房屋租赁管理办法》规定的必备条款。

① 租赁期限。租赁期限是指租赁关系的起始与终止的日期，租赁行为应有明确的租赁期限。根据《合同法》规定："租赁期限不得超过 20 年，超过 20 年的，超过部分无效"。出租人有权在签订租赁合同时明确租赁期限，并在租赁期满前，收回房屋。承租人有义务在物业租赁期满后返还承租的房屋，如需继续租用原租赁的房屋，应当在租赁期满前，征得出租人的同意，并重新签订租赁合同。出租人应当按照租赁合同约定的期限将房屋交给承租人使用，并保证租赁合同期限内承租人的正常使用。出租人在租赁合同期满前需要收回房屋的，应当事先征得承租人同意，并赔偿承租人的损失。"未定租期的，出租人要求收回房屋自住的，一般应当准许。承租人有条件搬迁的，应责令其搬迁；如果承租人搬迁确有困难的，可给一定期限让其找房或者腾让部分房屋"。

② 租赁用途。租赁用途是指房屋租赁合同中规定的出租房屋的使用性质。承租人应当按照租赁合同规定的使用性质使用房屋，不得变更使用用途，确需变更的，应当征得出租人同意，并重新签订租赁合同；承租人与第三者互换房屋时，应当事先征得出租人的同意。换房后，原租赁合同即行终止，新的承租人应与出租人另行签订租赁合同。

③ 租金及交付方式。租赁合同应当明确约定租金标准及支付方式。租金标准必须符合有关法律、法规的规定。出租人除收取房租外，不得收取其他费用。承租人应当按照约定交纳租金，不得拒交或拖欠，承租人拖欠租金，出租人有权收取滞纳金。

④ 房屋的修缮责任。出租住宅用房的自然损坏或合同约定由出租人修缮的，由出租人负责修复。不及时修复致使房屋发生破坏性事故，造成承租人财产损失或者人身伤害的，应当承担赔偿责任。租用房屋从事生产经营活动的，修缮责任由双方当事人在租赁合同中约定。

2. 租赁合同的终止

租赁合同一经签订，租赁双方必须严格遵守。合法租赁合同的终止一般有两种情况：一是合同的自然终止，二是人为终止。

（1）合同的自然终止

1）租赁合同到期，合同自行终止。承租人需继续租用房屋的，应当在租赁期限届满前3个月提出，并经出租人同意，重新签订租赁合同。

2）符合法律规定或合同约定可以解除合同条款的。

3）因不可抗力致使合同不能继续履行的。

上述原因终止租赁合同，使一方当事人遭受损失的，除依法可以免除责任的外，应当由责任方负责赔偿。

（2）人为终止　主要是指由于租赁双方人为的因素而使租赁合同终止。由于承租方的原因而使合同终止的情形主要有：

1）将承租的房屋擅自转租的。

2）将承租的房屋擅自转让、转借他人或私自调换使用的。

3）将承租的房屋擅自扩改结构或改变承租房屋使用用途的。

4）无正当理由，拖欠房租 6 个月以上的。

5）公有住宅用房无正当理由闲置 6 个月以上的。

6）承租人利用承租的房屋从事非法活动的。

7）故意损坏房屋的。

8）法律、法规规定的其他租赁人可以收回房屋的情况。

发生上述行为的，出租人除终止租赁合同外，还可请求赔偿由此造成的经济损失。

8.3.5 物业租赁登记备案

房屋租赁实行登记备案制度，签订、变更、终止租赁合同的，当事人应当向房屋所在地市、县人民政府房地产管理部门登记备案。办理房屋租赁登记备案的程序是：

1. 申请

签订、变更、终止租赁合同，房屋租赁当事人应当在租赁合同签订后 30 日内，持有关证明文件到市、县人民政府房地产管理部办理登记备案手续。申请房屋租赁登记备案应当提交的证明文件包括：

1）书面租赁合同。

2）《房屋所有权证书》。

3）当事人的合法证件。

4）城市人民政府规定的其他文件。

出租共有房屋，还须提交其他共有人同意出租的证明。出租委托代管的房屋，还须提交委托代管人授权出租的证明。

2. 审查

房屋租赁审查的内容应包括：

1）审查合同的主体条件是否合法，即出租人与承租人是否具备相应的条件。

2）审查租赁的客体是否允许出租，即出租的房屋是否为法律法规允许出租的房屋。

3）审查租赁合同的内容是否齐全、完备，如是否明确了租赁期限、修缮责任等事项。

4）审查租赁行为是否符合国家及房屋所在地人民政府规定的租赁政策。

5）审查是否按有关规定缴纳了有关税费。

只有具备上述条件，才能登记备案。否则主管部门可判定租赁行为无效，不予登记。

经主管部门审查合格后，由房地产管理部门核发房屋租赁证。房屋租赁证是租赁行为合法有效的凭证。租用房屋从事生产、经营活动的，房屋租赁证作为经营场所合法的凭证。租用房屋用于居住的，房屋租赁证可作为公安部门办理户口登记的凭证之一。只有通过登记的租赁活动，才受到法律保护。

8.3.6 物业转租

《城市房屋租赁管理办法》明确规定，承租人在租赁期限内，征得出租人同意，才可以将承租房屋的部分或全部转租给他人。物业转租，应当订立书面转租合同。转租合同必须经

原出租人书面同意,并按照有关规定办理登记备案手续。物业转租具有以下特点:

1) 物业转租的标的可以是承租房屋的一部分,也可以是承租房屋的全部。

2) 物业转租关系确立之后,原房屋租赁关系并不终止,接受转租的人并不直接与原出租人发生关系。

3) 物业转租,应当订立书面转租合同。转租合同必须经原出租人书面同意,并按照有关规定办理登记备案手续。

4) 转租期间,原租赁合同变更、解除或者终止,转租合同也随之相应变更、解除或者终止。

5) 转租合同生效后,转租人享有并承担新的租赁合同规定的出租人的权利和义务,并且应当履行原租赁合同规定的承租人的义务,但出租人与转租双方另有约定的除外。

6) 物业转租合同的终止日期不得超过原租赁合同规定的终止日期,但出租人与转租双方协商约定的除外。

8.3.7　物业租赁管理的注意事项

1. 物业租赁用途不得任意改变

物业租赁双方在租赁合同中,明确了物业用途,这就要求出租人在交付租赁房屋时,应提供有关物业使用中的特殊要求,并明确通知承租人,保证承租人按照租赁物业的性能、用途,正确合理地使用出租房屋,并对其正常磨损不承担责任;承租人在承租房屋上添加新用途时,应征得出租人的同意,相应的开支由双方约定。只要承租人按合同约定的用途合理使用租赁房屋,租赁期满返还房屋时的合理磨损,出租人不得要求赔偿。物业是经营还是自住,承租人不能随意改动,更不得利用承租房屋从事违法犯罪活动。

2. 违法建筑不得出租

在城市规划区内,未取得城市规划行政主管理部门核发的建设工程规划许可证或者违反建设工程规划许可证的规定新建、改建和扩建建筑物、构筑物或其他设施的,都属违法建筑。违法建筑本体的非法性,使其根本不具备租赁客体合法、安全等条件,属于禁止出租的范围。根据《城市房屋租赁管理办法》,属于违法建筑的房屋不得出租。因此,下列建筑不得出租:

1) 房屋加层、屋面升高的建筑物。

2) 庭园住宅和公寓庭院内的建筑物、构筑物。

3) 小区、街坊、新村等地区建造的依附于房屋外墙的建筑物、构筑物。

4) 小区空地、绿地、道路旁的搭建物。

5) 逾期未拆除的,未占用道路的施工临时建筑物、构筑物。

3. 物业租赁与物业抵押的关系

物业租赁与物业抵押的关系有两种情形:其一是物业先租赁,后抵押;其二是物业先抵押,后租赁。本质上,抵押权与租赁关系二者之间并无冲突。上述两种情形都是允许的,但二者在法律后果上不一样。

(1) 物业先租赁,后抵押　根据《中华人民共和国担保法》和《城市房地产抵押管理办法》的规定,以已出租的房地产抵押的,抵押人应当将租赁情况告知抵押权人,并将抵押情况告知承租人,原租赁合同继续有效。这时,抵押人不需征得承租人的同意,只要履行告知手续，便可将已租赁出去的物业再抵押给抵押权人。而且，抵押权实现后，租赁合同在有效期间内对抵押物的受让人继续有效。

（2）物业先抵押，后租赁　《城市房屋租赁管理办法》规定：已抵押，未经抵押权人同意的物业不得出租。《城市房地产抵押管理办法》规定：经抵押权人同意，抵押房地产可以转让或者出租。也就是说，只有经过抵押权人同意之后，抵押物的出租才是合法的。根据最高人民法院对《中华人民共和国担保法》的司法解释的规定：抵押人将已抵押的财产出租的，抵押权实现后，租赁合同对受让人不具有约束力。那么因为租赁合同的解除对承租人造成损失，应该区别不同情形分别处理：抵押人将已抵押的财产出租时，如果抵押人未书面告知承租人该财产已抵押的，抵押人对出租抵押物造成承租人的损失承担赔偿责任；如果抵押人已书面告知承租人该财产已抵押的，抵押权实现造成承租人的损失，由承租人自己承担。

8.4　物业抵押

8.4.1　物业抵押概述

1. 物业抵押的概念

物业抵押是指抵押人以其合法的房地产，以不转移占有的方式向抵押权人提供债务履行担保的行为。物业抵押法律关系成立后，债务人到期不能清偿债务时，抵押权人有权依法以抵押的房地产折价、拍卖或者变卖所得的价款优先受偿。在这一概念中，包括以下几层含义：

1）抵押人必须是对房地产享有所有权或者土地使用权的人，即抵押人对抵押物必须享有处分权。

2）抵押人以其合法的房地产以不转移占有的方式，依然实际控制着房地产，向抵押权人提供担保。

3）向抵押权人提供债务履行担保。抵押人拿自己合法的房地产向抵押权人设定抵押，目的是向债权人提供履行债务的一种保证。从某种角度上讲，如果没有这种保证，抵押权人对于债务人的信任度可能降低，很可能作为主债务的合同就无法签订。

2. 物业抵押的法律特征

物业抵押属于担保法律制度中的物的担保，抵押物又是特定的不动产，这种担保物权具有以下法律特征：

（1）房地产抵押权具有从属性　房地产抵押权是为担保债权而设立的，它与所担保的债权形成主从关系，具体表现为：房地产抵押权以主债权的存在为前提；抵押权在债权期限届满不受清偿时行使；抵押权是抵押人为抵押权人提供的财产上享有的一种物权。它的作用在于保证债权顺利受偿，减少主债权不能受偿的风险性。抵押权因主债权的消灭而消灭。

（2）房地产抵押权是一种价值支配权　抵押权是一种担保物权，它以物的交换价值为内容。即抵押权人的目的不是为了取得抵押物的使用价值，而是为了取得抵押物的价值，他有权在债务人不履行债务时，将用作担保的物加以处分、变卖，但无权对物加以使用和收益。

（3）房地产抵押权是一种优先受偿权　抵押权是一种他物权，抵押权的实质和担保作用在于：抵押权人得以通过实现抵押物的价值，优先受偿。即抵押人在债务履行期届满时不履行债务，抵押权人有权依照法律规定，以用作抵押物的房屋和土地，按照法定程序进行拍卖，就卖得的价款，抵押权人可以从中优先受偿。

8.4.2 物业抵押的范围

1. 物业抵押的条件

《城市房地产管理法》规定：依法取得的房屋所有权连同该房屋占用范围内的土地使用权和以出让方式取得的土地使用权可以设定抵押权。但在抵押时，一般情况只能将房屋所有权与土地使用权同时设定抵押，不能将房产与地产分离设定抵押，既不能单独抵押房屋，也不能单独抵押土地，更不能将房屋和土地分别抵押给不同的抵押权主体。土地使用权单独设立抵押权，必须是出让的国有土地使用权。

另外，根据国家土地管理局关于土地使用权抵押登记有关问题的通知规定，土地使用权抵押权的合法凭证是《土地他项权利证明书》，土地使用证不作为抵押权的法律凭证。抵押权人不得扣押土地证书。抵押权人扣押的土地证书无效，土地使用权人可以申请原土地证书作废，并办理补发新证手续。

法律规定以下物业不得设定抵押权：

1) 行政划拨方式获得的尚未建设房屋及其他附属物的土地使用权。

2) 权属有争议的房地产。

3) 学校、幼儿园、医院等以公益为目的的事业单位、社会团体的教育设施、医疗卫生设施和其他社会公益设施。

4) 列入文物保护的建筑物和有重要纪念意义的其他建筑物。

5) 已依法公告列入拆迁范围的房地产。

6) 被依法查封、扣押、监管或以其他形式限制房地产权利的。

7) 依法不得抵押的其他房地产，包括法律禁止流通的土地所有权、违章建筑等。

2. 设定物业抵押的特殊规定

1) 以出让土地使用权设定抵押权的，抵押权设定前原有的地上房屋及其他附属物应当同时设定抵押。以在建工程已完工部分抵押的，其土地使用权随之抵押。《中华人民共和国担保法》规定，"乡（镇）、村企业的土地使用权不得单独抵押。以乡（镇）、村企业的厂房等建筑物抵押的，其占用范围内的土地使用权同时抵押"。

2) 抵押人可以将几宗房地产一并抵押也可以将一宗房地产分割抵押，但再次抵押时，只能就财产价值大于所担保的债权余额部分设定抵押，且抵押人应将前一抵押事实告知抵押权人。

3) 以享受国家优惠政策购买的房地产抵押的，其抵押额以房地产权利人可以处分和收益的份额比例为限。

4) 以出让方式取得的土地使用权抵押的，不得违背国家有关土地使用权有偿出让、转让的规定和土地使用权出让合同的约定。以具有土地使用年限的房地产设定抵押的，所担保债务的履行期限不得超过土地使用权出让合同规定的使用年限减去已经使用年限后的剩余年限。

5) 国有企业、事业单位法人以国家授予其经营管理的房地产抵押的，应当符合国有资产管理的有关规定。

6）以集体所有制企业的房地产抵押的，必须经集体所有制企业职工（代表）大会通过，并报其上级主管机关备案。

7）以中外合资企业、合作经营企业和外商独资企业的房地产抵押的，必须经董事会通过，但企业章程另有规定的除外。

8）以有限责任公司、股份有限公司的房地产抵押的，必须经董事会或者股东大会通过，但企业章程另有规定的除外。

9）有经营期限的企业以其所有的房地产设定抵押的，所担保债务的履行期限不应当超过该企业的经营期限。

10）以共有的房地产抵押的，抵押人应当事先征得其他共有人的书面同意。

11）以预购商品房贷款抵押的，商品房开发项目必须符合房地产转让条件并取得商品房预售许可证。

12）以已出租的房地产抵押的，抵押人应当将租赁情况告知抵押权人，并将抵押情况告知承租人，原租赁合同继续有效。

13）企、事业单位法人分立或合并后，原抵押合同继续有效。其权利和义务由变更后的法人享有和承担，或者在分立或者合并时明确。

14）抵押人死亡、依法被宣告死亡或者宣告失踪时，其房地产合法继承人或者代管人应当继续履行原抵押合同。

15）抵押当事人约定对抵押房地产保险的，由抵押人为抵押的房地产投保，保险费由抵押人负担。抵押房地产投保的，抵押人应当将保险单移送抵押权人保管。在抵押期间，抵押权人为保险赔偿的第一受益人。

16）学校、幼儿园、医院等以公益为目的的事业单位、社会团体，可以其教育设施、医疗卫生设施和其他社会公益设施以外的财产（包括房屋）为自身债务设定抵押。

8.4.3　物业抵押合同的订立与登记

1. 物业抵押合同的内容

物业抵押合同是抵押人与抵押权人为了保证债权债务的履行，明确双方权利义务关系的协议。物业抵押合同是债权债务合同的从合同，债权债务的主合同无效，抵押从合同也无效。物业抵押，抵押人与抵押权人必须签订书面抵押合同。物业抵押合同应当载明以下内容：

1）抵押人、抵押权人的名称或者个人姓名、住所。

2）主债权的种类、数额。

3）抵押房地产的处所、名称、状况、建筑面积、用地面积以及四至等。

4）抵押房地产的价格。

5）抵押房地产的占用管理人、占用管理方式、占用管理责任以及意外损毁、灭失的责任。

6）债务人履行债务的期限。

7）抵押权灭失的条件。

8）违约责任。

9）争议解决的方式。

10）抵押合同订立的时间与地点。

11）双方约定的其他事项。

以预购商品房贷款抵押的，须提交生效的预购房屋合同。以在建工程抵押的，抵押合同还应当载明以下内容：

①《国有土地使用权证》、《建设用地规划许可证》和《建设工程规划许可证》编号；

② 已交纳的土地使用权出让金或需交纳的相当于土地使用权出让金的款额；

③ 已投入在建工程的工程款；

④ 施工进度及工程竣工日期；

⑤ 已完成的工作量和工程量。

若抵押权人要求抵押房地产保险的，当事人应当在合同中约定，并在保险合同中将抵押权人作为保险赔偿金的优先受偿人。

抵押权人要求在房地产抵押后限制抵押人出租、转让抵押房地产或者改变抵押房地产用途的，抵押当事人应当在抵押合同中载明。

《中华人民共和国担保法》规定：订立抵押合同时，抵押权人和抵押人在合同中不得约定在债务履行期届满抵押权人未受清偿时，抵押物的所有权转移为债权人所有的内容。

2. 物业抵押合同登记

根据《城市房地产抵押管理办法》，房地产抵押合同自签订之日起 30 日内，抵押当事人应当到房地产所在地的房地产管理部门办理抵押登记。办理抵押登记时，抵押双方应向登记机关交验下列文件：

1）抵押当事人的身份证明或法人资格证明。

2）抵押登记申请书。

3）抵押合同。

4）《国有土地使用权证》、《房屋所有权证》或《房地产权证》，共有的房屋还必须提交《房屋共有权证》和其他共有人同意抵押的书面证明。

5）可以证明抵押人有权设定抵押权的文件与证明材料。

6）可以证明抵押房地产价值的材料。

7）登记机关认为必要的其他文件。

登记机关对申请人的申请进行审核，凡权属清楚、证明材料齐全的，应当在受理登记之日起 7 日内作出是否准予登记的书面答复。以依法取得房屋所有权证书的物业抵押的，登记机关应当在原《房屋所有权证》上作他项权利记载后，由抵押人收执，并向抵押权人颁发《房屋他项权证》。以预售商品房或者在建工程抵押的，登记机关应当在抵押合同上作记载。抵押的房地产在抵押期间竣工的，当事人应当在抵押人领取房地产权属证书后，重新办理房地产抵押登记。抵押合同发生变更或者抵押关系终止时，抵押当事人应当在变更或者终止之日起 15 日内，到原登记机关办理变更或者注销抵押登记。

《城市房地产管理法》规定房地产抵押应当签订书面抵押合同并办理抵押登记。《中华人民共和国担保法》规定，房地产抵押合同自登记之日起生效。房地产抵押未经登记的，抵押权人不能对抗第三人，对抵押物不具有优先受偿权。

8.4.4 抵押物的占用、管理和处分

1. 抵押人对抵押物依法占用和管理

已作抵押的房地产，由抵押人占用与管理。抵押人对占用和管理的物业负有下列责任：

1）抵押人在抵押房地产占用与管理期间应保持抵押物的安全、完好，抵押权人有权按照抵押合同的规定监督、检查抵押房地产的管理情况。

2）除国家建设需要进行拆迁外，未征得抵押权人的书面同意，抵押人不得将已设定抵押权的房地产出售、交换、赠与、拆除或者改建。根据《中华人民共和国担保法》的规定，抵押人未通知抵押权人或者告知受让人的，转让行为无效。

抵押人转让或者出租抵押物所得价款，应当向抵押权人提前清偿所担保的债权。超过债权数额的部分，归抵押人所有，不足部分由债务人清偿。

3）因国家建设需要，将已设定抵押权的房地产列入拆迁范围的，抵押人应当及时书面通知抵押权人；抵押双方可以重新设定抵押房地产，也可以依法清理债权债务，解除抵押合同。

4）抵押人占用与管理的房地产发生损毁、灭失的，抵押人应当及时将情况告知抵押权人，并应当采取措施防止损失的扩大。抵押的房地产因抵押人的行为造成损失使抵押房地产的价值不足以作为履行债务的担保时，抵押权人有权要求抵押人重新提供或者增加担保以弥补不足。

抵押人对抵押房地产价值减少无过错的，抵押权人只能在抵押人因损害而得到的赔偿的范围内要求提供担保。抵押房地产价值未减少的部分，仍作为债务的担保。

2. 抵押物业的处分

（1）抵押物处分的前提条件 一般情况下，实现抵押权有一个前提，那就是债务履行期届满，而债权人未受到清偿的，这时，债权人可以行使抵押权，处理抵押物以实现其债权。按照《城市房地产抵押管理办法》，下列任何情况出现，抵押权人有权要求处分抵押的物业：

1）债务履行期满，抵押权人未受到清偿，抵押人也未能与抵押权人达成延期履行协议的。

2）抵押人死亡或者被宣告死亡而无人代为履行到期债务，或者抵押人的合法继承人、受遗赠人拒绝履行到期债务的。

3）抵押人被依法宣告解散或者破产的。

4）抵押人违反本办法的有关规定，擅自处理抵押物业的。

5）抵押合同约定的其他情况。

（2）抵押权实现的方式 经抵押当事人协商可以通过拍卖等合法方式处分抵押物业，根据《中华人民共和国担保法》的规定，房地产抵押权的实现方式包括以下三种：

1）折价，也就是债务履行期届满，抵押人不能履行债务以后，抵押权人与抵押人协议，参照市场价格确定一定的价款，把抵押物的所有权由抵押人转移给抵押权人，从而使债权得以实现。但不得损害其他债权人的利益。

2）拍卖是抵押权实现的最为普遍的一种方式。它是以公开竞争的方法把标的物卖给出价最高的买者。

3）变卖一般是指出卖财物，换取现款的行为。变卖无须公告，不受时间的限制，不用

对卖出的标的物进行估价，确定底价，然后通过竞价的方式确定标的价值。在民事诉讼程序中，没有被查封、扣押的财产，不能拍卖。而变卖的范围更广一些，它不仅包括查封、扣押的财产，也包括未经查封、扣押的被执行人的财产。

（3）房地产抵押权实现的限制条件

1）抵押权人处分抵押房地产，应当事先书面通知抵押人；抵押房地产为共有或者出租的，应当同时书面通知共有人和承租人；在同等条件下，共有人和承租人依法享有优先购买权。

2）处分抵押房地产，可以依法将土地上新增的房屋与抵押财产一同处分，但对处分新增房屋所得，抵押权人无权优先受偿。

3）以划拨方式取得的土地使用权连同地上建筑物设定的房地产抵押进行处分时，应当从处分所得的价款中缴纳相当于应当缴纳的土地使用权出让金的款额后，抵押权人方可优先受偿。

（4）抵押物业处分所得的清偿顺序　在抵押物业存在多个债权并存的情况下，物业抵押受偿的顺序为：

1）抵押权优于普通债权。

2）抵押合同已登记生效的，按照抵押物登记的先后顺序受偿；顺序相同的，按照债权比例受偿。

3）抵押合同签订后，因某种原因未登记的，按照合同生效时间的先后顺序受偿，顺序相同的，按照债权比例受偿，抵押物已登记的先于未登记的受偿。

抵押物业处分后受偿的范围及其顺序，依照《城市房地产抵押管理办法》，处分抵押房地产所得金额，依下列顺序分配：

① 支付处分抵押房地产的费用；

② 扣除抵押房地产应缴纳的税款；

③ 偿还抵押权人债权本息及支付违约金；

④ 赔偿由债务人违反合同而对抵押权人造成的损害；

⑤ 剩余金额交还抵押人。

处分抵押房地产所得金额不足以支付债务和违约金、赔偿金时，抵押权人有权向债务人追索不足部分。

（5）抵押权的终止　抵押权人对抵押房地产的处分，因下列情况而中止：

1）抵押权人请求中止时。

2）抵押人申请愿意并证明能够及时履行债务，并经抵押权人同意。

3）发现被拍卖的抵押物有权属争议。

4）诉讼或仲裁中的抵押房地产。

5）其他应当中止的情况。

8.5　案例分析

【案例 1】　2003 年 8 月，刘某与张某在某市城市规划区光明村 46 号建房一栋，总造价为 12 万元，由刘某出资 8.5 万元，张某出资 3.5 万元，房屋左侧 1 套间系房屋的三分之一产权归张某所有，右侧1套间及厅堂即该房屋三分之二产权归刘某所有。2004年该屋以张某的名字补办了宅基地使用证手续。2005年5月30日，张某把属于自己的1套间作价4万元卖给刘某，刘某及时付清了买房款，双方订立买卖协议。买房时，刘某向张某要宅基地使用证时，张某说证已遗失，并写了书面报告请求土地管理部门予以补发。由于土地管理部门未及时办理，刘某没能得到补发的宅基地使用证和房屋产权证。2005年8月30日，张某在第三人处贷款6.5万元，第三人要求其提供担保，张某就凭原宅基地使用证同第三人签订了贷款合同，合同书中写明"以光明村46号房屋抵押"，合同书的附件是张某光明村46号原宅基地使用证。2006年9月18日刘某持张某出具的遗失证明领取了土地管理部门补发的宅基地使用证，并对该栋房屋进行了产权登记。张某知道这一切并未提出异议。2006年12月，第三人因张某未能如期偿还贷款，要求行使抵押权，刘某遂起诉到当地人民法院，请求判决该抵押无效。试问：第三人能否行使抵押权？被告与第三人签订的抵押合同是否有效？

案例分析：本案的关键是诉争房屋能否设定抵押。为此必须掌握设定抵押物的条件。可以对案例作如下分析：

（1）张某对诉争房屋已没有处分权，即以自己不享有处分权利的他人财产设定抵押，并采取提供宅基地使用证的方式误导第三人以为张某对抵押物确有处分权利，属于欺诈行为，根据《中华人民共和国合同法》的规定：一方当事人采取欺诈所签订的合同为无效合同。所以，我们可以认定该抵押合同无效。

（2）第三人与张某订立的贷款合同中明确约定以"光明村46号房屋抵押"，而合同附件不是诉争的房屋的产权证明，只是张某向刘某出售房屋前的宅基地使用证，合同中两项内容矛盾，第三人未能按规定审查和核实，该抵押行为无效。

【案例2】 1995年，王某同其丈夫李某共同修建了一栋房屋。2000年李某去世，死时未留遗嘱。李某死后该栋房屋由王某同其子李立共同居住。2005年，李立开办了一个零售商店，因资金不足向他人借款3万元，并用王某的房屋办理了抵押。但李立设定房屋抵押的这一行为没有告知其母王某。2006年初，李立所借债务到期，因其生意连年亏本，无法清偿债务。债权人于是告到法院，要求法院查封这栋房屋。这时王某才知其子的抵押行为。王某提出，该屋是她同其丈夫生前共同修建的，她对该房屋拥有所有权，其子对该房屋无权设定抵押，要求法院确认该份抵押合同无效。

案例分析：本案的关键在于未经共有人同意而设定的房屋抵押是否有效，可以对案例作如下分析：

（1）根据案情事实，李立之父李某死时没留下遗嘱，那么对其遗产的处分应该按法定继承来进行。根据《中华人民共和国继承法》的有关规定，本案王某现住房屋为王某与其丈夫共同所有，因此李某死后只能将房屋的一半作为其遗产进行处理，而且这一半房屋也应由王某同其子各继承一半，所以，李立只对该栋房屋的四分之一拥有所有权。

（2）根据《城市房地产抵押管理办法的》规定，物业抵押要求抵押人必须是对物业享有所有权的人。以共有的房地产抵押的，抵押的人应当事先征得其他共有人的书面同意。而本案李立未经其他共有人的书面同意，擅自将共有房屋抵押，显然其行为无效。

【案例3】 1990年，天津市昌盛有限责任公司将公房分配给张某、刘某夫妇居住。因该房地处较远，子女照顾不便，张某与刘某未曾前去居住，一直居住在其子女处。2000年刘某去世。2001年起由单位改制的物业公司将该房出租给曹某，订有租期为1年的《临时借对卖出的标的物进行估价，确定底价，然后通过竞价的方式确定标的价值。在民事诉讼程序中，没有被查封、扣押的财产，不能拍卖。而变卖的范围更广一些，它不仅包括查封、扣押的财产，也包括未经查封、扣押的被执行人的财产。

(3) 房地产抵押权实现的限制条件

1) 抵押权人处分抵押房地产，应当事先书面通知抵押人；抵押房地产为共有或者出租的，应当同时书面通知共有人和承租人；在同等条件下，共有人和承租人依法享有优先购买权。

2) 处分抵押房地产，可以依法将土地上新增的房屋与抵押财产一同处分，但对处分新增房屋所得，抵押权人无权优先受偿。

3) 以划拨方式取得的土地使用权连同地上建筑物设定的房地产抵押进行处分时，应当从处分所得的价款中缴纳相当于应当缴纳的土地使用权出让金的款额后，抵押权人方可优先受偿。

(4) 抵押物业处分所得的清偿顺序　在抵押物业存在多个债权并存的情况下，物业抵押受偿的顺序为：

1) 抵押权优于普通债权。

2) 抵押合同已登记生效的，按照抵押物登记的先后顺序受偿；顺序相同的，按照债权比例受偿。

3) 抵押合同签订后，因某种原因未登记的，按照合同生效时间的先后顺序受偿，顺序相同的，按照债权比例受偿，抵押物已登记的先于未登记的受偿。

抵押物业处分后受偿的范围及其顺序，依照《城市房地产抵押管理办法》，处分抵押房地产所得金额，依下列顺序分配：

① 支付处分抵押房地产的费用；

② 扣除抵押房地产应缴纳的税款；

③ 偿还抵押权人债权本息及支付违约金；

④ 赔偿由债务人违反合同而对抵押权人造成的损害；

⑤ 剩余金额交还抵押人。

处分抵押房地产所得金额不足以支付债务和违约金、赔偿金时，抵押权人有权向债务人追索不足部分。

(5) 抵押权的终止　抵押权人对抵押房地产的处分，因下列情况而中止：

1) 抵押权人请求中止时。

2) 抵押人申请愿意并证明能够及时履行债务，并经抵押权人同意。

3) 发现被拍卖的抵押物有权属争议。

4) 诉讼或仲裁中的抵押房地产。

5) 其他应当中止的情况。

8.5　案例分析

【案例 1】　2003 年 8 月，刘某与张某在某市城市规划区光明村 46 号建房一栋，总造价为 12 万元，由刘某出资 8.5 万元，张某出资 3.5 万元，房屋左侧 1 套间系房屋的三分之一产权归张某所有，右侧1套间及厅堂即该房屋三分之二产权归刘某所有。2004年该屋以张某的名字补办了宅基地使用证手续。2005年5月30日，张某把属于自己的1套间作价4万元卖给刘某，刘某及时付清了买房款，双方订立买卖协议。买房时，刘某向张某要宅基地使用证时，张某说证已遗失，并写了书面报告请求土地管理部门予以补发。由于土地管理部门未及时办理，刘某没能得到补发的宅基地使用证和房屋产权证。2005年8月30日，张某在第三人处贷款6.5万元，第三人要求其提供担保，张某就凭原宅基地使用证同第三人签订了贷款合同，合同书中写明"以光明村46号房屋抵押"，合同书的附件是张某光明村46号原宅基地使用证。2006年9月18日刘某持张某出具的遗失证明领取了土地管理部门补发的宅基地使用证，并对该栋房屋进行了产权登记。张某知道这一切并未提出异议。2006年12月，第三人因张某未能如期偿还贷款，要求行使抵押权，刘某遂起诉到当地人民法院，请求判决该抵押无效。试问：第三人能否行使抵押权？被告与第三人签订的抵押合同是否有效？

案例分析：本案的关键是诉争房屋能否设定抵押。为此必须掌握设定抵押物的条件。可以对案例作如下分析：

（1）张某对诉争房屋已没有处分权，即以自己不享有处分权利的他人财产设定抵押，并采取提供宅基地使用证的方式误导第三人以为张某对抵押物确有处分权利，属于欺诈行为，根据《中华人民共和国合同法》的规定：一方当事人采取欺诈所签订的合同为无效合同。所以，我们可以认定该抵押合同无效。

（2）第三人与张某订立的贷款合同中明确约定以"光明村46号房屋抵押"，而合同附件不是诉争的房屋的产权证明，只是张某向刘某出售房屋前的宅基地使用证，合同中两项内容矛盾，第三人未能按规定审查和核实，该抵押行为无效。

【案例2】 1995年，王某同其丈夫李某共同修建了一栋房屋。2000年李某去世，死时未留遗嘱。李某死后该栋房屋由王某同其子李立共同居住。2005年，李立开办了一个零售商店，因资金不足向他人借款3万元，并用王某的房屋办理了抵押。但李立设定房屋抵押的这一行为没有告知其母王某。2006年初，李立所借债务到期，因其生意连年亏本，无法清偿债务。债权人于是告到法院，要求法院查封这栋房屋。这时王某才知其子的抵押行为。王某提出，该房屋是她同其丈夫生前共同修建的，她对该房屋拥有所有权，其子对该房屋无权设定抵押，要求法院确认该份抵押合同无效。

案例分析：本案的关键在于未经共有人同意而设定的房屋抵押是否有效，可以对案例作如下分析：

（1）根据案情事实，李立之父李某死时没留下遗嘱，那么对其遗产的处分应该按法定继承来进行。根据《中华人民共和国继承法》的有关规定，本案王某现住房屋为王某与其丈夫共同所有，因此李某死后只能将房屋的一半作为其遗产进行处理，而且这一半房屋也应由王某同其子各继承一半，所以，李立只对该栋房屋的四分之一拥有所有权。

（2）根据《城市房地产抵押管理办法的》规定，物业抵押要求抵押人必须是对物业享有所有权的人。以共有的房地产抵押的，抵押的人应当事先征得其他共有人的书面同意。而本案李立未经其他共有人的书面同意，擅自将共有房屋抵押，显然其行为无效。

【案例3】 1990年，天津市昌盛有限责任公司将公房分配给张某、刘某夫妇居住。因该房地处较远，子女照顾不便，张某与刘某未曾前去居住，一直居住在其子女处。2000年刘某去世。2001年起由单位改制的物业公司将该房出租给曹某，订有租期为1年的《临时借房协议书》，并以物业服务费名义按每月 300 元的标准，一次性收取 12 个月的费用 3600 元，还向曹某收了押金 1000 元。2002 年 2 月租期届满，某物业公司又与曹某续订了租期仍为 1 年的《临时借房协议》，继续收取 1 年 3600 元的物业服务费。2002 年 10 月国庆节期间，张某的子女偶然去该房发现已被他人居住，并被换了门锁。节后，张某委托子女与物业公司交涉，物业公司解释说：误以为该房屋为已无人居住的空房而统一重新出租的，可以协商解决这一误会，退还部分费用，但不同意全部退还。张某不满意物业公司的解释和解决方式，遂向人民法院起诉，要求某物业公司按其收取的 7200 元赔偿损失。根据以上案情回答下列问题：

1. 人民法院应如何审理此案？
2. 说明理由。

案例分析：（1）根据公房管理有关规定取得的公有房屋的承租使用权，是一种特殊的物业使用权，公房承租使用权是特定的物权属性，因而更使这种公房承租使用权得以独立于公房所有人、出租人权利之外。公房承租使用人占有、使用及有条件的处分权既可对抗公房出租人，又可对抗不特定第三人。

本案中，张某依法取得了该房屋的承租使用权，只要不出现有关公有住房管理规定可以收回的四种情况，即："将承租的房屋擅自转租或变相转租他人的；承租人全家迁离本市的；承租人全家去国（外）定居，已超过规定保留期限的；利用承租房屋进行违法活动的"，张某作为物业使用权人在占有、使用甚至有条件的处分的权利当然可以对抗物业公司。物业公司擅自再行出租归其管理的公房，与曹某签订《临时借房协议》的行为，显然构成了对张某物业居住使用权的不法侵害，张某有权依法要求其承担侵权责任。

（2）因此，人民法院法审理后认为，公民合法的民事权益受法律保护，任何组织不得侵犯。张某依法取得房屋使用权后，物业公司擅自又将房屋出租，既违反了有关公有房屋管理的规定，亦直接侵犯了张某的合法居住使用，取得的收益没有合法根据，因其已退还曹某四个月的费用 1200 元，故判决某物业公司返还张某 6000 元，并承担诉讼费用。

小　　结

物业交易是指以物业为对象进行的转让、租赁和抵押等各种经营活动的总称。城市房地产交易包括房地产转让、房地产抵押和房屋租赁三种形式。物业交易与普通商品交易均为平等主体之间的民事法律行为，交易双方之间的关系是民事法律关系，在交易中应遵守平等、自愿、公平、等价有偿、诚实信用等原则。

物业转让是指物业权利人通过买卖、赠与或者其他合法方式将其物业转移给他人的行为。形式包括房地产买卖、赠与及其他合法方式。主要包含以下几层含义：①物业转让的主体是房地产权利人，物业转让是对房地产的处分行为，只有所有权人才能行使这项权利；②物业转让的客体是房屋的所有权以及该房屋所占用范围的土地使用权。因为房屋和土地在物质形态上是不可分割的，房地产的所有权人在转让房屋所有权时，该房屋占用范围内的土地使用权必须同时转让；③物业转让的后果是房地产权属发生转移。房地产转让后，房地产的转让人不再是房地产的权利人，而受让人成为房地产的权利人。

物业租赁是指物业所有权人作为出租人将其房屋出租给承租人使用，由承租人向出租人支付租金的行为。根据《城市房屋租赁管理办法》的规定，房屋所有权人将房屋出租给承租人居住或提供给他人从事经营活动及以合作方式与他人从事经营活动，都视为房屋租赁行为。

物业租赁作为一种民事法律行为，主要法律特征有：①物业租赁的承租人，对物业享有的是一种占有权和使用权，对物业没有处分权，更没有所有权；②租期超过6个月的应签订书面合同，并且租赁期限不得超过20年，超过20年的，超过部分无效；③物业租赁不允许私下进行交易，租赁合同订立后，双方当事人应到房产管理部门登记备案；④物业租赁不受出租房屋所有权转移的影响，即使出租人将房屋转让给他人，对租赁关系也不产生任何影响。

物业抵押是指抵押人以其合法的房地产，以不转移占有的方式向抵押权人提供债务履行担保的行为。物业抵押法律关系成立后，债务人到期不能清偿债务时，抵押权人有权依法以抵押的房地产折价、拍卖或者变卖所得的价款优先受偿。在这一概念中，包括以下几层含义：①抵押人必须是对房地产享有所有权或者土地使用权的人，即抵押人对抵押物必须享有处分权；②抵押人以其合法的房地产以不转移占有的方式，依然实际控制着房地产，向抵押权人提供担保；③向抵押权人提供债务履行担保。抵押人拿自己合法的房地产向抵押权人设定抵押，目的是向债权人提供履行债务的一种保证。从某种角度上讲，如果没有这种保证，抵押权人对于债务人的信任度可能降低，很可能作为主债务的合同就无法签订。

思 考 题

1. 什么是房屋转租？
2. 什么是物业抵押？
3. 物业转让的程序是怎样的？
4. 商品房现售应当符合哪些条件？
5. 商品房预售必须具备哪些条件？
6. 商品房销售怎样计算建筑面积？
7. 哪些情形下的物业不得出租？
8. 物业租赁合同包括哪些内容？
9. 物业交易包括哪几种形式？
10. 哪些情形下的物业不得转让？

练 习 题

一、单选题

1. 房地产抵押合同的签订之日起（　　）日内，抵押当事人应当到房地产所在地的房产管理部门办理抵押登记。

A. 7　　B. 15　　C. 30　　D. 90

2. 李某与张某签订出租其房屋合同，租赁期限为28年，该租赁期限无效的是（　　）年。

A. 28　　B. 20　　C. 8　　D. 其他

3. 无正当理由，承租人拖欠房租（　　）月以上的，租赁合同可以终止。

A. 12　　B. 6　　C. 3　　D. 1

4. 房屋产权人出卖已出租的房屋时，必须提前（　　）个月通知承租人。

A. 6　　B. 3　　C. 2　　D. 1

5. 商品房建筑面积误差绝对值在（　　）以内的，据实估算房价款。

A. 6%　　B. 5%　　C. 3%　　D. 1%

二、多选题

1. 下列物业中不得设定抵押权的有（　　）。

A. 权属有争议的房地产　　　　　　　B. 已依法公告列入拆迁范围的房地产

C. 学校、医院等公益事业单位的房产　　D. 列入文物保护的建筑物

2. 下列不得出租的房屋有（　　）。

A. 未依法取得《房屋所有权证》的　　B. 共用房屋未取得共用人同意的

C. 不符合安全标准的　　　　　　　　D. 已抵押，未经抵押权人同意的

3. 商品房预售，应当符合下列（　　）条件。

A. 已交付全部土地使用权出让金，取得土地使用权证书

B. 持有建设工程规划许可证和施工许可证

C. 投入开发建设的资金达到工程建设总投资的25%以上

D. 开发企业取得商品房预售许可证明

4. 下面关于物业交易的说法正确的有（　　）。

A. 权属有争议的物业不得转让

B. 物业交易有出售、抵押和租赁等方式

C. 物业交易必须签订书面合同

D. 物业转让的，必须先到当地房地产管理部门办理交易手续，申请转移登记

5. 下列（　　）不得出租。

A. 房屋加层、屋面升高部分的建筑物

B. 庭园住宅和公寓庭院内的建筑物

C. 小区空地、绿地、道路旁的搭建物

D. 逾期未拆除的临时建筑物、构筑物

三、判断题（在正确的题后打√，在错误的题后打×）

1. 房地产抵押权是一种优先受偿权。（　　　）

2. 房地产抵押未经登记的，抵押权人不能对抗第三人，对抵押物不具有优先受偿权。（　　　）

3. 转租合同必须经原出租人书面同意。（　　　）

4. 商品房现售的物业管理方案必须落实。（　　　）

5. 购买人的商品房建筑面积小于合同约定面积时，面积误差比绝对值超过3%部分的，房价款由房地产开发企业返还买受人。（　　　）

四、案例分析

【案例1】　2004年10月，某市泰达汽车维修中心与电缆厂签订房屋租赁协议。租赁电缆厂厂房及场地2000m²，用途为汽车修理、机修和仓库；租赁期限为10年，自2005年1月1日至2015年12月31日。2006年初，电缆厂将租赁给泰达汽车维修中心的厂房及场地

在内的全部房产卖给新阳公司，新阳公司于 2006 年 6 月取得所购房产的产权证。新阳公司购买房产后，为改变该房地产的用途，用多种方式要求泰达汽车维修中心撤出租赁房屋，终止租赁协议，但均遭到泰达汽车维修中心的拒绝。泰达汽车维修中心也因此获知电缆厂卖房行为，遂以其买卖行为未履行事先告知义务，侵犯其优先购买权而诉诸法院，请求法院判电缆厂和新阳公司的买卖行为无效，并要求保护自己的优先购买权。根据以上事实，此案如何处理？

【案例 2】　某市工贸公司于 1996 年 9 月 25 日与市江丰房地产开发公司订立商品房买卖契约，约定江丰房地产开发公司把拥有 50 年土地使用权的本市某地块上的房屋预售给工贸公司，综合售价为每平方米 4000 元，价款合计为 2000 万元，首批资金即价款的 40％在签约 3 天内付清，主体工程到五层再付 15％，主体封顶再付 20％等。工贸公司于 1996 年 9 月 26 日支付首笔款项 850 万元。之后，工贸公司对预购楼房的结构作部分修改，因变更原设计项目而增加的费用经审计事务所审核为 6 万元。二期付款之前，开发公司提出提高房价，否则终止协议。工贸公司遂诉至法院要求履行合同，交付房屋，若不履行合同则归还工贸公司所投资金 850 万元并支付利息损失。后经法院查明，开发公司持有该地块市建委立项批文、建设用地许可证、商品房预售许可证、建设工程规划许可证、市土地管理局国有土地使用权出让批准通知，但未获得该地块的土地使用权证。根据以上事实，人民法院如何处理此案？

【案例 3】　某商业大厦 2003 年 8 月落成后，将 380 节商品柜台全部出租，并由商业大厦与个体工商户订立租赁合同。合同规定每节柜台年租金 3500 元，一次交齐 1 年租金，每月按时缴纳工商管理费和税金，承租方在租赁期间经营服装，不得挪作他用，不得私自转租。合同签订后，大厦管理处每月定期来收管理费，但从没有对合同进行过管理。商业大厦在合同订完以后，也放松了对合同的管理。许多承租人在租赁一段时间以后，私自将柜台转租他人。在转租时有的只是口头约定，有的只是写了简单的条子，根本没有正式的转租手续，更未经过大厦的批准。2006 年底，商业大厦准备将出租的柜台出卖，根据规定原承租人有优先购买权。这样，原来的承租人现在回来要买柜台，现在的承租人也要买柜台，双方各不相让，遂起诉到法院。根据以上事实，此案应如何审理？

【案例 4】　2004 年 1 月 5 日，个体工商户张某因经营需要与工商银行签订了借款合同，借款金额为 6 万元，期限为 2 年，张某提供私有房屋 3 间作为抵押。2006 年 1 月 5 日，还款期限已到，张某因经营不善，无法偿还贷款本息。工商银行决定拍卖张某提供的 3 间房屋时，发现张某于 2005 年 8 月 6 日已将其中两间房屋租赁给陈某居住。工商银行在以贷款本息为底价拍卖时，无人应买。工商银行认为，张某将抵押的房屋租赁给陈某居住这一事实是房屋无人购买的根本原因，损害了其抵押权，因此向人民法院起诉，要求人民法院判决解除张某和陈某的租赁关系。张某认为，自己虽以房屋作为抵押物，但仍享有所有权，自然有权与他人订立租赁合同。另外查明，陈某与张某的房屋租赁合同并没有约定租赁期限，陈某表示，打算长期租赁此房屋居住，再找房屋比较困难，并且牵涉到工作、孩子上学等诸多问题。而且陈某与张某订立房屋租赁合同时，并不知该房屋已设定抵押。因此，根据以上事实，回答下列问题：

1. 张某抵押后，是否可以与他人订立租赁合同？说明理由。

2. 陈某的租赁关系能否得到人民法院保护？说明理由。

3. 人民法院应该如何处理此案？

第 9 章

物业中介服务法律制度

学习目标

本章主要介绍物业中介服务相关法律知识。应了解物业中介的范围，了解中介服务在物业发展中的作用和人们在选择中介机构时应注意的问题；熟悉中介人员资格认证制度；掌握中介服务机构设立的条件和中介服务收费标准。

关键词

物业中介服务　中介人员　中介服务收费标准

9.1 物业中介服务概述

近年来，随着物业交易市场的活跃，大量房地产交易业务的出现，物业中介服务行业更加繁荣。为了有效规范物业交易中介服务活动，保障当事人的合法权益，规范物业交易中介服务的行为，国家有关部门颁布了一系列规章制度，主要有 1996 年 1 月建设部发布第 50 号令公布（2001 年修订）的《城市房地产中介服务管理规定》和《城市房地产管理法》等。这些政策制度的建立和实施，都为我国物业中介服务的正规化、法制化的进程奠定了坚实的基础。

物业中介是房地产开发的延续和完善，是适应房地产市场发展和综合性服务需要而产生的一种服务方式。物业中介是房地产进入消费领域的产品，而房地产行业则是房地产生产、流通、消费的整个过程，所以，物业中介主要是对进入房地产消费领域的房地产的买卖、租赁、抵押等进行有偿的服务过程。

1. 物业中介服务的概念

物业中介服务是指具有专业执业资格的人员在房地产投资、开发、销售、交易等环节中，为当事人提供居间服务的经营活动，是为他人提供房地产咨询、房地产价格评估、房地产经纪等活动的总称。

房地产咨询是指为物业活动的当事人提供法律、法规、政策、信息、技术等方面服务的经营活动。

房地产价格评估是指对物业进行测算，评定其经济价值和价格的经营活动。

房地产经纪是指为委托人提供物业信息和居间代理业务的经营活动。

2. 物业中介服务的主要特点

（1）从业人员特定性　并非所有的人都可以从事物业中介服务。物业中介服务活动的从业人员必须是具有特定资格的专业人员。对从事物业价格评估的人员则要求必须是取得房地产估价师执业资格，并经注册取得房地产估价师注册证的人员；对从事物业经纪活动的人员则要求必须是取得房地产经纪人执业资格的人员。其他任何人员不能独立从事物业估价和物业经纪活动。

（2）受托性　物业中介服务是受当事人委托进行，并在当事人委托的范围内从事物业中介服务活动，提供当事人所要求的服务。如在物业买卖过程中，房地产经纪人利用自身掌握的房地产专业知识和信息，代办相关事务。

（3）有偿性　在物业中介服务过程中，委托人一般要支付一定的报酬、佣金给受托人。

9.2　物业中介服务人员的资格认证制度

随着物业交易市场的繁荣，房地产行业中出租、买卖、抵押等业务的不断增加，从事中介活动的人员、机构也就相应增多。而这些人员和机构的活动应当符合现行法律政策。

9.2.1　物业中介服务人员资格

物业中介服务人员主要是指从事房地产咨询、房地产价格评估、房地产经纪活动的人员。

目前，我国已初步建立了与我国房地产市场发展相适应的中介服务人员资格认证制度，主要是通过资格认证与执业注册，确保从业人员达到从业所要求的水准，并实现有效的监督管理。即根据物业中介服务的不同内容、性质、特点和要求，以法规的形式明确规定从事中介服务的人员所应具备的各项条件，只有符合规定标准的人员，才有资格从事相应的中介服务活动；凡不具备这些条件的人员，则不能从事相应的中介服务活动。具体条件为：

1. 房地产咨询人员

对从事房地产咨询业务的人员，必须是具有房地产及相关专业中等以上学历，有与房地产咨询业务相关的初级以上的专业技术职称，并取得考试合格证书的专业技术人员；对咨询人员的具体考试注册及继续教育工作，由省、自治区建设行政主管部门和直辖市房地产管理部门负责进行。

2. 房地产价格评估人员

房地产价格评估人员分为房地产估价师和房地产评估员。

（1）房地产估价师　房地产估价师必须是经国家执业资格认证统一考试，取得房地产估价师执业资格证书，并经注册登记取得房地产估价师注册证的人员。未取得房地产估价师注册证的人员，不得以房地产估价师的名义从事房地产估价业务。

（2）房地产评估员　房地产评估员是指经过考试并取得房地产评估员岗位合格证的人员，未取得房地产评估员岗位合格证的人员，不得从事房地产估价业务。其具体考试办法，由省、自治区人民政府建设行政主管部门和直辖市房地产管理部门制定。

3. 房地产经纪人

房地产经纪人员职业资格包括房地产经纪人执业资格和房地产经纪人协理从业资格。凡从事房地产经纪活动的人员，必须取得房地产经纪人员相应职业资格证书并经注册生效。取得房地产经纪人执业资格是进入房地产经纪活动关键岗位和发起设立房地产经纪机构的必备条件。取得房地产经纪人协理从业资格，是从事房地产经纪活动的基本条件。未取得职业资格证书的人员，一律不得从事房地产经纪活动。

9.2.2　房地产估价师执业资格制度

房地产估价师执业资格制度是随着房地产业发展的需要而逐步建立和完善的。《城市房地产管理法》规定，国家实行房地产价格评估人员资格认证制度。1995 年 9 月举行了我国首次房地产估价师执业资格考试。至此，具有中国特色的房地产估价师执业资格制度已初步建立和形成。

1. 房地产估价师执业资格考试

房地产估价师是指经全国统一考试，取得房地产估价师执业资格证书并注册登记后从事房地产估价活动的人员。

（1）考试组织与考试内容　房地产估价师执业资格实行全国统一组织、统一大纲、统一命题、统一考试的制度。原则上每 2 年举行一次。

建设部负责组织考试大纲的拟定、培训教材的编写和命题工作，由房地产估价师学会具体实施。房地产估价师执业资格考试分为基础理论和估价实务两部分，共 4 个科目。重点考察对基础理论知识的掌握程度、评估技术与技巧的熟练程度、综合而灵活地应用基础理论和评估技术解决实际问题的能力。考试科目为：《房地产基本制度与政策》，主要包括房地产管理制度与法规，其中以《城市房地产管理法》、《城市规划法》、《城市房屋拆迁管理条例》、《城市房地产中介服务管理规定》等基本法规为重点；《房地产开发经营与管理》，主要包括房地产投资分析、房地产市场分析、房地产开发等；《房地产估价理论与方法》，主要包括房地产估价理论与基本的方法及其应用；《房地产估价案例与分析》，主要包括不同类型房地产估价的特点与估价基本技术路线，通过对不同类型房地产估价案例的分析，考察其实际工作能力与业务水平。

（2）执业资格考试报名条件　凡中华人民共和国公民，遵纪守法并具有下列条件之一的，都可申请参加房地产估价师执业资格考试：

1）取得房地产估价相关学科（包括房地产经营、房地产经济、土地管理、城市规划等，下同）中等专业学历，具有 8 年以上相关专业工作经历，其中从事房地产估价实务满 5 年。

2）取得房地产估价相关学科大专学历，具有 6 年以上相关专业工作经历，其中从事房地产估价实务满 4 年。

3）取得房地产估价相关学科学士学位，具有 4 年以上相关专业工作经历，其中从事房地产估价实务满 3 年。

4）取得房地产估价相关学科硕士学位或第二学位、研究生班毕业，从事房地产估价实务满 2 年。

5）取得房地产估价相关学科博士学位的。

6）不具备上述规定学历，但通过国家统一组织的经济专业初级资格或审计、会计、统计专业初级资格考试并取得相应资格，具有 10 年以上相关专业工作经历，其中从事房地产估价实务 6 年，成绩特别突出的。

申请房地产估价师执业资格考试，还需提供下列证明文件：

① 房地产估价师执业资格考试报名申请表；

② 学历证明；

③ 实践经历证明。

（3）资格的获得　房地产估价师执业资格考试合格者，由人事部或其授权的部门颁发人事部统一印制的房地产估价师执业资格证书，经注册后全国范围有效。

2. 房地产估价师的注册

（1）注册资格　只有房地产估价师执业资格考试合格人员，方可受聘在房地产管理部门认定的具有房地产评估资格的各类估价机构从事房地产估价工作。

（2）注册程序　建设部或其授权的部门为房地产估价师资格的注册管理机构。房地产估价师执业资格注册，由本人在取得房地产估价师执业资格证书后3个月内提出申请，经聘用单位送省级房地产管理部门初审后，统一报建设部或其授权的部门注册。准予注册的申请人，由建设部或其授权的部门核发房地产估价师注册证。申请注册需提供下列证明材料：

① 由本人填写的房地产估价师执业资格注册申请表；

② 房地产估价师执业资格证书；

③ 业绩证明，如本人在近期内完成的正式估价报告；

④ 所在单位考核合格证明。

凡不具备民事行为能力的和不能提供上述证明材料的，不予注册。

（3）资格的取消　房地产估价师执业资格注册有效期一般为3年，有效期满前3个月，持房地产估价师注册证到原注册机关重新办理注册手续。

凡脱离房地产估价师工作岗位连续时间2年以上者（含2年），注册管理机构将取消其注册。

房地产估价师资格注册后，有下列情形之一的，由原注册机关吊销其房地产估价师注册证：

① 完全丧失民事行为能力；

② 死亡或失踪；

③ 受刑事处罚的。

未取得房地产估价师注册证的人员，不得以房地产估价师的名义从事房地产估价业务。

3. 房地产估价师的权利和义务

房地产估价实行回避制，即房地产估价师在评估自己、亲属及其他有利害关系人的房地产时需回避。房地产估价人员都应严格要求自己，自觉遵守和提高职业道德水准，在社会和公众前保护和维护自己以及房地产估价师的行业形象和声誉。

（1）房地产估价师的权利　在工作中，房地产估价师享有下列权利：

① 有执行房地产估价业务的权利；

② 有在房地产估价报告上签字的权利；

③ 有使用房地产估价师名称的权利。

（2）房地产估价师的义务　房地产估价师必须履行下列义务：

① 遵守房地产评估法规、技术规范和规程；

② 保证估价结果的客观公正；

③ 遵守行业管理规定和职业道德规范；

④ 接受职业继续教育，不断提高业务水平；

⑤ 为委托人保守商业秘密。

9.2.3　房地产经纪人职业资格制度

房地产经纪活动是活跃房地产市场不可或缺的重要组成部分。在发达国家的房地产市场中，80％以上的房地产交易是由房地产经纪人促成的。我国房地产经纪随着我国房地产市场的发展逐步成长起来。但从总体上说，房地产经纪行业仍然是当前我国房地产市场发育中的薄弱环节。针对房地产经纪行业存在的问题，建设部、人事部着手建立市场准入制度，从加强经纪人执业资格考试、认证和经纪机构资质的管理入手，制定了《房地产经纪人员职业资格制度暂行规定》和《房地产经纪人执业资格考试实施办法》，以规范房地产经纪行为，维护消费者权益。

1. 房地产经纪人的资格考试

房地产经纪人资格考试分为房地产经纪人执业资格考试和房地产经纪人协理从业资格考试。

（1）考试组织与考试内容　房地产经纪人执业资格考试实行全国统一组织、统一大纲、统一命题、统一考试的制度。原则上每年举行一次。

建设部负责编制房地产经纪人执业资格考试大纲，编写考试教材和组织命题工作，组织和授权组织房地产经纪人执业资格的考前培训等有关工作。人事部负责审定房地产经纪人执业资格考试科目、考试大纲和考试试题，组织实施考务工作。房地产经纪人执业资格考试分为基础理论和经纪实务两部分，共4科。重点考察对基础理论知识的掌握程度、经纪技术与技巧的熟练程度、综合而灵活地应用基础理论和经纪技术解决实际问题的能力。考试科目为：《房地产基本制度与政策》，主要包括房地产管理制度与法规，其中以《城市房地产管理法》、《城市规划法》、《城市房屋拆迁管理条例》、《城市房地产中介服务管理规定》等基本法规为重点；《房地产经纪相关知识》，主要包括房地产经纪人应当掌握的经济、法律、金融、建筑等相关学科的基础知识；《房地产经纪概论》，主要包括房地产经纪业和房地产经纪人管理，房地产经纪人职业道德，房地产经纪业务分类及管理等；《房地产经纪实务》，主要包括房地产市场营销环境分析、房地产市场调查和预测、房地产代理、居间业务知识及对经纪案例的分析等。

房地产经纪人协理从业资格实行全国统一大纲，各省、自治区、直辖市命题并组织考试制度。

（2）执业资格考试报名条件　凡中华人民共和国公民，遵纪守法，获得房地产经纪人协理资格并具备下列条件之一的，都可申请参加房地产经纪人执业资格考试：

① 取得大专学历，工作满6年，其中从事房地产经纪业务工作满3年；

② 取得大学本科学历，工作满4年，其中从事房地产经纪业务工作满2年；

③ 取得双学士学位或研究生班毕业，工作满3年，其中从事房地产经纪业务工作满2年；

④ 取得硕士学位，工作满2年，从事房地产经纪业务工作满1年；

⑤ 取得博士学位，从事房地产经纪业务工作满1年。

凡已取得房地产估价师执业资格者，报名参加房地产经纪人执业资格考试可免考《房地产基本制度与政策》科目。

房地产经纪人执业资格考试合格者，由各省、自治区、直辖市人事部门颁发人事部统一印制，人事部、建设部用印的中华人民共和国房地产经纪人执业资格证书，该证书全国有效。

房地产经纪人协理资格考试报名条件：具有高中以上学历，愿意从事房地产经纪活动的人员均可报名。经考试合格取得中华人民共和国房地产经纪人协理从业资格证书，该证书在所在行政区域内有效。

2. 房地产经纪人注册

（1）注册条件　建设部或其授权的部门为房地产经纪人执业资格的注册管理机构。房地产经纪人执业资格注册，由本人提出申请，经聘用的房地产经纪机构送省、自治区、直辖市房地产管理部门初审。申请注册的人员必须同时具备以下条件：

① 获得房地产经纪人执业资格证书；

② 无犯罪记录；

③ 身体健康，能坚持在注册房地产经纪人岗位上工作；

④ 经所在经纪机构考核合格。

（2）注册管理　初审合格后，由省、自治区、直辖市房地产管理部门统一报建设部或其授权的部门注册。准予注册的申请人，由建设部或其授权的注册管理机构核发房地产经纪人注册证。房地产经纪人执业资格注册有效期一般为3年，有效期满前3个月，持证者应到原注册管理机构办理再次注册手续。再次注册者，除符合上述四个规定外，还须提供接受继续教育和参加业务培训的证明。在注册有效期内，变更执业机构者，应当及时办理变更手续。

（3）资格的注销　经注册的房地产经纪人有下列情况之一的，由原注册机构注销注册：

① 不具备完全民事行为能力；

② 受刑事处罚的；

③ 脱离房地产经纪工作岗位连续2年（含2年）以上；

④ 同时在两个及两个以上的房地产经纪机构进行房地产经纪活动；

⑤ 严重违反职业道德和经纪行业管理规定。

3. 房地产经纪人员职业技术能力

1）房地产经纪人应当具备下列职业技术能力：

① 具有一定的房地产经济理论和相关经济理论水平，并具有丰富的房地产专业知识；

② 能够熟练掌握和运用与房地产经纪业务相关的法律、法规和行业管理的各项规定；

③ 熟悉房地产市场的流通环节，具有熟练的实务操作的技术和技能；

④ 具有丰富的房地产经纪实践经验和一定资历，熟悉市场行情变化，有较强的创新和开拓能力，能创立和提高企业品牌；

⑤ 有一定的外语水平。

2）房地产经纪人协理应当具备下列职业技术能力：

① 了解房地产相关法律、法规及有关行业管理的规定；

② 具有一定的房地产专业知识；

③ 掌握一定的房地产流通的程序和实务操作技术及技能。

4. 房地产经纪人员的权利和义务

（1）房地产经纪人享有的权利

① 依法发起设立房地产经纪机构；

② 加入房地产经纪机构，在房地产经纪机构关键岗位上任职；

③ 指导房地产经纪人协理进行各种经纪业务；

④ 经所在机构授权订立房地产经纪合同等重要文件；

⑤ 要求委托人提供与交易有关的资料；

⑥ 有权拒绝执行委托人发出的违法指令；

⑦ 执行房地产经纪业务并获得合理佣金。

（2）房地产经纪人协理享有的权利

① 有权加入房地产经纪机构；

② 协助房地产经纪人处理经纪有关事务并获得合理的报酬。

（3）房地产经纪人、房地产经纪人协理应当履行的义务

① 遵守法律、法规、行业管理规定和职业道德规范；

② 不得同时受聘于两个或者两个以上房地产经纪机构执行业务；

③ 向委托人披露相关信息，充分保障委托人的权益，完成委托业务；

④ 为委托人保守商业秘密；

⑤ 接受职业继续教育，不断提高业务水平。

9.3　物业中介服务机构管理

物业中介服务机构是具有独立法人资格的经济组织，包括房地产咨询机构、房地产评估机构、房地产经纪机构等，凡从事物业中介服务的人员，应当在相应的中介服务机构开展业务活动，不允许以个人的名义从事物业中介服务活动。

9.3.1　物业中介服务机构的设立

从事物业中介业务均应设立相应的物业中介服务机构。设立物业中介服务机构应当具备以下条件：

1）有自己的名称、组织机构。法人的名称是其特定化的标志，也是其人格化了的特征。物业中介服务机构作为独立的企业法人，也必须有自己的名称，这既是各个物业中介服务机构间相互区别的重要标志，也是设立物业中介服务机构的一个必要条件。

2）有固定的服务场所。这包括以下两个方面的内涵：其一，物业中介服务机构要有自己的服务场所，包括自有的或租赁的服务场所；其二，这种服务场所是固定的，即在相对长的一段时期内固定在一个地方。

3）有规定数量的财产和经费。物业中介服务机构必须具有必要的财产和经费，即能够满足该机构进行日常服务工作所必需的、能为自己独立支配的财产和经费。所谓"必要的"或"规定的"是按照中介服务机构从事物业中介服务的项目及其规模来确定的，服务的项目不同，其财产和经费要求也不相同。

4）有足够数量的专业人员。根据《城市房地产中介服务管理规定》的要求，从事物业咨询业务的，具有房地产相关专业中等以上学历、初级以上专业技术职称的人员须占总人数的 50% 以上；从事房地产评估业务的，须有规定数量的房地产估价师；从事房地产经纪业

务的，须有规定数量的房地产经纪人。

5）法律、行政法规规定的其他条件。

9.3.2 物业中介服务机构的管理

1. 物业中介服务机构资格审批

设立物业中介服务机构的资金和人员条件，应由当地县级以上房地产管理部门进行审查，审查合格后，再行办理工商登记，需跨省、自治区、直辖市从事房地产估价业务的机构，应报建设部审查合格后，再行办理工商登记。

物业中介服务机构在领取营业执照后的 1 个月内，应当到登记机关所在地的县级以上人民政府房地产管理部门备案。

设立有限责任公司、股份有限公司从事物业中介业务的，还应当执行《公司法》的有关规定。

2. 物业中介服务机构资格年检制度

房地产管理部门负责对中介服务机构实行年检，并于每年年初公布年检合格的物业中介服务机构名单。凡不申请年检或年检不合格的中介服务机构不得继续从事中介业务。

年检的主要内容为一年来中介服务机构开展业务活动的基本情况、工作业绩、市场信誉、财务状况等。主要检查：

1）是否遵守有关的法律、法规和政策规定。

2）是否遵守自愿、公平、诚实信用的职业道德。

3）是否按核准的业务范围从事经营活动。

4）是否按规定标准收取费用。

5）是否依法交纳税费。

9.3.3 物业中介服务机构的业务管理

物业中介服务机构的业务管理主要包括承办业务管理、中介服务行为的管理。

1. 承办业务管理

物业中介服务人员承办业务，应由其所在中介服务机构统一受理并与委托人签订书面中介服务合同。中介服务人员不得以个人名义承揽业务，也不得个人与委托人签订委托合同。合同主要包括以下内容：

1）当事人姓名或者名称、住所。

2）中介服务项目名称、内容、要求和标准。

3）合同履行期限。

4）收费金额和支付方式、时间。

5）违约责任和纠纷解决方式。

6）当事人约定的其他内容。

在承接业务时，中介服务人员若与委托人有利害关系，中介服务人员应当实行回避制度并主动告知委托人及所在中介服务机构。委托人有权要求其回避。

2. 中介服务行为管理

物业中介服务人员执行业务可以根据需要查阅委托人的有关资料和文件，查看业务现场和设施，要求委托人提供必要的协助。由于物业中介服务人员失误给当事人造成经济损失的，由所在中介机构承担赔偿责任，所在机构可以对有关人员追偿。

在开展中介服务活动中，中介服务人员不得有下列行为：

1）超越资格范围从事物业中介服务业务。

2）索取接受委托合同以外的酬金或其他财物，或者利用工作之便，牟取其他不正当的利益。

3）允许他人以自己的名义从事物业中介业务。

4）同时在两个或两个以上中介服务机构执行业务。

5）与一方当事人串通损害另一方当事人利益。

6）在中介活动中采取恐吓、欺诈、行贿等手段。

7）为无履约能力或者签约能力的人进行中介。

8）法律、法规禁止的其他行为。

对因违反职业道德和有关规定，在中介服务活动中或中介服务管理中造成失误的中介服务人员或中介服务机构，视其情节与性质由市、县人民政府房地产管理部门会同有关部门对责任者给予处罚。处罚包括警告、没收非法所得，暂停执行业务、吊销资格证书或营业执照，并可处以罚款。情节严重、构成犯罪的，要依法追究责任人的刑事责任。

9.3.4　物业中介服务机构的义务

房地产中介服务机构在中介服务过程中应当履行下列义务：

1）遵守有关的法律、法规和政策。

2）遵守自愿、公平、诚实信用的原则。

3）按照核准的业务范围从事经营活动。

4）按规定标准收取费用。

5）依法缴纳税费。

6）接受行业主管部门及其他部门的指导、监督和检查。

9.3.5　房地产开发企业和物业中介服务机构的委托关系

《商品房销售管理办法》第25条规定："房地产开发企业委托中介服务机构销售商品房的，受托机构应当是依法设立并取得工商营业执照的房地产中介服务机构。房地产开发企业应当与受托房地产中介服务机构订立书面委托合同，委托合同应当载明委托期限、委托权限以及委托人和被委托人的权利、义务"。

作为委托人，房地产开发企业必须委托依法设立并取得营业执照的物业中介服务机构；作为受托人，受托销售商品房的物业中介服务机构必须具备相应的主体资格条件。房地产开发企业与中介机构的委托关系，通过委托合同得以确立。委托合同应当载明委托权限、期限、双方权利等事项。受托物业中介机构必须在委托合同载明的期限、权限内行使自己的权利和履行义务，不得超越代理权进行销售。

9.3.6　物业中介服务机构销售商品房时应当注意的问题

1）向买受人出示相关证件。《商品房销售管理办法》第26条规定："受托房地产中介服务机构销售商品房时，应当向买受人出示商品房的有关证明文件和商品房销售委托书"。

受托物业中介服务机构作为房地产开发企业的销售代理人出示委托书，是为了证明其代理人身份，同时也便于购房者了解委托的内容；出示代理销售商品房的证明文件，包括建设工程规划许可证、土地使用权出让合同、预售许可证、房地产买卖合同等，是为了证明所售商品房的合法性。

2）如实介绍所代理销售商品房的有关情况。根据《商品房销售管理办法》的规定，受托物业中介服务机构销售商品房时，应当如实向买受人介绍所代理销售商品房的有关情况。受托物业中介服务机构不得代理销售不符合销售条件的商品房。

9.4 物业中介服务收费管理

为规范物业中介服务收费行为，维护物业中介服务当事人的合法权益，建立物业中介服务收费正常的市场秩序，国家计委、建设部 1995 年联合发布了《关于房地产中介服务收费的通知》。确定了物业中介服务收费的原则和收费的标准。

9.4.1 物业中介服务收费原则

物业中介服务收费是房地产交易市场重要的经营性服务收费。凡依法设立并具备物业中介资格的物业中介服务机构，为企事业单位、社会团体和其他社会组织、公民及外国当事人提供有关房地产开发投资、经营管理、咨询等方面的中介服务，均可向委托人收取合理费用。中介服务收费应由中介服务机构向委托人收取，任何人不得以个人名义向委托人收取。

中介服务机构应本着自愿委托、有偿服务和合理、公开、诚实守信的原则，在接受委托后，根据国家规定的收费办法和收费标准，与委托方协商确定中介服务费，并签订合同。中介服务收费实行明码标价制度。中介服务机构在接受委托时应主动向当事人介绍有关中介服务的价格及服务内容等情况。

9.4.2 物业中介服务收费标准

1. 房地产咨询收费

国家制定咨询服务收费的指导性参考价格，实际成交收费标准由委托方与中介机构协商议定。按服务形式，房地产咨询收费分口头咨询费和书面咨询费两种。

口头咨询费按照咨询服务所需时间结合咨询人员专业技术等级由双方协商议定收费标准。书面咨询费按照咨询报告的技术难度、工作繁简，结合标的额的大小计收。国家指导性参考价格为普通咨询报告，每份收费 300～1000 元；技术难度大，情况复杂、耗用人员和时间较多的咨询报告，可适当提高收费标准，但一般不超过咨询标的额的0.5%。

2. 房地产评估收费

房地产评估采取差额定率累进计费，即按房地产价格总额大小划分费率档次，分档次收费，各档次收费额累计之和为收费总额。表 9-1～表 9-3 分别为以房产为主的房地产价格、一般宗地价格、城镇基准地价评估收费标准。

表 9-1　以房产为主的房地产价格评估收费标准计算表

档　次	房地产价格总额/万元	累进计费率（%）
1	100 以下（含 100）部分	0.5
2	101～1000 部分	0.25
3	1001～2000 部分	0.15
4	2001～5000 部分	0.08
5	5001～8000 部分	0.04
6	8001～10000 部分	0.02
7	10000 以上部分	0.01

例如：某房地产价格总额为 1500 万元，则收取的评估费＝100 万元×0.5％＋（1000－100）万元×0.25％＋（1500－1000）万元×0.15％＝3.5 万元。

表 9-2　一般宗地地价评估收费标准

序　号	土地价格总额/万元	累进计费率（%）
1	100 以下（含 100）部分	0.4
2	101～200 部分	0.3
3	201～1000 部分	0.2
4	1001～2000 部分	0.15
5	2001～5000 部分	0.08
6	5001～10000 部分	0.04
7	10000 以上部分	0.01

表 9-3　城镇基准地价评估收费标准

序　号	城镇面积/km²	收费标准/万元
1	5 以下（含 5）部分	4～8
2	2～20（含 20）部分	8～12
3	20～50（含 50）部分	12～20
4	50 以上部分	20～40

为土地使用权抵押而进行的土地价格评估和清产核资中的土地价格评估，分别按一般宗地评估费（表 9-2）的 50％和 30％计收评估费；但每宗评估费不足 300 元的均按 300 元收取。

3. 物业交易经纪收费

物业交易经纪收费是物业交易经纪人接受委托，进行居间代理所收取的佣金。物业交易收取的经纪费根据代理项目的不同实行不同的收费标准。

房屋租赁代理收费，无论成交的租赁期限长短，均按半月至 1 月成交租金额标准，由双方协商一次性计收。

房屋买卖代理收费，按成交价格总额的 0.5％～2.5％计收。实行独家代理的，由双方协商，但最高不超过成交价格的 3％。

土地使用权转让代理收费办法和标准按相关规定执行。

上述房地产价格评估、房地产经纪收费为国家制定的最高限标准。

各地可根据当地实际情况，由省、自治区、直辖市物价部门会同房地产和土地管理部门制定当地具体执行的相应的收费标准。对经济特区的收费标准可适当规定高一些，但最高不超过上述收费标准的30%。

9.5　案例分析

【案例1】 李某在信息服务部从事房地产咨询业务，不具有房地产及相关专业中等以上学历，没有房地产咨询业务相关的初级以上的专业技术职称。但该服务部具有独立法人资格。李某能否从事房地产咨询业务？

案例分析： 李某在信息服务部从事房地产咨询业务，就必须具有房地产及相关专业中等以上学历，有与房地产咨询业务相关的初级以上的专业技术职称并取得考试合格证书。虽然该服务部具有独立法人资格，但并不就说明李某具备从事房地产咨询业务的资格，所以李某不能从事房地产咨询业务。

【案例2】 2003年6月，某市天泽房地产开发公司（以下简称天泽公司）与该市太阳城物业经纪有限公司（以下简称太阳城公司）签订委托书，委托太阳城公司出售花园小区A、B、E综合楼，约定"买卖成交时，按成交价的1%作为佣金，在第一笔房地产款项交付的同时支付佣金，滞纳金为每日0.3%。拒付佣金或拖延支付佣金，自佣金应付日起，公司可依法起诉委托人追回佣金及滞纳金并加收违约金10%"。太阳城公司接受委托后，即按天泽公司提供的花园小区的图纸资料为其联系客户。2004年3月20日，太阳城公司业务员到该市利达公司联系，利达公司留下了天泽公司花园小区的图纸，并为太阳城公司出具了看房工作记录卡。同时，利达公司提出能否根据要求另行设计房型，太阳城公司业务员告知其花园小区的F楼仅规划定点，尚无设计图，可以向天泽公司反馈此情况。此后，太阳城公司从中多次联系，2004年6月20日，天泽公司与利达公司达成购买花园小区F楼等处商品房的合同，合同中约定房价总金额为人民币648万元。2004年5月14日，利达公司支付天泽公司预付F楼房款人民币100万元。

太阳城公司促成天泽公司与利达公司达成商品房购销合同后，即按委托书约定要求天泽公司支付佣金，其业务员发现委托书没签F楼，顺手在本公司持有的委托书原件上加上"F楼"。因天泽公司拒不支付佣金，太阳城公司于2000年6月10日起诉至法院，要求判令天泽公司支付中介费人民币6.48万元，并按《委托书》中的约定支付滞纳金及违约金若干。天泽公司在庭审中辩称："我公司虽与原告太阳城公司签订了售房委托书，但原告并没有起到中介作用，并且我公司销售给利达公司的花园小区F楼没包括在委托原告售房的楼号内，委托书上的F楼是原告自己添加上的。因此，请求法院驳回原告的诉讼请求。"

2004年7月20日，该市人民法院根据《中华人民共和国民法通则》第4条、第5条作出判决：天泽房地产开发公司支付给原告太阳城物业经纪有限公司中介费人民币6.48万元，驳回了原告的其他诉讼请求。试分析此案例

案例分析： 这是一起居间合同纠纷案。本案中，太阳城公司在接受天泽公司委托后，积极及时地为天泽公司联系客户，从利达公司出具的证明可以证实，正是由于太阳城公司的居间中介工作，才促成被告天泽公司与利达公司达成商品房销售协议。当事人双方签订的委托书中虽没对F楼进行约定，但天泽公司确实是根据太阳城公司的信息对F楼进行的设计，

且天泽公司交付给太阳城公司的图纸资料中含有此楼内容，太阳城公司在接受委托后的工作中切实为被告天泽公司的F楼等处楼房销售提供居间服务。可以认定太阳城公司对F楼的销售代理尽管超出了原委托范围，但在委托销售的服务过程中，天泽公司享受了太阳城公司的服务即是对太阳城公司委托F楼销售行为的一种追认。因此，太阳城公司的居间行为有效。天泽公司应对太阳城公司的工作支付一定的报酬，支付报酬的数额可参照双方委托书对佣金的约定，并按委托书约定追究被告天泽公司的违约责任。因此，太阳城公司要求天泽公司支付违约金及滞纳金的主张，法院也应予以支持。

小 结

物业中介服务是指具有专业执业资格的人员在房地产投资、开发、销售、交易等环节中，为当事人提供居间服务的经营活动，是为他人提供房地产咨询、房地产价格评估、房地产经纪等活动的总称。

物业中介服务有两个明显特征：委托服务和有偿服务。

物业中介服务人员资格认证制度，目前主要有房地产估价师执业资格制度和房地产经纪人职业资格制度。中介从业人员通过资格认证与执业注册，确保从业人员达到从业所要求的水准，并实现有效的监督管理。只有符合规定标准的人员，才有资格从事相应的中介服务活动；凡不具备这些条件的人员，则不能从事相应的中介服务活动。

物业中介服务机构是具有独立法人资格的经济组织，包括房地产咨询机构、房地产评估机构、房地产经纪机构等。凡从事物业中介服务的人员，应当在相应的中介服务机构开展业务活动，不允许以个人的名义从事物业中介服务活动。

物业中介服务收费是房地产交易市场重要的经营性服务收费。凡依法设立并具备物业中介资格的物业中介服务机构，为企事业单位、社会团体和其他社会组织、公民及外国当事人提供有关房地产开发投资、经营管理、咨询等方面的中介服务，均可向委托人收取合理费用。中介服务收费应由中介服务机构向委托人收取，任何人不得以个人名义向委托人收取。中介服务机构应遵循自愿委托、有偿服务和合理、公开、诚实信用的原则。

思 考 题

1. 什么是物业交易中介？
2. 物业中介服务有哪些特征？
3. 物业中介机构包含哪些？
4. 设立物业中介服务机构应符合哪些条件？
5. 什么是房地产估价师？
6. 房地产估价师的注册条件是什么？
7. 我国房地产估价师注册后的有效期为几年？
8. 如何签订物业中介合同？
9. 选择物业中介机构应注意哪些方面的问题？
10. 房地产中介服务从业人员的违规行为包括哪些？

练 习 题

一、单选题

1. 房地产估价师执业资格注册有效期一般为（   ）年。

A. 5　　　　B. 3　　　　C. 2　　　　D. 1

2. 房地产估价师连续（   ）年不在岗，可取消其注册资格。

A. 5　　　　B. 3　　　　C. 2　　　　D. 1

3. 取得大专学历，报考房地产经纪人，须工作满（   ）年。

A. 8　　　　B. 6　　　　C. 3　　　　D. 1

4. 物业中介服务机构为有限责任公司的，注册资本为（   ）万元。

A. 50　　　B. 30　　　C. 10　　　D. 5

5. 房地产书面咨询，普通咨询报告每份收费 300～1000 元；技术难度大、情况复杂、耗用人员和时间较多的咨询报告可适当提高收费标准，但一般不超过咨询标的额的（   ）。

A. 0.5％　　B. 1％　　　C. 2％　　　D. 3％

二、多选题

1. 注册的房地产经纪人，有（   ）情况的可注销其资格。

A. 不具备完全民事行为能力

B. 受刑事处罚的

C. 脱离房地产经纪工作岗位连续 2 年（含 2 年）以上

D. 同时在两个及两个以上的房地产经纪机构进行房地产经纪活动

2. 房地产估价师执业资格考试报名条件为（   ）。

A. 取得房地产估价相关学科中等专业学历，具有 8 年以上相关专业工作经历，其中从事房地产估价实务满 2 年

B. 取得房地产估价相关学科大专学历，具有 6 年以上相关专业工作经历，其中从事房地产估价实务满 4 年

C. 取得房地产估价相关学科学士学位，具有 4 年以上相关专业工作经历，其中从事房地产估价实务满 3 年

D. 取得房地产估价相关学科博士学位的

3. 中介服务机构年检的主要内容为（   ）。

A. 是否遵守有关的法律、法规和政策规定

B. 是否遵守自愿、公平和诚实信用的职业道德

C. 是否按核准的业务范围从事经营活动

D. 是否按规定标准收取费用及交纳税费

4. 中介服务合同主要包括以下（   ）内容。

A. 当事人姓名或者名称和住所

B. 中介服务项目名称、内容、要求和标准

C. 合同履行期限、违约责任和纠纷解决方式

D. 收费金额和支付方式及时间

5. 房地产估价师享有以下（　　　）权利。

A. 有执行房地产估价业务的权利　　B. 有在房地产估价报告上签字的权利

C. 有使用房地产估价师名称的权利　　D. 为委托人保守商业秘密

三、判断题（在正确题下打√，在错误题下打×）

1. 房地产中介服务机构是具有独立法人资格的经济组织。（　　　）

2. 只要通过国家统一的房地产估价师考试，取得执业资格证书，就可以成为房地产估价人员。（　　　）

3. 个人不能从事房地产中介服务活动。（　　　）

4. 凡不申请年检或年检不合格的中介服务机构不得继续从事中介服务业务。（　　　）

5. 中介服务从业人员可以同时在两个或两个以上中介服务机构执行业务。（　　　）

四、案例分析

【案例 1】 2006 年 5 月，某市泰达房地产开发公司与该市居民王某签订了一份商品房预售合同，同年 11 月房屋竣工时，王某付清了全部房款，并凭购房合同及发票向房管局办理了产权登记手续，领取了房屋所有权证。同年 12 月，王某本人去办理入住手续时，却发现他所购买的房屋已有人入住。经询问，居住人为刘某，刘某称房屋是由他自己向该市某物业中介服务公司购买的，购买时间为 2006 年 3 月，并有购房时同中介公司签订的购房合同及购房发票。

据了解，泰达房地产开发公司负责人曾口头同意将开发的商品房中的 10 套交由该物业中介服务公司代销，并允诺可给予该中介机构代售房款 1.5％的代售费用。但说明等双方订立委托合同后方准中介公司代理销售。后因其他原因，双方未能订立委托协议。而在房屋销售时，中介公司竟以自己名义与刘某签订房屋买卖合同。

事情发生后，中介服务公司表示立即将全部售房款转给开发公司，且不收中介费用。但两购房者都坚持要入住此住宅，刘某与王某因此发生了争议，房地产开发公司和中介机构都无法调解该争议，双方遂起诉至人民法院。根据以上案情，回答下列问题：

1. 中介服务公司的做法是否妥当？为什么？

2. 中介服务公司应当承担什么责任？

3. 法院应如何处理此案？

【案例 2】 在 2006 年 10 月，东阳市居民赵某由于需要购买住房，到该市怡安房屋中介交易所了解是否有自己需的住房，在怡安房屋中介人员介绍的房屋信息中，赵某决定购买由怡安房屋中介代为销售的坐落在本市泰山街中段 120 号"阳光小区"内的 5 号楼，于是赵某与怡安房屋中介交易所签订了购房协议书，并在协议合同中明确规定：如怡安房屋交易所不能满足赵某的要求，就视为违约，同时赵某交纳购房定金 2 万元。签订入住时间为 2006 年12 月底。

当期限到时，赵某来中介交易所办理有关入住事宜时，交易所的工作人员称"阳光小区"价格增加了，如赵某还想要买"阳光小区"的住宅得加钱，不然另在别处为赵某买套住房。但其他几处住房赵某都认为不适合自己的需要，于是双方发生争议。赵某要求双倍退还定金，而怡安房屋中介交易所却认为，不能退还赵某的定金，因为他们已为赵某联系了多处房屋。

经过多次交涉未果，赵某于是起诉到该市人民法院。根据以上案情，人民法院应如何处理此案？

第 *10* 章

物业侵权纠纷处理法律制度

学习目标

　　本章主要介绍解决物业侵权纠纷的法律知识。应了解物业侵权纠纷的种类、特点；熟悉物业侵权纠纷的法律责任；掌握物业侵权纠纷、行政复议、行政诉讼、行政处罚与行政赔偿、仲裁、民事诉讼的程序和有关内容。

关键词

　　物业侵权纠纷　行政复议　行政诉讼　行政处罚与行政赔偿　仲裁　民事诉讼

10.1 · 物业侵权纠纷概述

　　近年来我国物业市场繁荣的同时，房地产、物业管理的纠纷案件也逐渐呈上升的趋势。2005 年在北京投诉的案件中，物业管理纠纷案件就居于首位。可见加快我国物业立法，为物业、物业管理纠纷解决提供法律依据是势在必行，这将有利促进房地产行业、物业管理行业的稳定、快速发展。

10.1.1 物业侵权纠纷的种类

　　目前，物业财产权利纠纷的案件情况各异，如物业共有关系的侵权纠纷，物业相邻关系的纠纷，商品房销售过程中产生的纠纷等。为了更好地把握其含义，可以将物业侵权纠纷进行如下分类：

　　1. 按侵权纠纷主体的不同划分

　　按侵权纠纷主体的不同，可以把物业侵权纠纷划分为物业行政侵权纠纷和物业民事侵权纠纷。

　　（1）物业行政侵权纠纷　物业行政侵权纠纷是指因为行政主管部门的行政职权行为侵害了物业权利人的合法权益而发生纠纷。这主要是由物业主管部门的职权行为引起的，如因房屋强制拆迁而引发的纠纷。物业行政侵权纠纷也可以由其他行政部门的职权行为引起，如城市规划、城市建设、税收等行政管理部门都可能对物业权利产生影响。物业行政侵权纠纷既可以由行政主管机关的作为引起，如物业的行政处罚；也可以由不作为引起，如行政主管部门对物业建设监理申请、物业产权的登记申请的不予受理和审批等。

　　（2）物业民事侵权纠纷　物业民事侵权纠纷是指平等主体的自然人之间、法人之间、自然人与法人之间产生的物业产权纠纷。这种纠纷可以在物业权利确立和流转的每一个环节中发生。

2. 按侵权纠纷客体不同划分

按侵权纠纷客体的不同，可以把物业侵权纠纷分为地产侵权纠纷和房产侵权纠纷。

（1）地产侵权纠纷　地产侵权纠纷是指在物业开发、销售、管理过程中，涉及土地使用权的出让、征用、转让、出典、抵押时，因侵害了土地权利人的合法权益而引发的纠纷。

（2）房产侵权纠纷　房产侵权纠纷是指在房屋的产权确立、权利流转过程中，涉及房产的确权、买卖、租赁、抵押、赠与时，因侵害了房产权利人的合法权益而引发的纠纷。

10.1.2　物业侵权纠纷的特点

1. 物业侵权纠纷涉及面广

物业侵权纠纷的主体涉及行政机关、自然人、法人以及各种社会组织等民事主体。物业侵权的内容虽然只是物业权利，但可以表现为多种形式：既可以是物权，又可以是物业债权；既可以涉及土地权益，又可以涉及房屋权益。

2. 物业侵权纠纷具有复杂性

1）由于物业法律关系具有双重性，因此物业侵权纠纷包括行政侵权纠纷和民事侵权纠纷。

2）物业侵权纠纷专业性、技术性强，在鉴定和认可方面往往都需要专业人员，如房屋质量认定、价格评估等。

3）物业侵权纠纷涉及多种类型的法律主体和权利内容，在同一个侵权案件中它们又常交织在一起。

10.2　物业侵权的法律责任

物业侵权的法律责任是指侵害他人物业合法权益的行为人对其侵权行为所应承担的法律后果，表现为国家对侵权行为人的一种制裁措施。物业侵权的法律责任根据侵权行为的性质、情节、危害后果等因素，可分为民事责任、行政责任和刑事责任。

10.2.1　物业侵权的民事法律责任

民事法律责任是民事违法行为人依法所必须承担的法律后果，是民法规定的对民事违法行为人所采取的一种以恢复被损害的权利为目的并与一定的民事制裁措施相联系的国家强制形式。根据发生的依据不同，民事责任可以分为违约责任和侵权责任。

物业侵权的民事法律责任是指民事法律规定的侵权行为人因对物业合法权益造成侵害所应承担的法律责任。

1. 物业侵权民事法律责任的构成要件

物业侵权民事法律责任的成立需要具备一定的条件，只有下面条件同时都具备的情况下，侵权责任才能成立。

1）有物业权利的侵权行为，即侵权人实施了侵害他人物业合法权益的行为。这一行为是人的主观意图外部活动的表现，不能停留于单纯的思想活动。

2）权利受到了侵害。受害人因侵权行为致使其合法权益受到了实际的损失。

3）侵权行为与权利受到侵害有因果关系。

4）行为人要有行为能力。行为能力是行为人能力的具体表现，是行为人承担过错责任的资格。根据《中华人民共和国民法通则》的规定，不满10周岁的未成年人为无民事行为能力人，10周岁以上的未成年人为限制民事行为能力人，16周岁以上不满18周岁公民，以自己的劳动收入为主要生活来源的，视为完全民事行为能力人，18周岁以上的公民为成年人，具有完全民事行为能力。

5）行为人主观上有过错。行为人有过错是侵权责任中的关键性要件。它表明行为人在实施侵权行为时的心理态度，根据一般的过错归责原则，行为人实施侵权行为时的主观过错是行为人承担侵权法律责任的前提，相反无过错行为人就不承担侵权法律责任。行为人的过错包括故意、过失两种。

2. 物业侵权民事法律责任的形式

根据《中华人民共和国民法通则》的规定，民事法律责任形式具体包括：停止侵害、排除妨碍、消除危险、消除影响、恢复名誉、赔礼道歉。这些责任形式有的是针对财产损失的民事责任，有的是针对人身权侵害的民事责任，有的是两者均可适用的民事责任。但物业侵权的客体主要是财产权，因此有关人身权利侵害的法律责任如消除影响、恢复名誉等形式不适用于物业的侵权行为。

10.2.2 物业侵权的行政法律责任

物业侵权的行政法律责任是指物业行政管理部门及其工作人员违反行政法律规范所产生的法律后果。物业行政管理部门的职权行为只要违反了物业法律规定并造成了物业权利人的损害就要承担行政侵权责任。物业侵权行为的行政法律责任可以分为土地行政法律责任、城市规划行政法律责任、物业工程质量行政法律责任等。

物业侵权的行政法律责任形式又可分为两类：一类是行政处罚，它适用于行政机关对外部管理相对方的违法侵权行为。行政处罚的种类包括警告、罚款、没收违法所得、没收非法财物、责令停产停业、暂扣或者吊销许可证、暂扣或者吊销营业执照、行政拘留。另一类是行政处分，它适用于行政机关对内部公务员的违法失职行为。行政处分的种类有警告、记过、记大过、降职、撤职、留用察看、开除。

10.2.3 物业侵权的刑事法律责任

物业侵权的刑事法律责任是指在行为人的侵权行为已经触犯了刑律，造成了严重社会危害的情况下，依照刑法的规定所应承担的法律后果。刑事法律责任是物业侵权法律责任中最为严厉的责任形式。此时的物业侵权行为已不再是单纯的民事侵权行为，而是犯罪行为，刑事法律责任就是对侵犯物业合法权益的犯罪行为即严重侵权行为的一种制裁。

物业侵权的刑事责任形式就是刑罚，根据《中华人民共和国刑法》的规定，刑罚分为主刑和附加刑。主刑的种类包括管制、拘役、有期徒刑、无期徒刑、死刑。附加刑的种类包括罚金、剥夺政治权利、没收财产。

公司、企业、事业单位、机关、团体在物业侵权中实施了危害社会的行为，按法律规定为单位犯罪的，应当负刑事责任。对单位犯罪，除了对单位判处罚金外，还要对直接负责的主管人员和其他直接责任人员判处刑罚。

10.3　行政复议

国家行政机关依据国家的法律、法规和规章实施各项管理活动，从而有效地建立和维持社会秩序，但在建立和维持社会秩序的管理过程中，管理者和被管理者对法律、法规和规章的认识有存在差异的地方，这就会在行政管理的活动中产生争议。为了有效地解决这方面的问题，国家在 1999 年 4 月通过立法颁布了《中华人民共和国行政复议法》（以下简称《行政复议法》）。这一法规的颁布，将有效地维护和监督行政机关依法行使职权，促使国家行政机关及其工作人员严格依法办事，按法律、法规和规章的规定行使权利，同时也使公民、法人或其他组织的民主权利和合法权益得到保护。这些也是物业侵权行政复议的基本法律依据。

10.3.1　行政复议概述

1. 行政复议的概念

行政复议是指公民、法人和其他组织对物业行政机关的具体行政行为不服，依法向该行政机关的上一级行政机关提出申诉，由上一级行政机关对引起争议的具体行政行为依法作出维持、变更、撤销等决定的活动。

2. 行政复议的特点

（1）以申请人的申请为前提　行政复议是一种依申请而产生的具体行政行为，它以行政管理相对方的申请为前提。它不是行政机关依照自己的职权而主动进行的。

（2）复议是申请人向作出行政行为的上一级行政机关提出的复查并请求作出裁决的制度　行政复议产生的原因是物业权利人认为物业相关行政主管部门的具体行政行为侵害了其合法权利。例如，土地管理部门对没有按出让合同约定的方式使用土地的当事人实施了行政处罚，被处罚人不服的，可以申请行政复议。

（3）行政复议机关是依法负有履行行政复议职责的物业行政机关　行政复议是国家行政机关的行政行为，是上级机关对下级机关的行政活动进行监督的行政活动。承担行政复议职责的只能是国家行政机关。物业行政复议机关可以是土地管理部门、房产管理部门、国家建设部门等。

10.3.2　行政复议的原则

行政复议除了要遵循合法、公正、公开、及时、便民的基本原则外，还应当遵循以下原则：

1. 依法独立行使行政复议权的原则

物业行政主管部门或人民政府依法行使复议职权，不受其他机关、社会团体和个人的非法干涉。行政复议权只能由法律、法规规定的物业行政主管部门或人民政府专门享有。物业行政主管部门行使行政复议权，必须严格依照法律、法规，尤其是《行政复议法》的具体规定来进行。

2. 一级复议的原则

行政复议采取一级复议制，当事人对物业行政主管部门具体行为不服的，向它的同级人民政府或上一级行政机关申请复议的，以它的复议决定为终局决定。复议决定书下达后，当事人不得再向上级国家行政机关要求复议。当事人对行政复议决定不服的，可以提起行政诉讼。

3. 对合法性和适当性进行审查的原则

在行政复议中，复议机关既要对下一级物业行政主管部门或人民政府作出的具体行政行为的合法性进行审查，又要对其适当性进行审查。审查的目的就是要监督下一级行政机关或人民政府是否在依法行政，在依法行政过程中有无超越职权、滥用职权或违反法定程序的情况。物业行政主管部门对下一级行政机关或人民政府的行政行为的适当性进行审查，主要是审查这些行政行为是否在法定的自由裁决幅度内，是否合理、适度、公正。

4. 不调解原则

调解原则是在民事诉讼中产生的，它强调产生民事纠纷的双方当事人通过自愿协商、互谅互让，达成协议的方式解决民事纠纷。行政部门的工作，是代表国家依法履行职责，发生争议时，只能由行政复议机关或司法机关作出肯定性或否定性判断，而不能由行政争议双方当事人自行和解。

10.3.3 行政复议机关

行政复议机关是指依《行政复议法》履行行政复议职责的行政机关，一般是指作出具体行政行为的上一级行政机关。其主要职责是：

1) 受理行政复议申请。
2) 向有关组织和人员调查取证、查阅文件和资料。
3) 审查申请行政复议的行政行为是否合法与适当，拟订行政复议决定。
4) 对行政机关违反《行政复议法》规定的行为依照规定的权限和程序提出处理建议。
5) 办理因不服行政复议决定提起行政诉讼的应诉事项。
6) 法律、法规规定的其他职责。

10.3.4 行政复议的范围

行政复议的范围根据《行政复议法》规定，有下列情形之一的，公民、法人和其他组织可以申请行政复议：

1) 对物业行政主管部门作出的警告、罚款、没收违法所得、没收非法财物、责令停产停业、暂扣或者吊销许可证、暂扣或者吊销执照、行政拘留等行政决定不服的。
2) 对物业行政主管部门作出的限制人身自由或者查封、扣押、冻结财产等行政强制措施决定不服的。
3) 对物业行政主管部门作出的有关许可证、执照、资质证、资格证等证书变更、中止、撤销的决定不服的。
4) 认为物业行政主管部门侵犯合法经营自主权的。
5) 认为符合法定条件，申请行政机关颁发许可证、执照、资质证、资格证等证书，或者申请行政机关审批、登记有关事项，行政机关没有依法办理的。

10.3.5 行政复议的程序

1. 行政复议申请人

行政复议申请人是指申请行政复议的公民、法人或者其他组织。

1）有权申请行政复议的公民死亡的，其近亲属可以申请行政复议。

2）有权申请行政复议的公民为无民事行为能力人或者限制民事行为能力人的，其法定代理人可以代为申请行政复议。

3）有权申请行政复议的法人或者其他组织终止的，承受其权利的法人或者其他组织可以申请行政复议。

另外，同申请行政复议的具体行政行为有利害关系的其他公民、法人或者其他组织，可以作为第三人参加行政复议。

2. 行政复议申请方式

申请人申请行政复议，可以采取书面申请，也可以口头申请。口头申请的，行政复议机关应当场记录申请人的基本情况，行政复议请求，申请行政复议的主要事实、理由和时间。

公民、法人或者其他组织认为具体行政行为侵犯其合法权益，可以自知道该具体行政行为之日起 60 日内提出行政复议申请，但是法律规定的申请期限超过 60 日的除外。因不可抗力或者其他正当理由耽误法定申请期限的，申请自障碍消除之日起继续计算。

行政复议申请已被行政复议机关依法受理的，或者法律、法规规定应当先向复议机关申请行政复议、对行政复议决定不服再向人民法院提起行政诉讼的，在法定行政复议期限内不得向人民法院提起行政诉讼。

例如，公民、法人或者其他组织认为行政机关的具体行政行为侵犯其已经依法取得的土地使用权的，应当先申请行政复议。对行政复议决定不服的，可以依法向人民法院提起行政诉讼。

国务院或者省、自治区、直辖市人民政府，对行政区征用土地使用权的行政复议决定为最终裁决。

另外，申请人向人民法院提起行政诉讼，人民法院已经依法受理的，不得申请行政复议。

根据《行政复议法》规定，当申请人对复议机关作出的决定不服时，除法律、行政法规另有规定外，行政复议实行一级复议制。就物业而引起的行政复议，应当实行一级复议，但除法律规定行政复议决定为最终裁定外，申请人可以向人民法院提起行政诉讼。

3. 行政复议受理

行政复议机关收到行政复议申请后，应当在 5 日内进行审查。对不符合法律规定的行政复议申请，不予受理，并书面告知申请人；对符合法律规定，但是不属于本机关受理的行政复议申请，应当告知申请人向有关行政复议机关提出。行政复议申请自行政复议机关负责复议工作的机构收到申请之日起即为受理。

申请人提出行政复议申请，行政复议机关无正当理由不予受理的，上级行政机关应当责令其受理，必要时上级行政机关也可以直接受理。

行政复议机关决定不予受理或者受理后超过行政复议期限不作答复的，公民、法人或其他组织自收到不予受理决定书之日起，或者行政复议期满 15 日内，有权依法向人民法院提起行政诉讼。除有特殊情况外，行政复议期内具体行政行为不停止执行。

申请人不服行政复议决定的，必须在规定的期限内向人民法院提起行政诉讼。否则，如属于处罚、注销物业权属证书等行政行为的，将由最初作出具体行政行为的行政机关申请人民法院强制执行，或者依法强制执行。如复议机关的复议决定改变了原来的具体行政行为，将由复议机关申请人民法院强制执行，或者依法强制执行。

4. 行政复议决定

行政复议机关应当自受理申请之日起 60 日内作出行政复议决定，但是法律规定的行政复议期限少于 60 日的除外。情况复杂，不能在规定期限内作出行政复议决定的，经行政复议机关的负责人批准，可以适当延长，并告知申请人和被申请人，但是，延长期限最多不超过 30 日。

行政复议机关负责法制工作的机构应当对被申请人作出的具体行政行为进行审查，提出意见，经行政复议机关的负责人同意或者集体讨论通过后，按照下列规定作出行政复议决定：

1）具体行政行为认定事实清楚、证据确凿、适用依据正确、程序合法、内容适当的，决定维持。

2）被申请人不履行法定职责的，决定其在一定期限内履行。

3）具体行政行为有下列情形之一的，决定撤销、变更或者确认该具体行政行为为违法；决定撤销或者确认该具体行政行为为违法的，可以责令被申请人在一定期限内重新作出具体行政行为。违法具体行政行为如下：

① 主要事实不清、证据不足的；

② 适用依据错误的；

③ 违反法定程序的；

④ 超越或者滥用职权的；

⑤ 具体行政行为明显不当的。

4）被申请人不按法定期限提出书面答复、提交当初作出具体行政行为的证据、依据和其他有关材料的，视为该具体行政行为没有证据、依据，决定撤销该具体行政行为。

行政复议机关责令被申请人重新作出具体行政行为的，被申请人不得以同一事实和理由作出与原具体行政行为相同或者基本相同的具体行政行为。

行政复议机关作出行政复议决定，应当制作行政复议决定书，并加盖印章。行政复议决定书一经送达即发生法律效力，被申请人应当履行行政复议决定，不履行或无正当理由拖延履行的，行政复议机关或有关上级行政机关就应当责令其限期履行。

10.4 行政诉讼

为保证人民法院正确、及时审理涉及侵权的行政案件，保护公民、法人和其他组织的合法权益，维护和监督行政机关依法行使行政职权，1989 年第七届全国人民代表大会通过《中华人民共和国行政诉讼法》（以下简称《行政诉讼法》），从此，公民、法人或者其他组织认为物业行政机关和行政机关工作人员的具体行政行为侵犯其合法权益，有权依照该法律向人民法院提起诉讼。

10.4.1 行政诉讼概述

1. 行政诉讼的概念

行政诉讼是指公民、法人或其他组织认为相关行政主管部门或工作人员的具体行政行为

① 被告人认为需要停止执行的；

② 原告申请停止执行，人民法院认为该具体行政行为的执行会造成难以弥补的损失，并且停止执行不损害社会公共利益，裁定停止执行的；

③ 法律、法规规定停止执行的。

2）人民法院对行政案件宣告判决或者裁定前，原告申请撤诉的，或者被告改变其所作出的具体行政行为，原告同意并申请的，是否被准许，由人民法院裁决。由人民法院审理的行政案件，不适用调解。

人民法院经过审理，根据不同情况，分别作出以下判决：

1）具体行政行为证据确凿，适用法律、法规正确，符合法定程序的，判决维持。

2）具体行政行为有下列情形之一的，判决撤销或者部分撤销，并可以判决被告重新作出具体行政行为：

① 主要证据不足的；

② 适用法律、法规错误的；

③ 违反法定程序的；

④ 超越职权的；

⑤ 滥用职权的。

3）被告不履行或者拖延履行法定职责的，判决其在一定期限内履行。

4）行政处罚显失公正的，可以判决变更。

当事人不服人民法院第一审判决的，有权在判决书送达之日起 15 日内向上一级人民法院提起上诉。当事人不服人民法院第一审裁定的，有权在裁定书送达之日起 10 日内向上一级人民法院提起上诉。逾期不提起上诉的，人民法院的第一审判决或者裁定发生法律效力。

人民法院应当在立案之日起 3 个月内作出第一审判决，有特殊情况需要延长的，由高级人民法院和最高人民法院批准。人民法院审理上诉案件的期限为 2 个月，即从收到上诉状之日起 2 个月内作出终审判决。

4. 行政诉讼的判决

人民法院对受理的物业行政案件经过审理后，可以根据不同情况作出不同的判决：判决维持物业行政行为；判决物业管理部门在一定期限内履行法定职责；判决变更行政处罚。

5. 行政诉讼的强制措施

对于物业管理机关拒不履行人民法院已生效的判决、裁定的，人民法院可以采取强制措施予以执行。其具体措施有：

1）对应当归还的罚款或应给付的赔偿金，通知银行从该物业管理机关的账户内划拨。

2）在规定期限内不履行的，从期满之日起，对该物业管理机关按日处以 50～100 元的罚款。

3）向该管理机关的上一级物业管理部门提出司法建议。

4）拒不履行判决、裁定，情节严重构成犯罪的，依法追究主管人员和直接责任人员的刑事责任。

在物业行政诉讼案件中，土地行政诉讼案件在近 2 年呈上升的趋势，特别是在经济较发达的地区，有关土地的出让、征用和因土地使用中的行政处罚等问题引发的行政诉讼案件占了整个行政诉讼案件的很大比例。在审理土地行政案件时，应注意解决好这些问题。

10.5 行政处罚与行政赔偿

10.5.1 行政处罚

行政处罚，是指国家为了有效地实施行政管理，维护公共利益和社会秩序，以保护公民、法人或其他组织的合法权益，对于违反行政管理秩序的行为，将由政府行政机关给予处罚。

行政处罚法律规定：国务院各部委制定的规章可以在法律、行政法规规定的给予行政处罚的行为、种类和幅度的范围内作出具体规定；尚未制定法律、行政法规的，国务院各部委制定的规章可以设定警告或者一定数量罚款的行政处罚。

我国现行行政处罚种类有以下几种：

1）警告、罚款。

2）没收违法所得、没收非法财物。

3）责令停产停业、暂扣或者吊销许可证或执照。

4）行政拘留以及法律、法规规定的其他行政处罚。

物业行政主管部门及执法人员在作出行政处罚决定之前，如果不按行政处罚法的规定向当事人告知予以处罚的事实、理由和依据，或者拒绝听取当事人的陈述、申辩（当事人自己放弃陈述和申辩权利的除外），则这一行政处罚的决定不能成立。

当事人认为物业行政处罚不当的，可以采取行政复议或者提起行政诉讼来保护自己的合法权益。

对于已经发生的行政处罚，当事人如果认为物业行政主管部门违法给予行政处罚并受到损害的，有权依法向作出行政处罚决定的行政机关要求赔偿，或者向人民法院提起诉讼，要求给予赔偿。

10.5.2 行政赔偿

1. 行政赔偿

物业的行政赔偿是指由于物业行政主管部门和物业管理机关工作人员违法行使职权，对公民、法人或其他组织的合法权益造成损害，赔偿义务机关根据《中华人民共和国国家赔偿法》（以下简称《国家赔偿法》）对受害当事人的赔偿。

2. 行政赔偿范围

1）物业行政赔偿是由于物业行政主管部门或工作人员侵犯人身权或财产权产生的。因此，是国家赔偿。对此，《国家赔偿法》对行政赔偿作了具体规定：

① 违法拘留或者违法采取限制公民人身自由的行政强制措施的；

② 非法拘禁或者以其他方法非法剥夺公民人身自由的；

③ 以殴打等暴力行为或唆使他人以殴打等暴力行为造成公民身体伤害或者死亡的；

④ 违法使用武器、器械造成公民身体伤害或者死亡的；

⑤ 造成公民身体伤害或者死亡的其他违法行为。

2）物业行政机关及其工作人员在行使行政职权时有下列侵犯财产权情形之一的，受害人有取得赔偿的权利：

　　① 违法实施罚款、吊销许可证和执照、责令停产停业、没收财物等行政处罚的；

　　② 违法对财产采取查封、扣押、冻结等行政强制措施的；

　　③ 违反国家规定征收财物、摊派费用的；

　　④ 造成财产损害的其他违法行为。

　　与物业行政机关有关的行政赔偿，主要发生在侵犯公民、法人及其他组织财产权的违法行为中。

　　例如，在房产权属登记中，明明知道当事人之间有争议，而且没有证据证明物业权利属某一方所有，而违反法律、法规的规定颁发权属证书；或是对没有权属证书的物业抵押进行登记，而致使抵押权无法行使，使债权人蒙受重大损失等。

　　但是，行政机关的工作人员作出的与行政职权无关的个人行为，或是公民、法人或其他组织自己的行为致使损害发生以及法律规定的其他情形，行政机关不负有赔偿责任。

　　在要求行政赔偿时，可以先向赔偿义务机关提出，也可以申请行政复议和提起行政诉讼时一并提出。

　　赔偿义务机关应当在收到赔偿请求人递交的申请之日起 2 个月内按规定给予赔偿。如果逾期不予赔偿，或者赔偿请求人对赔偿的数额有异议的，赔偿请求人可以自期限届满之日起 3 个月内向人民法院提起行政诉讼。

　　3. 行政赔偿的特征

　　（1）行政赔偿义务机关　行政赔偿是由行政机关及工作人员的违法行为引起的，因此，法律规定原则上由实施违法行为的机关承担具体赔偿义务。如果是法律、法规授权的组织在行使授予的行政权力时侵犯公民、法人和其他组织的合法权益造成损害的，被授权的组织为赔偿义务机关；受行政机关委托的组织或个人在行使受委托的行政权力时侵犯他人合法权益造成损害的，委托的行政机关为赔偿义务机关。

　　（2）行政赔偿的范围　根据《国家赔偿法》和《行政诉讼法》的规定，行政赔偿的范围分为两类：一是具体行政行为造成的财产损害，如违法的行政处罚行为、违法采取的行政强制措施、行政不作为等造成的损害；二是具体行政行为造成的人身损害，即行政机关工作人员行使职权时，以殴打等暴力行为或违法使用器械造成的损害。而物业行政赔偿的范围仅限于财产损害，而且也仅局限于物业权益方面的财产损害。

　　（3）行政赔偿的实现途径　受害人要想取得行政赔偿，可以直接向行政赔偿义务机关提出，或直接向法院提起行政赔偿诉讼，也可以通过行政复议、行政诉讼一并提出行政赔偿请求。

　　4. 行政赔偿的程序

　　（1）行政赔偿申请　《国家赔偿法》规定："赔偿请求人要求赔偿应当先向赔偿义务机关提出，也可以在申请行政复议和提起行政诉讼时一并提出"。可见，物业侵权行政赔偿可以单独就赔偿问题向行政机关或者法院提出，也可以在申请行政复议或者提起行政诉讼时一并提出。

　　（2）行政赔偿受理　物业赔偿义务机关应当自收到申请之日起 2 个月内依法给予赔偿；逾期不予赔偿或者赔偿请求人对赔偿数额有异议的，赔偿请求人可以自期间届满之日起 30 日内向其上一级机关申请复议。赔偿义务机关是人民法院的，赔偿请求人可以自期间届满之日起 30 日内向其上一级人民法院赔偿委员会申请作出赔偿决定。

（3）行政赔偿的处理　赔偿义务机关应当依法提出赔偿方案。赔偿方案包括赔偿的方式、数额、计算数额的依据和理由、履行期限。

（4）行政赔偿的追偿　赔偿义务机关赔偿物业损失后，应当责令有故意或者重大过失的工作人员或者受委托的组织或者个人承担部分或者全部赔偿费用。

10.6　仲裁

10.6.1　仲裁概述

仲裁是指根据当事人之间的协议，由仲裁机构以第三者的身份对双方发生的争议，在事实上作出判断，在权利义务上作出裁决，争议双方有义务执行该裁决的解决纠纷的制度。

仲裁与其他解决纠纷的方式相比，其特点是灵活便利，以自愿为前提，裁决具有强制性。仲裁在现实生活中被广泛地应用，是一种解决物业纠纷的有效方式。1994 年 8 月 31 日，第八届全国人大常委会第九次会议通过了《中华人民共和国仲裁法》（以下简称《仲裁法》），自 1995 年 9 月起施行。

10.6.2　仲裁的基本原则

根据《仲裁法》，我国仲裁所遵循的基本原则有以下几方面：

（1）自愿原则　它要求当事人如果想通过仲裁方式解决纠纷，必须首先由双方自愿达成仲裁协议。没有仲裁协议，一方申请仲裁的，仲裁组织不予受理；当事人还可以自愿选择仲裁机构及仲裁员；当事人也可以自行和解，达成和解协议后，可以请求仲裁庭根据和解协议作出仲裁裁决书，当事人也可以撤回仲裁请求；在调解不成时，仲裁机构应及时作出仲裁裁决。

（2）以事实为依据，以法律为准绳，公平合理地解决纠纷的原则　仲裁机构须以客观事实为依据，以民事实体法和程序法作为作出仲裁裁决的标准。为了准确地认定事实，仲裁庭必须充分听取双方当事人的陈述、证人证言和鉴定人的鉴定意见，防止偏听偏信和主观臆断。仲裁庭认为有必要的证据，可以自行收集。在适用法律时，法律有明文规定的，按照法律的规定执行；无明文规定的，按照法律的基本精神和公平合理原则处理。

（3）仲裁组织依法独立行使仲裁权原则　仲裁组织是民间组织，它不隶属任何国家机关。仲裁组织仅对法律负责，依法独立进行仲裁，不受任何行政机关、社会团体和个人的干涉，法院可以依法对仲裁进行必要的监督。

（4）一裁终局原则　即仲裁裁决作出后，当事人就同一纠纷，不能再申请仲裁或向法院起诉。但是裁决被法院依法裁定撤销或不予执行的，当事人就该纠纷可以根据双方重新达成的仲裁协议申请仲裁，也可以向法院申诉。

10.6.3　仲裁适用范围

根据《仲裁法》规定，平等主体的公民、法人和其他组织之间发生的合同纠纷和其他财产纠纷可以仲裁。这就是说，仲裁事项必须是合同纠纷和其他财产性法律关系的争议。与人身有关的婚姻、收养、监护、抚养、继承纠纷是不能进行仲裁的。仲裁事项必须是平等主体之间发生的，且当事人有权处分的财产权益纠纷。有强制性法律规范调整的法律关系的争议不能进行仲裁。因此，行政争议不能仲裁。

1) 物业纠纷的原因大多数属于民事纠纷，根据《仲裁法》，以下物业纠纷即可以通过仲裁来解决：

① 房屋所有权和土地使用权的权属争议；

② 土地界址和房屋墙界的争议；

③ 因物业抵押权设定而引起的纠纷；

④ 因房屋采光、通风、排水等引起的相邻关系纠纷；

⑤ 房产交易中产生的各种纠纷；

⑥ 房屋修缮引起的纠纷；

⑦ 房屋租赁中的各种纠纷。

2) 根据《仲裁法》，婚姻、收养、监护、抚养、继承引起的纠纷不能仲裁，所以与之直接有关的物业纠纷也不能仲裁。

10.6.4 仲裁协议

1. 仲裁协议概念

仲裁协议包括合同中订立的仲裁条款和以其他书面方式在纠纷发生前或纠纷发生后达成的仲裁协议。仲裁协议应具有下列内容：

1) 请求仲裁的意思表示。

2) 仲裁事项。

3) 选定的仲裁委员会。

2. 仲裁协议效力

1) 仲裁协议中为当事人设定的义务，不能任意更改、终止或撤销。

2) 合法有效的仲裁协议对双方当事人诉权的行使产生一定的限制，在当事人双方发生协议约定的争议时，任何一方只能将争议提交仲裁，而不能向法院起诉。

3) 对于仲裁组织来说，仲裁协议具有排除诉讼管辖权的作用。

4) 仲裁协议具有独立性，合同的变更、解除、终止或无效，不影响仲裁的效力，仲裁庭有权确认合同的效力。

当事人对仲裁协议的效力有异议的，应当在仲裁庭首次开庭前提出，请求仲裁委员会作出决定或请求人民法院作出裁定。一方请求仲裁委员会作出决定，另一方请求人民法院作出裁定的，由人民法院裁定。

3. 仲裁无效

仲裁协议对仲裁事项或仲裁委员会没有约定或约定不明确的，当事人可以补充协议；达不成补充协议的，仲裁协议无效。有下列情形之一的，仲裁协议无效：

1) 约定的仲裁事项超过法律规定的仲裁范围的。

2) 没有民事行为能力人或限制民事行为能力人订立的仲裁协议。

3) 一方采取胁迫手段，迫使对方订立仲裁协议的。

10.6.5 仲裁程序

1. 申请和受理

申请仲裁必须符合下列条件：

1）有仲裁协议。

2）有具体的仲裁事实和理由。

3）属于仲裁委员会的受理范围。

当事人申请仲裁，就应当向仲裁委员会递交仲裁协议、仲裁申请书及副本。仲裁委员会收到仲裁申请书之日起5日内，认为符合受理条件的，应当受理，并通知当事人。认为不符合受理条件的，应当书面通知当事人不予受理，并说明理由。

2. 仲裁庭的组成

仲裁庭可以由1名仲裁员或3名仲裁员组成。由3名仲裁员组成的，设首席仲裁员。仲裁庭组成后，仲裁委员会应当将仲裁庭的组成情况书面通知当事人。

3. 开庭和裁决

仲裁应当开庭进行，当事人协议不开庭的，仲裁庭可以根据仲裁申请书、答辩书以及其他材料作出裁决。仲裁一般不公开进行，仲裁委员会应当在仲裁规则规定的期限内，将开庭日期通知双方当事人。当事人经书面通知，无正当理由不到庭或未经仲裁庭许可的，可以缺席裁决；当事人有正当理由的，可在仲裁规定的期限内请求延期开庭。

仲裁庭在作出裁决前，可以先行调解，当事人自愿调解的，仲裁庭应当调解；调解不成的，应当及时作出裁决。调解达成协议的，应当制作调解书或根据协议的结果制作裁决书，调解书经双方当事人签收后，即与裁决书具有同等的法律效力。当事人在调解书签收前反悔的，仲裁庭应当及时作出裁决。

4. 仲裁的效力

当事人应当履行裁决，一方当事人不履行的，另一方当事人可以按照民事诉讼法的有关规定向人民法院申请执行，受申请的人民法院应当执行。

当事人提出证据，证明裁决有依法应撤销情况的，可以在收到裁决书之日起6个月内，向仲裁委员会所在地的中级人民法院申请撤销裁决。人民法院组成合议庭，审查、核实裁决有法定撤销情形之一的，或认为裁决违背社会公共利益的，应当裁定撤销。

10.7 物业侵权民事诉讼

10.7.1 物业侵权民事诉讼概述

1. 物业侵权民事诉讼的概念

物业侵权民事诉讼是指人民法院对平等主体间的物业纠纷运用民事诉讼程序，在相关当事人的参加下所进行的活动，以及由这些活动所产生的法律关系的总和。

2. 物业侵权民事诉讼的种类

可以简单地把物业侵权民事诉讼一般分为：地产侵权引起的民事诉讼和房产侵权引起的民事诉讼两类。近年来，法院受理的物业案件主要有以下几种类型：

(1) 关于集资建房的纠纷　为了适应旧城改造、房地产开发的需要，解决资金的不足，集资已经成为建房的一种重要渠道。如房地产公司集资开发、单位内部集资建房和民间集资建房等因在集资、施工、验收、使用过程中发生了纠纷，而向法院起诉的案件较多。这类纠纷的主体众多，情况复杂，法律规定不明确，处理难度很大。

(2) 关于商品房买卖的纠纷　商品房买卖的纠纷包括因房屋的质量问题、房屋的面积不足、不能按期交付住房而引发的纠纷。近年来，房屋的质量问题是居民投诉的热点，并呈上升趋势。一些建设单位偷工减料，房屋的质量令人堪忧，甚至酿成悲剧。建设部于 1999 年颁布并于同年 9 月 1 日起实施的《商品住宅实行住宅质量保证书和住宅使用说明制度的规定》要求物业开发企业在向用户交付新建的商品住宅时，必须提供《住宅质量保证书》和《住宅使用说明书》，作为商品房买卖合同的补充约定，这在一定程度上减少了商品房的质量纠纷。此外，近年来，商品房"缺斤少两"的现象也很严重，因此产生的纠纷也越来越多，许多购买商品房的居民，入住时发现房屋的面积比合同订明的面积少。房屋面积的计量，是一个专业性、技术性很强的工作，非专业人员难以胜任。在我国，商品房面积的计量可以由房产管理部门或者技术监督部门来测量。但是由于法律对此并无专门的规定，这不利于房屋计量纠纷的解决。对此，2003 年 3 月 24 日通过并自 2003 年 6 月 1 日起施行的《最高人民法院关于审理商品房买卖合同纠纷案件适用法律若干问题的解释》作出了规定。根据该司法解释，面积误差比绝对值在 3％以内（含 3％），按照合同约定的价格据实结算，买受人请求解除合同的，不予支持。

(3) 关于房屋租赁的纠纷　房屋租赁的纠纷有两类情况较为突出。一类是房屋转租引起的纠纷。随着城市人口流动量的增大，房屋转租的现象越来越多，同时因房屋转租而发生的纠纷也越来越多，特别是公房承租人擅自转租住房的情况更为普遍。另一类是因房屋租金而发生的纠纷，特别是因公房租金的调整而引发的纠纷。由于住房制度的改革，房价不断上涨，在租赁期间，因一方对租金有异议要求调整而发生了大量的纠纷。

3. 物业侵权民事诉讼的特点

(1) 诉讼标的的单一性　物业诉讼，不论是在哪些主体间发生，也不论当事人的权利内容是什么，都是围绕物业发生的，都是以物业的权益为核心的。

(2) 地域管辖的专属性　有关不动产的民事诉讼，在诉讼管辖中属于专属管辖，即由不动产所在地的人民法院管辖。对此，当事人和人民法院都不能协商和变更。

(3) 诉讼程序的严整性　物业侵权纠纷由于事关当事人的重大经济利益，且法律关系较为复杂，因此，在审理物业案件时，当事人应提供充分的证据。特别应提供能证明权利人作为物业权利主体的书面证据，如产权证、土地使用权证、物业企业的资质证书等。法院审理物业案件适用普通诉讼程序，而不应适用简易程序。

10.7.2　物业侵权民事诉讼时效

诉讼时效是指某一当事人在自己的民事权利受到侵害时，必须在法律规定的期间内行使自己的权利，依照民事诉讼的程序请求人民法院给予保护。这种权利在规定的时间内不行使将归于消灭。这时当事人失去的是胜诉权，并不是起诉权，就是当事人仍可以向人民法院提起民事诉讼，法院也会受理，只是在审理过程中，一旦查明诉讼时效期间已届满，即可据此驳回这一当事人的诉讼请求。

《民法通则》第 135 条规定："向人民法院请求保护民事权利的诉讼时效为 2 年，法律另有规定的除外"。《民法通则》第 137 条规定："诉讼时效期间是从知道或者应当知道权利被侵害时起计算。但是，从权利被侵害之日起超过 20 年的，人民法院不予保护，特殊情况的，人民法院可以延长诉讼时效期间"。

在特殊情况下，诉讼时效可以中止或中断。

诉讼时效中止是指在诉讼时效进行期间，因发生法定事由阻碍权利人行使请求权，诉讼依法暂时停止进行，并在法定事由消失之日起继续进行的情况，又称为时效的暂停。对此，《民法通则》第 139 条规定："在诉讼时效期间的最后 6 个月内，因不可抗力或者其他障碍不能行使请求权的，诉讼时效中止，诉讼时效从中止时效的原因消除之日起继续计算。"

诉讼时效中断是指已开始的诉讼时效因发生法定事由不再进行，并使已经经过的时效期间丧失效力。《民法通则》第 140 条确认了诉讼时效中断的情况和事由，"诉讼时效因提起诉讼、当事人一方提出要求或者同意履行义务而中断。从中断时起，诉讼时效期间重新计算。"

民事诉讼时效制度的建立，是为了及时保护权利人的合法权益，稳定社会的经济秩序。同时，也便于人民法院及时调查案情，有利于收集有关的各项证据，从而依法保护权利人的合法权益。

10.7.3 诉讼参加人

诉讼参加人包括当事人和诉讼代理人。

1）当事人指公民、法人和其他组织因民事权益发生争议或受到损害，以自己的名义进行诉讼，并受人民法院判决或调解约束的利害关系人，包括原告、被告、共同诉讼人、诉讼中的第三人。

2）诉讼代理人指以被代理人的名义，在代理权限范围内，为了维护被代理人的合法权益而进行诉讼的人。诉讼代理人包括法定代理人、指定代理人、委托代理人。

当事人在委托了诉讼代理人以后，可以决定在人民法院开庭审理时出庭或是不出庭。但由于离婚案件当事人应当亲自出庭，因而，涉及物业权利的离婚案件，当事人仍应出庭。

10.7.4 审判程序

审判程序包括第一审程序、第二审程序、审判监督程序等。

（1）第一审　第一审称之为起诉，一般指受理公民、法人或其他组织在其民事权益受到损害或发生争议时，人民法院受理审判的全过程。

（2）第二审　第二审又称上诉程序，是指上一级人民法院对第一审人民法院尚未生效的判决和裁定，是由于当事人提起上诉而对案件审理的程序。物业民事纠纷案件实行两审终审制。当事人不服第一审人民法院判决、裁定的，有权向上一级人民法院提起上诉。按《民事诉讼法》规定，上诉必须具备以下条件：

1）只有第一审案件的当事人才可以提起上诉。

2）只能对法律规定的可以上诉的判决、裁定提起上诉。

当事人不服地方人民法院第一审判决的，有权在判决书送达之日起 15 日内向上一级人民法院提起上诉。当事人不服地方人民法院第一审裁定的，有权在裁定书送达之日起 10 日内向上一级人民法院提起上诉。

（3）审判监督程序 审判监督程序是人民法院对已经发生法律效力的判决、裁定，发现确有错误而再次进行审理并作出裁决的程序。根据《民事诉讼法》的规定，审判监督程序的提起，可以来自法院内部，也可以来自当事人的申请及检察机关的抗诉。各级人民法院院长对本院已经发生法律效力的判决、规定，发现确有错误，认为需要再审的，应提交审判委员会讨论决定；最高人民法院对地方各级人民法院已经发生法律效力的判决、裁定，上级人民法院对下级人民法院已经发生法律效力的判决、裁定，发现确有错误的，有权提审或者指令下级人民法院再审。当事人对已经发生法律效力判决、裁定，认为有错误的，可以向原审人民法院或上一级人民法院申请再审；当事人申请再审，应在判决、裁定生效后 2 年内提出。

按照审判监督程序再审的物业纠纷案件，发生法律效力的判决、裁定是由第一审法院作出的，按第一审程序审理；发生法律效力的判决、裁定是由第二审法院作出的，按第二审程序审理，所作出的判决、裁定是发生法律效力的判决、裁定；上级人民法院按审判监督程序提审的，按第二审程序审理，所作的判决、裁定是发生法律效力的判决、裁定。人民法院审理再审案件，应另行组成合议庭。

10.7.5 执行程序

执行程序是人民法院依法对已经发生法律效力的判决、裁定及其他法律文书的规定，强制义务人履行义务的程序。对发生法律效力的判决、裁定、调解书和其他应由人民法院执行的法律文书，当事人必须履行。例如，按规定时间交清拖欠的房租，迁出强行占据的房屋等。否则，人民法院可以依法强制执行，如强行迁出，拍卖房屋等。人民法院还可以出具协助执行通知书，由其他组织来协助执行法院判决，如由物业管理部门协助，向胜诉的一方颁发房屋所有权证。

当一方拒绝履行的，对方当事人可以向人民法院申请执行。申请执行的期限从法律文书规定履行期间的最后 1 日起计算，双方或者一方当事人是公民的为 1 年，双方是法人或者其他组织的为 6 个月。

10.8 案例分析

【案例 1】 天津市静安物业小区居民刘某与张某因物业的权属问题发生纠纷，刘某认为张某在本市现出租的房屋应归属于自己所有，张某认为所有权应当归属于自己。于是，刘某便向本市人民法院起诉，法院受理了此案后，刘某又要求法院对张某出租的房屋进行财产保全，法院提出刘某必须提供担保，否则，不能对张某的房屋进行财产保全。而后，刘某提供了担保，法院才依法对该房屋进行了财产保全。经过法庭调查，张某对出租的房屋具有合法的继承权，因此，刘某败诉。请问：

1. 在刘某起诉时，要求对张某的财产保全的作法是否恰当？
2. 在刘某要求法院对张某出租房屋进行财产保全时，法院的做法是否正确？为什么？
3. 刘某败诉后，应当负有哪些法律责任？

案例分析：（1）根据《民事诉讼法》规定，当事人提出诉讼申请后，人民法院或当事人认为可能因当事人一方的行为或其他原因，使判决不能执行或难以执行的，或是可能会使财产遭受损失的，由人民法院或当事人申请，可对当事人的财产或争议标的物进行财产保全。

因此，在本案中刘某可以依法对诉讼当事人的财产提出保全措施。

（2）根据《民事诉讼法》规定，申请人在诉讼过程中可以采取诉讼保全和诉前保全，本案刘某属诉讼保全。

诉讼保全是在诉讼程序开始以后，由当事人提出申请，由人民法院作出查封财产保全的裁定，人民法院在采取诉讼保全措施时，可以责令申请人提供担保。当人民法院责令申请人提供担保时，申请人不能提供担保的，人民法院将驳回申请人的财产保全申请。

因此，在本案中，当刘某申请财产保全时，法院认为刘某应提供相应的担保是正确的。

（3）本案终审刘某败诉。根据《民事诉讼法》规定，在提出财产保全的申请人败诉后，如给对方造成损失的应负赔偿责任。本案中，张某被依法查封的房屋正在出租，因保全而会遭受损失。因此，刘某应赔偿张某因此而产生的经济损失。

【案例2】 2004 年，某市居民刘某向所在区人民法院提起民事诉讼，要求法院判决返还被王某侵占达 40 余年的房屋。同时刘某向法院提交了其父于 1957 年领取的产权证书和房屋继承的有关证明。

经区人民法院审理后查明：刘某房屋三间为其父所有，其父于 1964 年亡故，房屋由刘某继承。而该处房屋自 1954 年起，由刘某之父租给王某使用，但从 1960 年起，王某即停止支付房租。王某的理由是：刘某父亲于 1960 年初分两次向其借款人民币共 600 元，并许诺今后此借款即为购房款，将房屋卖给王某，虽双方未订立买卖合同，但他留有刘某之父两次借款的收据，否则，刘某之父也不会自此之后不再向其收取房租。

区法院认为，虽然借款不能作为取得房屋所有权的依据，房屋买卖首先应该由双方订立书面合同，及时办理产权登记，但该案根据《民法通则》的诉讼时效规定，已超过诉讼时效期间。因此，驳回刘某的诉讼请示。

刘某不服区法院的判决，向市中级法院上诉。请问：

1. 区人民法院判决是否正确？为什么？

2. 如刘某超过诉讼时效，是否可以向法院起诉？

案例分析：（1）本案审理时，区人民法院首先根据《民法通则》的规定，审查了刘某的诉讼时效。《民法通则》135 条规定："向人民法院请求保护民事权的诉讼时效为 2 年，法律另有规定的除外"。另 137 条规定："诉讼时效期间从知道或者应当知道权利被侵害时起计算。但是，从权利被侵害之日起超过 20 年的，人民法院不予保护"。本案中，刘某承认王某侵占房屋 40 余年，所以区法院认为刘某的请求超过诉讼时效，驳回刘某的请求是正确的。

（2）虽然刘某超过诉讼时效，但刘某依然可以起诉，法院也会受理，只是在审理过程中，如果查明诉讼时效期间已届满，即可据此驳回这一当事人的诉讼请求。所以，当事人超过诉讼时效时，就失去了胜诉权。

小　结

近年来，物业管理的纠纷案件逐渐呈上升的趋势。2005 年在北京投诉的案件中，物业管理纠纷案件就居于首位。物业侵权纠纷一般有：物业行政侵权纠纷和物业民事侵权纠纷。

物业侵权的法律责任是指侵害他人物业合法权益的行为人对其侵权行为所应承担的法律后果，表现为国家对侵权行为人的一种制裁措施。物业侵权的法律责任可分为民事责任、行政责任和刑事责任。

物业侵权纠纷解决的主要途径：行政复议，行政诉讼，行政处罚，行政赔偿，仲裁。

行政复议是指公民、法人和其他组织对行政机关的具体行政行为不服，依法向该行政机关的上一级行政机关提出申诉，由上一级行政机关对引起争议的具体行政行为依法作出维持、变更、撤销等决定的活动。

行政诉讼是指公民、法人或其他组织认为行政主管部门或工作人员的具体行政行为侵犯其合法权益，并按照《行政诉讼法》的规定，向人民法院提起的行政诉讼。

行政处罚是指国家为了有效地实施行政管理，维护公共利益和社会秩序，以保护公民、法人或其他组织的合法权益，对于违反行政管理秩序的行为，将由政府行政机关给予处罚。

行政赔偿是指由于行政主管部门和机关工作人员违法行使职权，对公民、法人或其他组织的合法权益造成损害，赔偿义务机关根据《国家赔偿法》对受害当事人的赔偿。

仲裁是指根据当事人之间的协议，由仲裁机构以第三者的身份对双方发生的争议，在事实上作出判断，在权利义务上作出裁决，争议双方有义务执行该裁决的解决纠纷的制度。

诉讼时效是指某一当事人在自己的民事权力受到侵害时，必须在法律规定的期间内行使自己的权利，依照民事诉讼的程序请求人民法院给予保护。这种权利在规定的时间内不行使将归于消灭。

思　考　题

1. 物业侵权纠纷的特点是什么？
2. 在物业侵权纠纷中，当事人认为仲裁不公正的，可否上诉？
3. 物业行政纠纷是否可以调解？
4. 物业侵权纠纷法律责任有哪些特征？
5. 物业侵权纠纷民事责任的具体形式是什么？
6. 物业侵权纠纷行政责任的具体形式是什么？
7. 仲裁和调解的区别是什么？

练　习　题

一、名词解释

1. 行政赔偿
2. 诉讼时效
3. 财产保全
4. 行政复议
5. 仲裁

二、简答题

1. 简答物业侵权的行政赔偿应具备的条件。
2. 简述物业侵权纠纷发生时，选择仲裁和诉讼的区别。
3. 简述物业侵权纠纷解决的法律途径。

4. 简述物业侵权纠纷的分类。

5. 简述物业行政复议的特殊性。

三、单选题

1. 物业侵权纠纷仲裁的，当事人提出证据，证明裁决有依法应撤销情况的，可以自收到裁决书之日起6个月内，向（   ）所在地的中级人民法院申请撤销裁决。

A. 请求仲裁方   B. 被请求仲裁方

C. 其中任意一方   D. 仲裁委员会

2. 物业案件，人民法院应当在立案之日起（   ）个月内作出第一审判决。

A. 1 B. 2 C. 3 D. 6

3. 诉讼时效期间是从当事人知道权利被侵害时起计算（   ）年。

A. 1 B. 2 C. 4 D. 20

4. 下列可以仲裁的有（   ）。

A. 继承纠纷   B. 监护纠纷

C. 行政争议   D. 公民的财产纠纷

5. 法院判决后，当一方拒绝履行的，对方当事人可以向人民法院申请执行。如双方或者一方当事人是公民的，申请期限为（   ）。

A. 半年 B. 1年 C. 2年 D. 6个月

四、多选题

1. 地产侵权纠纷包括（   ）。

A. 土地使用权的出让   B. 土地征用

C. 土地使用权的抵押   D. 土地所有权的转让

2. 物业侵权民事法律责任的构成要件有（   ）。

A. 有物业权利的侵权行为   B. 权利受到了侵害

C. 侵权行为与权利受到侵害有因果关系 D. 行为人要有行为能力

3. 物业侵权的刑事责任形式就是刑罚。根据《中华人民共和国刑法》的规定，刑罚分为主刑和附加刑。附加刑的种类包括（   ）。

A. 罚金   B. 罚款

C. 剥夺政治权利   D. 没收财产

4. 物业行政复议的范围根据《行政复议法》规定，有下列（   ）情形之一的，公民、法人和其他组织可以申请行政复议。

A. 对物业行政机关作出的警告罚款不服的

B. 对物业行政机关作出的责令停产停业不服的

C. 对物业行政机关作出的撤销执照的决定不服的

D. 认为行政机关侵犯合法经营自主权的

5. 行政复议机关负责法制工作的机构应当对被申请人作出的具体行政行为进行审查，具体行政行为有下列（   ）情形之一的，决定撤销、变更或者确认该具体行政行为违法。

A. 主要事实不清、证据不足的   B. 适用依据错误的

C. 违反法定程序的   D. 具体行政行为明显不当的

6. 物业管理纠纷的处理方式（　　）。

A. 当事人协商　　　B. 调解　　　C. 仲裁　　　D. 诉讼

7. 物业管理纠纷仲裁的原则（　　）。

A. 当事人自愿原则　　　　　　　　B. 以事实为依据原则

C. 独立公正仲裁原则　　　　　　　D. 一裁终局原则

8. 物业管理纠纷民事诉讼的程序包括（　　）。

A. 起诉与受理　　　　　　　　　　B. 开庭审理

C. 判决　　　　　　　　　　　　　D. 上诉

五、判断题（在正确题后打√，在错误题后打×）

1. 物业侵权纠纷包括行政侵权纠纷和民事侵权纠纷两种。（　　）

2. 物业行政诉讼案件除物业所在地的人民法院有管辖权外，其他法院都无管辖权。（　　）

3. 物业行政赔偿的范围仅限于物业权益方面的财产损害。（　　）

4. 物业的上诉程序，是指上一级人民法院对第一审人民法院已经生效的判决和裁定，是由于当事人提起上诉而对案件审理的程序。（　　）

5. 人民法院应当在立案之日起 5 日内，将起诉状原本发送被告。（　　）

6. 物业纠纷，当事人不服人民法院第一审裁定的，有权在裁定书送达之日起 15 日内向上级人民法院提出上诉，否则一审发生法律效力。（　　）

7. 物业纠纷，申请仲裁的，必须双方达成仲裁协议，否则，仲裁机构不得受理。（　　）

8. 物业管理行政纠纷的特点是审理中不能调解。（　　）

9. 物业行政纠纷，采取复议的，只能实行一次复议制。（　　）

10. 物业纠纷采取调解的，调解书与裁决书具有同等的法律效力。（　　）

六、案例分析

【案例 1】 2004 年 6 月，董女士在南京某花园小区购得房屋一套，该房屋位于楼房底层。同年 8 月 2 日，董女士为做生意，将该房屋南侧阳台墙部分拆除，安装了铝合金门。物业公司认为董女士拆阳台行为破坏了楼房整体结构，影响了房屋安全，要求董女士恢复阳台原状；董女士认为其拥有房屋产权，她有权对房屋拆改，由此发生争议。根据以上事实，回答下列问题：

1. 董女士与物业公司的纠纷属于什么纠纷？

2. 该纠纷应如何处理？

【案例 2】 2006 年 6 月，王某将房屋租给刘某，月租金 600 元，租期 2 年，但双方未签订合同。2007 年 2 月，由于当地房租上涨，王某找到刘某要求涨价，月租金 800 元，但刘某不同意，王某便要解除合同。根据以上案情，回答下列问题：

1. 王某与刘某的租期为 2 年，是否应签订书面合同？说明理由。

2. 王某要求提高租金价格是否合理？说明理由。

3. 如申请仲裁，此案应如何处理？

参 考 文 献

[1] 高凌云，翟泽珠. 房地产法实务案例评析 ［M］. 2 版. 北京：中国工商出版社，2004.

[2] 刘长森. 物业管理纠纷典型案例评析 ［M］. 北京：中国建筑工业出版社，2002.

[3] 梁书文. 最新房地产法律及配套规定适用丛书 ［M］. 北京：中国人民公安大学出版社，2000.

[4] 毕宝德. 住房买、卖、换、租、用 200 问 ［M］. 北京：中国发展出版社，2000.

[5] 王松林. 如何签订国有土地使用权出让转让合同 ［M］. 北京：中国审计出版社，1999.

[6] 刘洪玉，季如进. 房地产基本制度与政策 ［M］. 北京：中国物价出版社，1996.

[7] 李昌. 物业管理法规 ［M］. 大连：东北财经大学出版社，2007.

[8] 程信和. 房地产法 ［M］. 北京：北京大学出版社，1999.

机械工业出版社高职高专土建类专业教材

说明：1. 教材清单各部分顺序为"书名（主编，书号）"。
　　　2. 标"★"为普通高等教育"十一五"国家级规划教材，均将陆续配备助教盘。
　　　3. 标"◆"为可赠送助教盘，供选用本教材的老师参考。
　　　4. 欢迎有关院系组织老师积极申报待定主编的教材或联系出版校本教材。

联系电话：010-88379540（覃编辑）　　投稿邮箱：chun8697@163.com

一、土建施工类

21世纪建筑工程系列规划教材

建筑工程质量事故分析（邵英秀，12127）

建筑结构（上）（2版）★（宗兰、宋群，12216）

建筑结构（下）（2版）★（宋群、宗兰，13509）

建筑施工技术（2版）★（张厚先、王志清，12387）

土力学与地基基础◆（孙维东，12443）

房屋建筑构造（2版）★（孙玉红，12562）

建筑工程概预算（丁春静，12300）

建筑工程计量与计价★（丁春静，22911）

建设工程监理概论（2版）★（王军、韩秀彬，12236）

建筑材料（2版）★（王秀花，12456）

建筑设备（王青山，12688）

建筑工程制图与识图（2版）★（王强、张小平，12540）

建筑制图与识图习题集（王强、张小平，12586）

建筑制图与构造基础（季敏，22329）

建筑制图与构造基础习题集（刘小聪，22386）

建筑CAD（2版）★（巩宁平等，12135）

工程项目管理（张智钧，13284）

土木工程概论（张立伟，13497）

建筑力学（上）★（杨力彬、赵萍，14769）

建筑力学（下）★（杨力彬、赵萍，14775）

建筑施工组织（陈乃佑，12048）

建筑工程测量（魏静、王德利，13642）

建筑工程专业课程设计实训指导★（邬宏，15452）

混凝土与砌体结构学习指导（郝俊、李靖颉，16402）

高层与大跨建筑施工技术（郝临山、陈晋中，13585）

建筑施工实训指导（王兆，19560）

建筑工程专业英语（刘建瑞）

高等职业教育土建类专业课程改革规划教材

（建筑工程技术专业适用）

建筑工程基础（一）（邬宏、王强，19481）

建筑工程基础（二）（赵萍，19677）

防水工程施工★（李靖颉，19529）

建筑工程计量与计价★（王朝霞，19140）

建筑工程质量检验与安全管理★（白锋，19231）

招投标与合同管理（郝永池，19612）

建筑工程项目管理（武佩牛，24972）

钢结构制造与安装◆（唐丽萍、乔志远，23435）

施工组织设计（卢青，20914）

二、建筑设计类

21 世纪建筑装饰系列规划教材

建筑装饰材料（张书梅，12518）

建筑装饰施工技术（马有占，12290）

建筑装饰工程概预算（李文利，12545）

民用建筑构造（孙殿臣，12526）

建筑装饰制图与识图（2 版）★（高远，12505）

建筑装饰制图与识图习题集（高远，12454）

建筑力学与结构（2 版）★（李永光，12604）

建筑力学与结构学习指导（乔志远，18501）

建筑装饰装修构造★（冯美宇，13832）

建筑物理◆（李井永，15464）

建筑透视与阴影（程无畏，17886）

建筑透视与阴影习题集（程无畏，18345）

建筑装饰质量缺陷与分析（王军，16552）

室内设计技术·环境艺术设计·建筑装饰工程技术专业通用教材

设计素描与速写（陈伯群）

设计色彩写生（陈伯群）

建筑及室内效果图制作教程（配光盘）（陈雪杰，20353）

造型设计基础◆（吴萍，23124）

手绘效果图表现技法（林文冬）

建筑设计技术专业教材

建筑初步（龚静，22496）

建筑设计原理（邢双军，24134）

建筑场地设计★（徐哲民）

城市规划原理（解万玉）

建筑模型工艺与设计（沈鸿才）

室内设计技术·环境艺术设计专业教材

景观规划设计★（胡先祥）

室内设计原理（曹锋）

室内专题设计（赵海涛）

居住小区景观设计◆（胡佳，21983）

建筑装饰装修材料与应用★（闻荣土，20851）

展示设计（谭秋华，23795）

建筑装饰工程技术专业教材

建筑制图与阴影透视（李思丽，22419）

建筑制图与阴影透视习题集（李思丽，22418）

建筑装饰材料（高海燕）

建筑设计基础（林学军）

建筑装饰基础★（童霞）

建筑装饰设计原理◆（焦涛，20836）

建筑装饰构造与施工（刘超英，24791）

建筑装饰工程计量与计价（吴锐）

建筑装饰施工组织与管理（郝永池）

建筑装饰工程基本技能实训指导★（朱吉顶，21588）

建筑装饰 Photoshop 实例教程及上机指导（伍乐生）

建筑装饰 CAD 实例教程及上机指导（伍乐生，23485）

园林工程技术专业教材

园林规划设计◆（胡先祥，20791）

园林工程设计（潘福荣，24569）

园林工程施工（潘福荣）

园林建筑设计（吴卓佳，24823）

园林工程测量（王红）

园林建筑构造（文益民）

中外园林简史（易军，24836）

园林工程制图与识图（王献文、刘晓东）

机械工业出版社高职高专土建类专业教材

说明：1. 教材清单各部分顺序为"书名（主编，书号）"。
2. 标"★"为普通高等教育"十一五"国家级规划教材，均将陆续配备助教盘。
3. 标"◆"为可赠送助教盘，供选用本教材的老师参考。
4. 欢迎有关院系组织老师积极申报待定主编的教材或联系出版校本教材。

联系电话：010-88379540（覃编辑） 投稿邮箱：chun8697@163.com

一、土建施工类

21世纪建筑工程系列规划教材

建筑工程质量事故分析（邵英秀，12127）

建筑结构（上）（2版）★（宗兰、宋群，12216）

建筑结构（下）（2版）★（宋群、宗兰，13509）

建筑施工技术（2版）★（张厚先、王志清，12387）

土力学与地基基础◆（孙维东，12443）

房屋建筑构造（2版）★（孙玉红，12562）

建筑工程概预算（丁春静，12300）

建筑工程计量与计价★（丁春静，22911）

建设工程监理概论（2版）★（王军、韩秀彬，12236）

建筑材料（2版）★（王秀花，12456）

建筑设备（王青山，12688）

建筑工程制图与识图（2版）★（王强、张小平，12540）

建筑制图与识图习题集（王强、张小平，12586）

建筑制图与构造基础（季敏，22329）

建筑制图与构造基础习题集（刘小聪，22386）

建筑CAD（2版）★（巩宁平等，12135）

工程项目管理（张智钧，13284）

土木工程概论（张立伟，13497）

建筑力学（上）★（杨力彬、赵萍，14769）

建筑力学（下）★（杨力彬、赵萍，14775）

建筑施工组织（陈乃佑，12048）

建筑工程测量（魏静、王德利，13642）

建筑工程专业课程设计实训指导★（邬宏，15452）

混凝土与砌体结构学习指导（郝俊、李靖颉，16402）

高层与大跨建筑施工技术（郝临山、陈晋中，13585）

建筑施工实训指导（王兆，19560）

建筑工程专业英语（刘建瑞）

高等职业教育土建类专业课程改革规划教材

（建筑工程技术专业适用）

建筑工程基础（一）（邬宏、王强，19481）

建筑工程基础（二）（赵萍，19677）

防水工程施工★（李靖颉，19529）

建筑工程计量与计价★（王朝霞，19140）

建筑工程质量检验与安全管理★（白锋，19231）

招投标与合同管理（郝永池，19612）

建筑工程项目管理（武佩牛，24972）

钢结构制造与安装◆（唐丽萍、乔志远，23435）

施工组织设计（卢青，20914）

二、建筑设计类

21世纪建筑装饰系列规划教材

建筑装饰材料（张书梅，12518）

建筑装饰施工技术（马有占，12290）

建筑装饰工程概预算（李文利，12545）

民用建筑构造（孙殿臣，12526）

建筑装饰制图与识图（2版）★（高远，12505）

建筑装饰制图与识图习题集（高远，12454）

建筑力学与结构（2版）★（李永光，12604）

建筑力学与结构学习指导（乔志远，18501）

建筑装饰装修构造★（冯美宇，13832）

建筑物理◆（李井永，15464）

建筑透视与阴影（程无畏，17886）

建筑透视与阴影习题集（程无畏，18345）

建筑装饰质量缺陷与分析（王军，16552）

室内设计技术·环境艺术设计·建筑装饰工程技术专业通用教材

设计素描与速写（陈伯群）

设计色彩写生（陈伯群）

建筑及室内效果图制作教程（配光盘）（陈雪杰，20353）

造型设计基础◆（吴萍，23124）

手绘效果图表现技法（林文冬）

建筑设计技术专业教材

建筑初步（龚静，22496）

建筑设计原理（邢双军，24134）

建筑场地设计★（徐哲民）

城市规划原理（解万玉）

建筑模型工艺与设计（沈鸿才）

室内设计技术·环境艺术设计专业教材

景观规划设计★（胡先祥）

室内设计原理（曹锋）

室内专题设计（赵海涛）

居住小区景观设计◆（胡佳，21983）

建筑装饰装修材料与应用★（闻荣土，20851）

展示设计（谭秋华，23795）

建筑装饰工程技术专业教材

建筑制图与阴影透视（李思丽，22419）

建筑制图与阴影透视习题集（李思丽，22418）

建筑装饰材料（高海燕）

建筑设计基础（林学军）

建筑装饰基础★（童霞）

建筑装饰设计原理◆（焦涛，20836）

建筑装饰构造与施工（刘超英，24791）

建筑装饰工程计量与计价（吴锐）

建筑装饰施工组织与管理（郝永池）

建筑装饰工程基本技能实训指导★（朱吉顶，21588）

建筑装饰Photoshop实例教程及上机指导（伍乐生）

建筑装饰CAD实例教程及上机指导（伍乐生，23485）

园林工程技术专业教材

园林规划设计◆（胡先祥，20791）

园林工程设计（潘福荣，24569）

园林工程施工（潘福荣）

园林建筑设计（吴卓佳，24823）

园林工程测量（王红）

园林建筑构造（文益民）

中外园林简史（易军，24836）

园林工程制图与识图（王献文、刘晓东）

6. 物业管理纠纷的处理方式（　　）。

A. 当事人协商　　B. 调解　　C. 仲裁　　D. 诉讼

7. 物业管理纠纷仲裁的原则（　　）。

A. 当事人自愿原则　　　　　　　　B. 以事实为依据原则

C. 独立公正仲裁原则　　　　　　　D. 一裁终局原则

8. 物业管理纠纷民事诉讼的程序包括（　　）。

A. 起诉与受理　　　　　　　　　　B. 开庭审理

C. 判决　　　　　　　　　　　　　D. 上诉

五、判断题（在正确题后打√，在错误题后打×）

1. 物业侵权纠纷包括行政侵权纠纷和民事侵权纠纷两种。（　　）

2. 物业行政诉讼案件除物业所在地的人民法院有管辖权外，其他法院都无管辖权。（　　）

3. 物业行政赔偿的范围仅限于物业权益方面的财产损害。（　　）

4. 物业的上诉程序，是指上一级人民法院对第一审人民法院已经生效的判决和裁定，是由于当事人提起上诉而对案件审理的程序。（　　）

5. 人民法院应当在立案之日起 5 日内，将起诉状原本发送被告。（　　）

6. 物业纠纷，当事人不服人民法院第一审裁定的，有权在裁定书送达之日起 15 日内向上级人民法院提出上诉，否则一审发生法律效力。（　　）

7. 物业纠纷，申请仲裁的，必须双方达成仲裁协议，否则，仲裁机构不得受理。（　　）

8. 物业管理行政纠纷的特点是审理中不能调解。（　　）

9. 物业行政纠纷，采取复议的，只能实行一次复议制。（　　）

10. 物业纠纷采取调解的，调解书与裁决书具有同等的法律效力。（　　）

六、案例分析

【案例 1】　2004 年 6 月，董女士在南京某花园小区购得房屋一套，该房屋位于楼房底层。同年 8 月 2 日，董女士为做生意，将该房屋南侧阳台墙部分拆除，安装了铝合金门。物业公司认为董女士拆阳台行为破坏了楼房整体结构，影响了房屋安全，要求董女士恢复阳台原状；董女士认为其拥有房屋产权，她有权对房屋拆改，由此发生争议。根据以上事实，回答下列问题：

1. 董女士与物业公司的纠纷属于什么纠纷？

2. 该纠纷应如何处理？

【案例 2】　2006 年 6 月，王某将房屋租给刘某，月租金 600 元，租期 2 年，但双方未签订合同。2007 年 2 月，由于当地房租上涨，王某找到刘某要求涨价，月租金 800 元，但刘某不同意，王某便要解除合同。根据以上案情，回答下列问题：

1. 王某与刘某的租期为 2 年，是否应签订书面合同？说明理由。

2. 王某要求提高租金价格是否合理？说明理由。

3. 如申请仲裁，此案应如何处理？

参 考 文 献

[1] 高凌云，翟泽珠. 房地产法实务案例评析 [M]. 2版. 北京：中国工商出版社，2004.

[2] 刘长森. 物业管理纠纷典型案例评析 [M]. 北京：中国建筑工业出版社，2002.

[3] 梁书文. 最新房地产法律及配套规定适用丛书 [M]. 北京：中国人民公安大学出版社，2000.

[4] 毕宝德. 住房买、卖、换、租、用 200 问 [M]. 北京：中国发展出版社，2000.

[5] 王松林. 如何签订国有土地使用权出让转让合同 [M]. 北京：中国审计出版社，1999.

[6] 刘洪玉，季如进. 房地产基本制度与政策 [M]. 北京：中国物价出版社，1996.

[7] 李昌. 物业管理法规 [M]. 大连：东北财经大学出版社，2007.

[8] 程信和. 房地产法 [M]. 北京：北京大学出版社，1999.

机械工业出版社高职高专土建类专业教材

说明：1. 教材清单各部分顺序为"书名（主编，书号）"。
   2. 标"★"为普通高等教育"十一五"国家级规划教材，均将陆续配备助教盘。
   3. 标"◆"为可赠送助教盘，供选用本教材的老师参考。
   4. 欢迎有关院系组织老师积极申报待定主编的教材或联系出版校本教材。

联系电话：010-88379540（覃编辑） 投稿邮箱：chun8697@163.com

一、土建施工类

21世纪建筑工程系列规划教材

建筑工程质量事故分析（邵英秀，12127）

建筑结构（上）（2版）★（宗兰、宋群，12216）

建筑结构（下）（2版）★（宋群、宗兰，13509）

建筑施工技术（2版）★（张厚先、王志清，12387）

土力学与地基基础◆（孙维东，12443）

房屋建筑构造（2版）★（孙玉红，12562）

建筑工程概预算（丁春静，12300）

建筑工程计量与计价★（丁春静，22911）

建设工程监理概论（2版）★（王军、韩秀彬，12236）

建筑材料（2版）★（王秀花，12456）

建筑设备（王青山，12688）

建筑工程制图与识图（2版）★（王强、张小平，12540）

建筑制图与识图习题集（王强、张小平，12586）

建筑制图与构造基础（季敏，22329）

建筑制图与构造基础习题集（刘小聪，22386）

建筑 CAD（2版）★（巩宁平等，12135）

工程项目管理（张智钧，13284）

土木工程概论（张立伟，13497）

建筑力学（上）★（杨力彬、赵萍，14769）

建筑力学（下）★（杨力彬、赵萍，14775）

建筑施工组织（陈乃佑，12048）

建筑工程测量（魏静、王德利，13642）

建筑工程专业课程设计实训指导★（邬宏，15452）

混凝土与砌体结构学习指导（郝俊、李靖颉，16402）

高层与大跨建筑施工技术（郝临山、陈晋中，13585）

建筑施工实训指导（王兆，19560）

建筑工程专业英语（刘建瑞）

高等职业教育土建类专业课程改革规划教材

（建筑工程技术专业适用）

建筑工程基础（一）（邬宏、王强，19481）

建筑工程基础（二）（赵萍，19677）

防水工程施工★（李靖颉，19529）

建筑工程计量与计价★（王朝霞，19140）

建筑工程质量检验与安全管理★（白锋，19231）

招投标与合同管理（郝永池，19612）

建筑工程项目管理（武佩牛，24972）

钢结构制造与安装◆（唐丽萍、乔志远，23435）

施工组织设计（卢青，20914）

二、建筑设计类

21 世纪建筑装饰系列规划教材

建筑装饰材料（张书梅，12518）

建筑装饰施工技术（马有占，12290）

建筑装饰工程概预算（李文利，12545）

民用建筑构造（孙殿臣，12526）

建筑装饰制图与识图（2 版）★（高远，12505）

建筑装饰制图与识图习题集（高远，12454）

建筑力学与结构（2 版）★（李永光，12604）

建筑力学与结构学习指导（乔志远，18501）

建筑装饰装修构造★（冯美宇，13832）

建筑物理◆（李井永，15464）

建筑透视与阴影（程无畏，17886）

建筑透视与阴影习题集（程无畏，18345）

建筑装饰质量缺陷与分析（王军，16552）

室内设计技术·环境艺术设计·建筑装饰工程技术专业通用教材

设计素描与速写（陈伯群）

设计色彩写生（陈伯群）

建筑及室内效果图制作教程（配光盘）（陈雪杰，20353）

造型设计基础◆（吴萍，23124）

手绘效果图表现技法（林文冬）

建筑设计技术专业教材

建筑初步（龚静，22496）

建筑设计原理（邢双军，24134）

建筑场地设计★（徐哲民）

城市规划原理（解万玉）

建筑模型工艺与设计（沈鸿才）

室内设计技术·环境艺术设计专业教材

景观规划设计★（胡先祥）

室内设计原理（曹锋）

室内专题设计（赵海涛）

居住小区景观设计◆（胡佳，21983）

建筑装饰装修材料与应用★（闻荣土，20851）

展示设计（谭秋华，23795）

建筑装饰工程技术专业教材

建筑制图与阴影透视（李思丽，22419）

建筑制图与阴影透视习题集（李思丽，22418）

建筑装饰材料（高海燕）

建筑设计基础（林学军）

建筑装饰基础★（童霞）

建筑装饰设计原理◆（焦涛，20836）

建筑装饰构造与施工（刘超英，24791）

建筑装饰工程计量与计价（吴锐）

建筑装饰施工组织与管理（郝永池）

建筑装饰工程基本技能实训指导★（朱吉顶，21588）

建筑装饰 Photoshop 实例教程及上机指导（伍乐生）

建筑装饰 CAD 实例教程及上机指导（伍乐生，23485）

园林工程技术专业教材

园林规划设计◆（胡先祥，20791）

园林工程设计（潘福荣，24569）

园林工程施工（潘福荣）

园林建筑设计（吴卓佳，24823）

园林工程测量（王红）

园林建筑构造（文益民）

中外园林简史（易军，24836）

园林工程制图与识图（王献文、刘晓东）

园林树木与花卉◆（齐海鹰，24499）　　园林工程计算机绘图（李保梁）

园林工程计量与计价（吴锐）　　园林工程施工组织与管理◆（吴立威，24876）

园林模型设计与制作（刘学军）　　园林植物栽培与养护管理◆（佘远国，21879）

三、工程管理类

21 世纪建筑工程管理系列规划教材

房地产经营与管理（银花、张加颖，12207）　　房地产营销策划（祖立厂，14671）

房地产会计（于立君、景亚平，12097）　　建筑企业经营管理（唐健人、陈茂明，14975）

房地产投资分析与综合开发（李伟，12118）　　建筑企业会计（何丕军，14562）

房地产测绘★（郭玉社，13607）　　工程造价案例分析★（迟晓明，15363）

物业管理（谭善勇，13409）　　房地产估价（宋春兰，18475）

物业环境管理（代岚，18570）　　房地产经营与管理（隋凤琴，18034）

房地产经济学★（张洪力，14952）

高等职业教育工程管理类专业规划教材（工程造价、工程监理专业适用）

建筑材料（李伟华）　　建筑安装工程预算◆（刘钦，22308）

建筑识图与房屋构造（魏松）　　建筑装饰工程预算◆（张崇庆，22217）

建筑设备安装工艺与识图◆（陈思荣，22910）　　建筑施工企业会计（单旭，22231）

建筑结构基础与识图（待定）　　建筑施工企业财务管理◆（赵玉萍，23316）

建筑施工工艺（马守才）　　市政工程基础（刘学应）

建筑工程经济◆（渠晓伟，22230）　　施工组织与进度控制（孙刚）

建筑工程项目管理◆（李玉芬、冯宁，24822）　　建设工程监理概论（高元兴）

工程招投标与合同管理（张国华）　　建设工程质量与安全控制（高正文）

工程建设定额原理与实务（孙咏梅）　　建设工程法规与合同管理◆（高正文，23389）

工程量清单计价（张连忠，24683）　　建设工程监理实务与实训（陈跃军）

工程造价控制（郝志群）　　建设工程计价与投资控制（张英）

建筑工程预算（庞晓）　　房屋设备工程◆（张东放，24923）

四、建筑设备类

21 世纪供热通风与空调工程系列规划教材

热工学基础★（刘春泽，13626）　　建筑概论◆（贾丽明、徐秀香，14926）

制冷技术★（贺俊杰，12462）　　建筑电气工程（谢社初、刘玲，15447）

建筑设备工程图识读与绘制★（谭伟建、王芳，14852）　　工业锅炉设备（丁崇功，15448）

设备工程图识读与绘制习题集（谭伟建等，14895）　　流体力学·泵与风机（白扩社，15446）

建筑给水排水工程（汤万龙、刘晓勤，15153）　　供热工程（王宇清，15450）

安装工程预算与施工组织管理★（邢玉林，15449）　　通风与空气调节工程★（徐勇，15462）

供热通风与空调工程施工技术★（贾永康，15451）　　工程力学★（王培兴、李健，15463）

机械基础（李卫平，14506）　　工程力学学习指导（乔志远，17068）

高等职业教育土建类专业课程改革规划教材（建筑设备类专业适用）

工程识图基础与 CAD★（尚久明，19220）

建筑给水排水系统安装★（汤万龙，22315）

采暖及供热管网系统安装★（王宇清）

通风空调系统安装（李增足）

冷热源系统安装（贾永康）

建筑电气照明系统安装（熊文生，22222）

建筑供配电系统安装（刘昌明，21776）

建筑电气控制系统安装★（孙景芝，20786）

安装工程施工组织与管理★（石俊云）

建筑智能化概论★（刘光辉，18787）

电工技术基本知识及技能（于昆伦，19101）

电子技术基本知识及技能（李文，19338）

局域网系统施工（王柯、叶智耿，20173）

综合布线系统施工★（谢社初，19014）

五、房地产类

高等职业教育房地产类专业规划教材（物业管理、房地产经营与估价专业适用）

房屋建筑基础（王立群）

物业设备维护与管理★（张国忠）

房屋维修与预算（刘宇）

物业企业会计◆（李炳先，23823）

物业管理实务★（鲁捷，21073）

建筑智能系统的应用与管理★（陶根根，21968）

物业管理法规★（王跃国）

物业管理概论（郑晓奋，24500）

物业管理理论与实务◆（胡伯龙，23538）

小区绿化维护与管理（佘远国）

物业管理应用文写作◆（鲁捷，24275）

物业管理英语（韩国波、朱德光，25019）

房地产法规（银花）

房地产开发与经营（孙瑞波）

房地产营销◆（朱华，22876）

房地产会计（王薇薇）

房地产统计★（刘玉玲，22539）

房地产估价◆（窦坤芳，22098）

房地产行政管理★（王宏，22223）

房地产经纪人（张登云）

六、路桥类专业教材

道路与桥梁等专业规划教材
（道路与桥梁工程技术、公路监理、高等级公路养护与管理等专业适用）

道路工程制图★（赵云华，16985）

道路工程制图习题集（赵云华，17318）

道路工程测量（罗斌，17073）

道路工程测量实训★（齐秀廷，16987）

道路建筑材料★（蒋玲，17371）

道路建筑材料实训（林丽娟，17719）

结构设计原理★（胡兴福，17317）

公路 CAD★（张郃生，16795）

工程地质与桥涵水文◆（盛海洋，18319）

工程地质与桥涵水文实训（盛海洋）

路基路面工程★（李维勋，17257）

道路勘测设计（田平，17315）

公路工程施工组织与概预算◆（米永胜，17603）

公路工程监理（廖品槐、刘武，17258）

公路工程监理（多学时）◆（刘三会，17260）

道路工程概论◆（吴继锋，17256）

公路养护技术与管理★（周传林，17264）

高等级公路管理（马彦芹，18383）

公路工程质量事故分析★（颜海，18553）

道路检测技术（郑桂兰，19191）

土工实训★（王玉珏，21509）

土力学与基础工程★（务新超、魏明，21246）

桥梁工程（马国峰、王保群，20880）

工程力学（孟祥林）

结构力学（罗凤姿）

桥梁工程概论（李清）

公路工程招标与投标（郭梅、姜仁安）

道路工程识图（赵云华，24505）

七、艺术设计类教材

造型基础立体构成（含 1CD）（王向勤，15480）

造型基础平面构成（张锡，17614）

造型基础色彩构成★（含 1CD）（贾荣建，16839）

设计素描（含 1CD）（濮礼健，15495）

产品设计（含 1CD）（刘永翔，14917）

电学基础（王泓，14344）

广告艺术设计（含 1CD）（沙强，17724）

人机工程基础及应用（含 1CD）（阮宝湘、贾荣建，17731）

商品包装装潢设计（含 1CD）（李立群，14716）

设计表现（含 1CD）（韩文涛，14868）

设计概论（含 1CD）（陆家桂，14512）

设计制图★（袁和法，14690）

设计制图习题集（袁和法，14748）

室内与环境艺术设计制图★（关俊良，17060）

室内与环境艺术设计制图习题集（李宏，20310）

室内装饰工程设计实务教程（含 1CD）（王波，14501）

园林与庭院设计（含 1CD）（张纵，14643）

机械基础（阮宝湘，20037）

展示设计（含 1CD）（叶永平，17059）

设计材料与工艺（陶晋、杨九瑞）

产品模型制作（杨恩源）

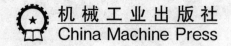

教师信息反馈表

尊敬的老师：

您好！首先感谢您选用机械工业出版社的教材。机械工业出版社成立于 1952 年，是国家级优秀出版社，是教育部指定的教材出版基地。机械工业出版社从 1999 年开始出版高职教材，目前高职教材品种有近 1500 种，覆盖机、电、车、土建、经管、基础课等众多领域，机工版高职教材以质量优、品种全而得到众多职业院校的认可。在"十一五"国家级规划教材评选中，机械工业出版社有近 400 种高职教材入选，位居全国第二。为了更好地为教学服务，我社正在大规模进行教材的配套建设工作，多数教材均可免费为您提供配套的助教盘（包括电子教案、课后习题解答、素材库等内容）。如果您需要本书的助教盘，请填写以下表格并回寄给我们，我们将在收到表格后及时与您联系。我们愿以最真诚的服务回报您对机械工业出版社的关心和支持。

书　名		书　号		版　次	
使用本书的学生人数_____人/年_____年级				学时数_____	
您对本书的意见和建议					
您的个人情况					
姓　名		性　别	□男　□女（划√）　年　龄	职务　职称	
所在学校				系名（分院名）	
联系地址（邮编）					
联系电话			E-mail		
您教授的其他课程的情况					

课程名称	学生人数	使用教材名称	出版社	教材满意度（划√）
				□满意　□一般　□不满意
				□满意　□一般　□不满意

如果您有意向主编或参编教材，请您将信息填入右侧表格	拟编写教材名称	适用专业	是否已有内部讲义	年用书量

系主任签字	盖章

注：本表可复印，寄至北京百万庄大街 22 号　机械工业出版社高职分社收（100037）；亦可发至电子邮箱：sbs@mail.machineinfo.gov.cn，也可发传真至 010-68998916。登录机械工业出版社教材服务网 WWW.cmpedu.com 可下载表格电子版。联系电话：010-88379050，010-68354423。